Research on the Construction of a Smart
Archive Information Service Platform

2017年国家社会科学基金一般项目(17BTQ074)

智慧档案信息服务平台构建研究

卞咸杰　史华梅 / 著

东南大学出版社
SOUTHEAST UNIVERSITY PRESS
·南京·

图书在版编目(CIP)数据

智慧档案信息服务平台构建研究／卞咸杰,史华梅著. —南京:东南大学出版社,2024.3
ISBN 978-7-5766-0155-8

Ⅰ. ①智… Ⅱ. ①卞… ②史… Ⅲ. ①档案管理-信息化建设 Ⅳ. ①G270.7

中国国家版本馆 CIP 数据核字(2024)第 055228 号

责任编辑:魏晓平　责任校对:韩小亮　封面设计:毕　真　责任印制:周荣虎

智慧档案信息服务平台构建研究
Zhihui Dang'an Xinxi Fuwu Pingtai Goujian Yanjiu

著　　者	卞咸杰　史华梅
出版发行	东南大学出版社
出 版 人	白云飞
社　　址	南京市四牌楼 2 号(邮编:210096　电话:025-83793330)
网　　址	http://www.seupress.com
电子邮箱	press@seupress.com
经　　销	全国各地新华书店
印　　刷	广东虎彩云印刷有限公司
开　　本	700 mm×1 000 mm　1/16
印　　张	20.75
字　　数	334 千字
版　　次	2024 年 3 月第 1 版
印　　次	2024 年 3 月第 1 次印刷
书　　号	ISBN 978-7-5766-0155-8
定　　价	78.00 元

本社图书若有印装质量问题,请直接与营销部联系,电话:025-83791830。

PREFACE 前 言

习近平总书记在党的二十大报告中明确提出"加快建设数字中国"。2023年中共中央、国务院印发的《数字中国建设整体布局规划》，再次强调数字中国建设的重要地位，提出了新时代数字中国建设的整体战略，明确了数字中国建设的总体目标。《中华人民共和国国民经济和社会发展第十四个五年规划和2035年远景目标纲要》，还专门设定了加快数字化发展、建设数字中国以及智慧业态发展的目标要求，为我国的数字化未来描绘了清晰的远景。

当前，我国各行各业正积极拥抱数字转型和智慧发展，其中智慧档案信息平台建设备受关注。这一现象的出现，一方面源于档案行业自身发展的需求，另一方面则是应对外部环境变化的必然选择。为了适应我国数字化发展的趋势，实现档案工作的转型升级，必须积极推进智慧档案信息平台建设。

一、准确定位，拥抱新技术

在新时代的推动下，智慧档案信息平台的建设已经成为档案行业发展的关键路径。这一平台旨在利用大数据、物联网、云计算、人工智能和5G等前沿技术，为档案工作带来革命性的变化。智慧档案的核心理念是提供一种高效、便捷、多元和精准的服务模式。

该平台的建设不仅是为了提升档案工作的效率，更是为了将其融入数字时代的大潮中，与数字经济、数字社会和数字政府建设相融合，推动档案工作的全面升级。智慧档案信息平台将实现档案工作的网上办理、数据治理、智能服务和智慧支撑，为档案工作带来全新的组织、建设、运行和管理模式。

智慧档案信息平台的建设并非对传统档案管理模式的简单改进，而是在数据化、网络化、智能化和智慧化的基础上，对档案管理进行全面的系统升级。这一平台的建设标志着档案信息化发展进入了一个全新的阶段，以创新理念、先进技术和丰富内容为支撑，这是档案信息化发展的第三阶段，也是档案事业发展的一个升级版本。

此外，智慧档案信息平台的建设并非孤立进行，而是与数字政府和智慧政务的建设紧密相连，与整个社会的信息化工作和智慧化建设深度融合。这一创新架构将以智慧化管理、智慧化治理、智慧化服务、智慧化决策等为目标，为档案事业的持续发展开辟新的道路，带来无限可能。通过这种方式，智慧档案信息平台将推动档案行业迈向更加辉煌的未来。

二、强化治理，开启新篇章

随着信息技术的飞速发展，我国正迈向智慧城市的新时代。在这一过程中，智慧档案信息平台的建设显得尤为重要。智慧档案信息平台作为档案事业的重要组成部分，不仅有助于提高档案治理水平，还能更好地服务于公众。智慧档案信息平台的建设是档案事业发展的需求。随着我国社会经济的快速发展，档案数量逐年增长，传统档案管理方式已无法满足现代化需求。构建智慧档案信息平台，有助于提高档案管理效率和服务质量。

智慧档案信息平台的建设由信息技术推动。大数据、云计算、人工智能等新一代先进信息技术的广泛应用，为档案事业创新发展提供了有力支撑。智慧档案信息平台的建设，将有助于档案部门利用这些技术，实现档案资源的整合与共享。智慧档案信息平台的建设更是智慧城市建设的必然要求。智慧城市强调以人民为中心，提高城市治理水平。智慧档案信息平台作为智慧城市的一个重要组成部分，有助于提升城市治理能力，满足公众对档案信息的需求，从而推动智慧城市的建设与发展。

智慧档案信息平台的建设经历了从单一的数字化档案馆，到区域性、行业性档案信息资源共享，再到全国性档案大数据平台的过程。目前，我国智慧档案信息平台建设已取得一定成果，部分省级档案馆实现了数字化，档案馆之间开始开展信息资源共享。未来，智慧档案信息平台将朝着更高水平、更广泛领域的档案资源整合与共享方向发展，成为智慧城市的重要数据支撑。

三、构建"四大"，推进新路径

在积极推进智慧档案信息平台建设的过程中，明确实施路径至关重要，正如国家档案局档案馆（室）业务指导司副司长丁德胜提出的实施智慧档案战略，建设"大网络、大平台、大资源、大智慧"的档案信息化工作模式。构建大网络，加强档案部门之间以及档案行业与其他行业之间的联系，通过智慧档案信息平台来实现各类主体治理网络的畅通。具体来说，要实现统一领导、分级管理、上下联动、左右呼应，以确保智慧档案信息平台建设的顺利进行。

构建大平台，包括治理平台、信息平台，提高档案治理能力和信息流动效率。治理平台需要治理体系理论和实践的再突破，信息平台需要破立结合，建立全国统一的智慧管理平台、智慧服务平台，为档案工作转型升级奠定平台基础。

构建大资源，为了优化全国范围内的档案资源，采取全面协调的策略来发展档案信息资源体系。这包括根据不同类型、行业和地区来建立档案信息资源的基本数据库；积极构建重大活动、重大事件和行业主题的档案信息资源库；并在此基础上，打造包括档案政策法规、业务指导、案例分析等在内的多个知识库。

构建大智慧，要求在业务管理、数据治理、档案利用和决策支持等方面实现智慧化。具体来说，智能化管理涉及档案数据的智能分类、档案价值的智能评估、开放程度的智能判断，以及档案资料的智能编辑和研究、智能服务等应用场景。通过不断深化和拓展这些智能应用，实现档案工作的全面智能化。

智慧档案信息平台建设是档案事业发展的必然趋势，对提高档案治理水平、优化档案公共服务具有重要意义。面对未来发展，要充分认识智慧档案信息平台建设的重要性，不断探索创新，克服挑战，推动档案事业在智慧城市建设中发挥更大作用。同时，要加强政策支持、技术研发、数据整合、安全保障和人才培养，确保智慧档案信息平台建设的顺利推进。通过智慧档案信息平台的建设，更好地服务公众，提高档案治理水平，推动智慧城市建设，实现档案事业的可持续发展。

卞咸杰
2024 年 2 月 28 日

CONTENTS 目 录

第1章 绪论
- 1.1 研究背景与意义 …………………………………………… 002
  - 1.1.1 研究背景 …………………………………………… 002
  - 1.1.2 研究意义 …………………………………………… 005
- 1.2 研究价值 …………………………………………………… 006
  - 1.2.1 理论价值 …………………………………………… 006
  - 1.2.2 实践价值 …………………………………………… 007
- 1.3 研究目标与内容 …………………………………………… 008
  - 1.3.1 研究目标 …………………………………………… 008
  - 1.3.2 研究内容 …………………………………………… 009
- 1.4 研究思路与方法 …………………………………………… 011
  - 1.4.1 研究思路 …………………………………………… 011
  - 1.4.2 研究方法 …………………………………………… 011

第2章 智慧档案信息服务平台的研究进展
- 2.1 数据来源、统计方法与统计结果 ………………………… 014
- 2.2 国内大数据时代智慧档案信息服务平台相关研究主题分布
  ……………………………………………………………… 015
  - 2.2.1 大数据时代的档案信息服务研究 ………………… 015
  - 2.2.2 档案信息服务平台研究 …………………………… 017
  - 2.2.3 档案资源共享研究 ………………………………… 018
  - 2.2.4 智慧档案馆研究 …………………………………… 022
- 2.3 国外大数据时代智慧档案信息服务平台相关研究主题分布
  ……………………………………………………………… 029
  - 2.3.1 大数据时代的档案信息服务研究 ………………… 029
  - 2.3.2 档案信息服务（平台）研究 ……………………… 031

  2.3.3 档案资源共享研究 …………………………………… 032
  2.3.4 智慧档案馆研究 ……………………………………… 034
 2.4 国内外研究现状述评 ………………………………………… 035

第3章 智慧档案信息服务平台的内在意蕴研究

 3.1 核心概念解析 ………………………………………………… 038
  3.1.1 大数据时代 …………………………………………… 038
  3.1.2 智慧服务 ……………………………………………… 038
  3.1.3 档案信息服务平台 …………………………………… 039
  3.1.4 智慧档案信息服务平台 ……………………………… 040
 3.2 相近概念辨析 ………………………………………………… 041
  3.2.1 数字档案馆与智慧档案馆 …………………………… 041
  3.2.2 数字档案信息服务与智慧档案信息服务 ………… 043
  3.2.3 智慧档案馆与智慧档案信息服务平台 …………… 046
 3.3 大数据与智慧档案信息服务平台构建的内在关联 ……… 047
 3.4 大数据时代智慧档案信息服务平台构建的动因 ………… 048
 3.5 智慧档案信息服务平台的特征 …………………………… 049
  3.5.1 精准挖掘用户需求 …………………………………… 049
  3.5.2 快速提升响应能力 …………………………………… 049
  3.5.3 全新体验场景服务 …………………………………… 050
  3.5.4 智能实现系统容错 …………………………………… 050
  3.5.5 全面升级兼容技术 …………………………………… 050
 3.6 智慧档案信息服务平台的功能 …………………………… 051
  3.6.1 智慧感知 ……………………………………………… 051
  3.6.2 协同整合 ……………………………………………… 051
  3.6.3 智能处理 ……………………………………………… 052
  3.6.4 信息泛在服务 ………………………………………… 054
 3.7 大数据时代智慧档案信息服务平台构建的关键技术 …… 055
  3.7.1 微服务架构 …………………………………………… 055
  3.7.2 仓储技术 ……………………………………………… 056
  3.7.3 移动互联技术 ………………………………………… 056
  3.7.4 物联网技术 …………………………………………… 057

3.7.5　云技术 ·· 058
　　3.7.6　人工智能技术 ·································· 059
　　3.7.7　Web Service 技术 ····························· 060
　　3.7.8　大数据技术 ···································· 060
　　3.7.9　安全控制技术 ·································· 061

第4章　智慧档案信息服务平台构建的理论与实践基础

4.1　理论基础 ·· 064
　　4.1.1　信息生态理论 ·································· 064
　　4.1.2　系统论与协同论 ································ 066
　　4.1.3　信息共享理论 ·································· 068
　　4.1.4　档案服务能力理论 ······························ 069
4.2　政策分析 ·· 071
　　4.2.1　宏观顶层设计 ···································· 072
　　4.2.2　中观层面布局 ···································· 073
　　4.2.3　微观实践落实 ···································· 075
4.3　实践基础 ·· 076
　　4.3.1　中国铁路太原局集团有限公司档案数字化信息平台案例 ·· 076
　　4.3.2　中国民生银行在线档案利用平台 ··············· 079
　　4.3.3　上海市"一网通办"下民生档案服务案例分析 ·· 083

第5章　大数据时代智慧档案信息服务平台的构建

5.1　智慧档案信息服务平台的总体架构 ················· 088
　　5.1.1　需求分析 ·· 088
　　5.1.2　设计原则 ·· 091
　　5.1.3　设计目标 ·· 093
　　5.1.4　设计介绍 ·· 094
5.2　智慧档案信息服务平台的构建技术路线 ··········· 096
　　5.2.1　平台原型设计技术路线 ························· 098
　　5.2.2　平台数据库设计技术路线 ······················· 099

  5.2.3　平台数据操作实现技术路线 …………………… 099
  5.2.4　平台实现关键技术路线 …………………………… 100
 5.3　智慧档案信息服务平台的构建模型 ……………………… 102
  5.3.1　开发框架概述 ……………………………………… 102
  5.3.2　平台需求模型构建 ………………………………… 105
  5.3.3　平台实现模型构建 ………………………………… 108
 5.4　智慧档案信息服务平台的前端框架 ……………………… 112
  5.4.1　智慧档案信息服务平台前端框架构建的总体原则
     ………………………………………………………… 112
  5.4.2　智慧档案信息服务平台前端框架构建的技术方案
     ………………………………………………………… 114
  5.4.3　智慧档案信息服务平台前端框架构建的实现路径
     ………………………………………………………… 116
 5.5　智慧档案信息服务平台的接口设计 ……………………… 121
 5.6　智慧档案信息服务平台的数据库设计 …………………… 124
  5.6.1　档案目录数据库建设 ……………………………… 125
  5.6.2　元数据库建设 ……………………………………… 127
  5.6.3　档案全文数据库建设 ……………………………… 128
  5.6.4　多媒体档案数据库建设 …………………………… 129
 5.7　智慧档案信息服务平台的性能优化 ……………………… 130
  5.7.1　大数据时代智慧档案信息服务平台的性能需求
     ………………………………………………………… 131
  5.7.2　数据网络传输层面优化 …………………………… 132
  5.7.3　数据库层面优化 …………………………………… 135
  5.7.4　平台服务架构层面优化 …………………………… 137

第6章　大数据时代智慧档案信息服务平台的数据运行

 6.1　智慧档案信息服务平台数据处理流程 …………………… 142
  6.1.1　平台数据处理流程总体架构设计 ………………… 142
  6.1.2　平台数据处理流程需求 …………………………… 144
  6.1.3　平台数据处理的实现 ……………………………… 146

6.2 智慧档案信息服务平台数据采集系统 ……………………… 150
　　6.2.1 智慧档案信息服务平台数据采集系统框架总设计
　　　　　……………………………………………………… 151
　　6.2.2 智慧档案信息服务平台数据采集系统功能设计
　　　　　……………………………………………………… 155
　　6.2.3 智慧档案信息服务平台数据采集系统应用效果分析
　　　　　……………………………………………………… 159
6.3 智慧档案信息服务平台数据存储系统 ……………………… 160
　　6.3.1 智慧档案信息服务平台数据存储需求 …………… 161
　　6.3.2 智慧档案信息服务平台存储系统架构设计 ……… 163
　　6.3.3 智慧档案信息服务平台存储系统性能测试 ……… 169
6.4 智慧档案信息服务平台数据传输系统 ……………………… 172
　　6.4.1 智慧档案信息服务平台数据传输系统建设的特点、
　　　　　目标需求 ……………………………………………… 173
　　6.4.2 智慧档案信息服务平台数据传输系统的技术选型
　　　　　……………………………………………………… 175
　　6.4.3 智慧档案信息服务平台数据传输系统的建设策略
　　　　　……………………………………………………… 178
6.5 智慧档案信息服务平台数据挖掘模型 ……………………… 182
　　6.5.1 数据挖掘相关的概念 ……………………………… 183
　　6.5.2 智慧档案信息服务平台数据挖掘模型的建立 …… 186
　　6.5.3 智慧档案信息服务平台数据挖掘模型的实现 …… 189
6.6 智慧档案信息服务平台数据处理的优化 …………………… 192
　　6.6.1 智慧档案信息服务平台数据处理性能需求 ……… 192
　　6.6.2 智慧档案信息服务平台数据处理优化技术选择
　　　　　……………………………………………………… 193
　　6.6.3 智慧档案信息服务平台数据处理优化实现及效果分
　　　　　析 ……………………………………………………… 196

第7章 大数据时代智慧档案信息服务平台的创新利用

7.1 智慧档案信息服务平台智能检索 …………………………… 204
　　7.1.1 平台档案智能检索概述 …………………………… 204
　　7.1.2 基本检索 …………………………………………… 204

  7.1.3 语义检索 ································· 204
  7.1.4 个性化智能检索 ························· 205
  7.1.5 高级检索 ································· 205
  7.1.6 检索内容展示 ··························· 206
 7.2 智慧档案信息服务平台智能编研 ············ 206
  7.2.1 平台档案智能编研概述 ················· 206
  7.2.2 平台档案智能编研过程 ················· 207
 7.3 智慧档案信息服务平台可信认证 ············ 208
  7.3.1 档案可信认证服务概述 ················· 208
  7.3.2 档案可信认证服务的总体架构 ········· 210
  7.3.3 平台档案可信认证服务的流程 ········· 212
  7.3.4 平台档案可信认证服务的审批 ········· 212
 7.4 智慧档案信息服务平台智能分析 ············ 212
  7.4.1 智慧档案信息服务平台的架构 ········· 212
  7.4.2 智慧档案信息服务平台的设计 ········· 219
  7.4.3 智慧档案信息服务平台的实现 ········· 222

第8章 大数据时代智慧档案信息服务平台的安全管理

 8.1 智慧档案信息服务平台网络安全 ············ 232
  8.1.1 代理技术的运用 ························· 232
  8.1.2 网络安全管控 ··························· 233
  8.1.3 网络运行管理 ··························· 234
 8.2 智慧档案信息服务平台数据安全 ············ 236
  8.2.1 智慧档案信息服务平台数据安全存在的问题 ··· 237
  8.2.2 智慧档案信息服务平台数据安全应对策略 ····· 239
 8.3 智慧档案信息服务平台运维安全 ············ 246
  8.3.1 运维安全防范 ··························· 247
  8.3.2 运维安全管理 ··························· 248
  8.3.3 运维安全组织建设 ······················ 249
  8.3.4 运维安全制度建设 ······················ 249
  8.3.5 运维安全流程优化 ······················ 249
  8.3.6 增强风险预警能力 ······················ 250

8.3.7 建立应急管理预案 ······ 250

第9章 大数据时代智慧档案信息服务平台的保障机制
9.1 大数据时代智慧档案信息服务平台建设的法律法规保障 ······ 252
   9.1.1 建立健全档案安全法律法规体系 ······ 252
   9.1.2 加强档案法律法规宣传教育 ······ 254
   9.1.3 加强档案安全执法力度 ······ 254
9.2 大数据时代智慧档案信息服务平台建设的专业人才保障 ······ 255
   9.2.1 树立现代人才观念 ······ 255
   9.2.2 建立良好的选人用人机制 ······ 255
   9.2.3 构建档案专业人才培养体系 ······ 255
9.3 大数据时代智慧档案信息服务平台建设的技术保障 ··· 256
   9.3.1 建设过程安全技术保障 ······ 257
   9.3.2 软件安全技术保障 ······ 258
   9.3.3 平台安全技术保障 ······ 259
9.4 大数据时代智慧档案信息服务平台构建的资源保障 ··· 262
   9.4.1 智慧档案信息资源建设的原则 ······ 262
   9.4.2 加快档案资源数字化转型 ······ 262
   9.4.3 加强民生档案资源建设 ······ 263
   9.4.4 加强网络信息资源建设 ······ 263
   9.4.5 加强档案专题数据库建设 ······ 264

第10章 我国智慧档案信息服务平台建设的实证研究
10.1 我国综合档案馆智慧档案信息服务平台建设实证分析 ······ 266
   10.1.1 青岛市智慧档案信息服务平台建设概况 ······ 266
   10.1.2 杭州市智慧档案信息服务平台建设概况 ······ 268
   10.1.3 苏州市智慧档案信息服务平台建设概况 ······ 269
   10.1.4 南京市智慧档案信息服务平台建设概况 ······ 269
   10.1.5 丽水市智慧档案信息服务平台建设概况 ······ 270

- 10.1.6 珠海市智慧档案信息服务平台建设概况 …… 271
- 10.1.7 张家港市智慧档案信息服务平台建设概况 …… 271
- 10.1.8 威海市智慧档案信息服务平台建设概况 …… 272
- 10.1.9 唐山市智慧档案信息服务平台建设概况 …… 272

10.2 我国行业档案智慧服务平台实证分析 …… 272
- 10.2.1 国网系统智慧档案信息服务平台建设分析：以国网江苏省电力有限公司为例 …… 272
- 10.2.2 高校系统智慧档案信息服务平台建设分析：以上海交通大学为例 …… 273
- 10.2.3 司法系统智慧档案信息服务平台建设分析：以山东省检察院为例 …… 273

10.3 国内智慧档案信息服务平台建设整体性分析 …… 274
- 10.3.1 集成的多样化智慧管理平台 …… 274
- 10.3.2 先进的智慧服务平台支撑技术 …… 275
- 10.3.3 标准化数据接口 …… 275

10.4 智慧档案信息服务平台建设评价指标体系 …… 277
- 10.4.1 智慧档案信息服务平台评价指标体系构建原则 …… 277
- 10.4.2 智慧档案信息服务平台指标评价选取方法 …… 278
- 10.4.3 智慧档案信息服务平台评价指标的确定 …… 280
- 10.4.4 智慧档案信息服务平台评价指标体系的修正 …… 285

第11章 研究结论与未来展望

11.1 研究结论 …… 292
- 11.1.1 主要研究观点 …… 292
- 11.1.2 研究创新 …… 294
- 11.1.3 研究不足 …… 295

11.2 未来展望 …… 296
- 11.2.1 平台的在线资源建设更加优化 …… 296
- 11.2.2 平台的智慧化服务水平更高 …… 297
- 11.2.3 平台的功能实现更强大 …… 297

参考文献 …… 299

后记 …… 317

第 1 章
绪　论

1.1 研究背景与意义

1.1.1 研究背景

1.1.1.1 国家政策的引领与支持

2015年8月，我国国务院发布《关于大数据发展行动纲要》，提出"大力推动政府信息系统和公共数据互联开放共享……消除信息孤岛，推进数据资源向社会开放……着力推进数据汇集和挖掘"[1]，这对于建设智慧档案信息平台、挖掘档案信息资源、实现档案信息资源共享、实现数据广域采集等具有一定的引导作用。《"十四五"全国档案事业发展规划》明确要求"档案信息化建设进一步融入数字中国建设"[2]，提升档案治理网络化、智能化、精细化水平。浙江省、江苏省、上海市、海南省、云南省等地档案事业发展"十四五"规划中则直接明确地列出了"十四五"时期当地智慧档案馆（室）建设的目标、任务和具体措施等。如《浙江省档案馆"十四五"发展规划纲要》提出："建设数智档案馆。利用数字化改革成果和人工智能等新技术，实现数据智慧采集、智慧推送、智慧整理、智慧管理、智慧利用，推动数字档案馆向数智档案馆转变，实现档案资政智慧化精准化，档案编研数字化智慧化，档案展览宣传数字化全媒化。"[3]《江苏省"十四五"档案事业发展规划》提出："有条件的地区适时开展智慧档案馆（室）建设，探索智慧档案应用场景。"[4]《海南省档案事业发展"十四五"规划》提出："将海南省档案馆建成数字档案馆并转型升级为智慧档案馆，形成'互联网+'档案事业发展新格局，助力'数字海南'建设。"[5] 这些规划为探

---

[1] 国务院关于印发促进大数据发展行动纲要的通知[EB/OL]. （2015-09-05）[2024-02-01]. https://www.gov.cn/zhengce/zhengceku/2015-09/05/content_10137.htm.
[2] 中办国办印发《"十四五"全国档案事业发展规划》[J]. 中国档案, 2021 (6)：18-23.
[3] 浙江省档案馆. 浙江省档案馆"十四五"发展规划纲要[EB/OL]. （2021-12-07）[2024-02-01]. https://www.zjda.gov.cn/art/2021/12/7/art_1378487_58923377.html.
[4] 江苏省"十四五"档案事业发展规划[EB/OL]. （2021-09-10）[2024-02-01]. http://www.dajs.gov.cn/art/2021/9/10/art_16_57693.html.
[5] 中共海南省委办公厅 海南省人民政府办公厅关于印发《海南省档案事业发展"十四五"规划》的通知[EB/OL]. （2021-08-30）[2024-02-01]. https://www.hainan.gov.cn/data/zfgb/2021/10/9395.

索智慧档案信息服务平台建设提供坚实而又丰富的政策指导和资源基础。

1.1.1.2 新一代信息技术的创新应用

物联网、大数据、移动通信、云计算等新一代信息技术在近几十年来发展迅猛,催生了更多的数字化信息。正是这种数字化信息的广泛存在,使得人们获取档案信息的方式发生很大的变化,人们不再满足于从实体档案库房或档案网站获取信息,迫切需要远程、便捷、实时、精准地获取所需要的档案信息。由于大数据时代存在海量档案信息,如何从中获取更多、更好、更准确、更及时、更有用的档案信息越来越成为人们关注的问题。新一代信息技术的广泛运用,为智慧档案信息服务平台的建设提供有力的技术保障。云平台针对归档文件、数据信息资源,以及档案内容进行采集、加工、维护,进行智能化处置和提供利用共享服务,使得用户可以随时随地查阅档案信息。物联网技术对档案的内容以及位置进行匹配,让档案可以被轻松识别、读取,同时也让档案信息资源更安全。大数据时代,大数据技术在智慧档案馆中的应用不仅有利于对档案资源进行分析和挖掘,让传统档案知识化,更有利于提高档案利用率。

1.1.1.3 智慧城市的建设不断催生

智慧城市是"以高新信息技术如大数据、物联网、云计算等为支撑,通过应用维基、社交网络、制造实验室(Fabrication Laboratory, Fab Lab)、生活实验室(Living Lab)、综合集成法等工具,实现全面透彻的感知、宽带泛在的互联、智能融合的应用以及以用户创新、开放创新、大众创新、协同创新为特征的可持续创新模式"[①]。智慧城市通过遍布各处的网络环境感知各处信息,实现城市的互相联系与连通,服务于民,推动社会永续健康发展。智慧城市发展的同时也为智慧档案馆的建设发展提供了契机和创造了有利条件,从政策上而言国家出台了一系列的政策支持智慧基础设施建设。《关于促进智慧城市健康发展的指导意见》为智慧城市建设确立了基本原则,包括应用智慧技术推动综合公共服务、推动数字平台的数据收集与分享等[②]。2015年《关于开展智慧城市标准体系和评价指标体

---

① 许桂清. 对智慧档案馆的认识与探析[J]. 中国档案,2014(6):70-71.
② 王元博,张再杰,吴元春. "十四五"时期建设"智慧城市"初步设想:以铜仁市碧江区为例[J]. 科技智囊,2021(2):21-28.

系建设及应用实施的指导意见》中明确，到 2017 年完成标准的制订工作，到 2020 年实现全面实施和应用[1]。这一系列政策促进了智慧城市的建设，也有力推动了智慧档案馆的建设。智慧档案馆建设是"智慧城市、智慧中国、智慧地球"建设与发展的重要组成部分，社会大发展也迫切要求档案部门建设主动融入和跟进这一发展大趋势。因此，这就更加需要将档案信息化建设推向一个更新的阶段，并且要主动瞄准智慧档案馆的新目标而积极发力[2]，通过透彻地感知、智慧地发现，跟踪、收集智慧城市产生的具有长久保存价值的资源，有效整合数据信息并实现智能化处理，让智慧档案馆成为智慧城市记忆资源的存储基地以及信息服务中心，助推智慧城市的快速发展。在未来，所有事物的流程、运行方式等管理都要实现智能化，智能技术与智能管理已经成为未来社会发展大趋势。未来档案馆建设应该积极跟进技术发展的新趋势，为未来档案馆建设与发展铺平道路，为可持续发展创造条件。

1.1.1.4 档案信息化建设不断深化

"十二五"期间，我国的档案信息化建设粗具规模，初步建成以局域网、政务网、因特网为平台，以档案信息管理系统为支撑，以档案目录中心、基础数据库、档案利用平台、档案网站信息发布为基础的档案信息化体系[3]。2013 年，国家档案局提出建成以数字资源为基础、以安全管理为保障、以远程利用为目标的数字档案馆（室）体系的发展目标，同年国家档案局建成并开通全国开放档案信息资源共享平台门户网站。2014—2016 年，数字档案馆（室）建设迈出新步伐，全国示范数字档案馆系统测试工作稳步实施，《数字档案室建设评价办法》《企业数字档案馆（室）建设指南》《电子文件归档与电子档案管理规范》（GB/T 18894—2016）等机关数字档案室和企业数字档案馆（室）建设指导文件相继出台，档案数字化进程不断加快，电子档案管理工作稳步推进[4]。2016 年，档案部门的互联互

---

[1] 宋璟，李斌，班晓芳，等. 关于我国智慧城市信息安全的现状与思考 [J]. 中国信息安全，2016 (2)：107-111.
[2] 马欢. 智慧档案馆建设是未来档案事业发展的大势 [J]. 理论观察，2017 (7)：122-124.
[3] 崔艳红. 关于智慧档案馆建设有关问题的几点思考 [J]. 黑龙江档案，2021 (3)：136-137.
[4] 陈世炬. 在全国档案局长馆长会议上的讲话 [DB/OL]. (2016-12-23)[2021-06-18]. https://www.saac.gov.cn/daj/yaow/201701/bbf0cdccf1b14a07b0cd28d9ad081773.shtml.

通取得突破，初步实现全国副省级城市以上档案局馆的业务网上协同功能[1]。2019年，国家档案局制定《政府网站网页归档指南》（DA/T 80—2019）并开展网页归档试点，推进数字档案馆（室）建设，对多地数字档案馆建设方案和系统测试工作进行指导[2]。"十三五"时期，全国数字档案馆建设取得可喜成绩，建成了一批以档案数字资源为核心、以安全管理为保障、以便捷利用为目标的数字档案馆，共建成41家全国示范数字档案馆和89家国家级数字档案馆。2019年，国家档案局启动全国档案查询利用服务平台建设[3]，2021年，全国档案查询利用服务平台顺利建成并接入270多家档案馆；未来全国各级综合档案馆将全部接入平台，并扩大可查档案范围，最终实现全国范围内的一网查档，让利用者足不出户即可实现查档需求。此外，各副省级城市及以上档案部门将接入电子政务内网，积极开展档案利用、信息报送、业务监督指导等工作，以业务应用驱动档案信息化。2021年，杭州基本建成的"一键归档、一网通查、一屏掌控"市域一体化数字档案智慧服务平台[4]，更是为智慧档案信息服务平台建设提供了参考。

1.1.2 研究意义

1.1.2.1 促进档案信息化建设

大数据时代数据的种类和规模都空前庞大，数据成为一种重要的社会资源，亟待被开发和利用。大数据时代数据深入地改变了人们的生活、生产和思维方式，对社会各方面产生了巨大影响。在新的社会背景下，档案信息资源如何得到有效挖掘和充分利用已成为档案部门重点思考的问题。本书立足全局，从技术和管理两个方面分析，提出智慧档案信息服务平台的总体架构、技术路线、构建模型、前端框架，以及接口设计、数据库设

---

[1] 国家档案局. 国家档案局关于印发全国档案局长馆长会议文件的通知 [DB/OL]. (2017-01-03) [2021-06-18]. https://www.saac.gov.cn/daj/xxgk/201701/56839a1205c7469e8ccf39323f6f4de2.shtml.
[2] 李明华. 在全国档案局长馆长会议上的工作报告 [J]. 中国档案, 2019 (4): 20-28.
[3] 徐国林. 基于泛在学习的档案馆信息服务研究 [D]. 南昌: 南昌大学, 2020.
[4] 陆国强. 深入贯彻落实习近平总书记重要指示精神 全面提高档案工作质量和服务水平：在全国档案局长馆长会议上的报告 [J]. 四川档案, 2022 (2): 5-11.

计、性能优化等建设路径，其成果可以解决我国智慧档案馆以及其信息服务平台建设过程中出现的部分难题，为加速智慧档案馆的建设提供指导，从而从整体上提高我国档案信息化建设的水平。

1.1.2.2 提升档案公共服务能力

2010年，国家档案局提出建立面向全民的多元化档案资源体系。在以公共需求为导向的信息管理核心下，充分利用新一代信息技术，提供高效率、高质量的档案信息服务，是档案部门服务发展的方向。随着移动互联网的快速发展，移动App、微信公众号与小程序等信息发布方式更加多样化，档案信息的发布速度也更快速、便捷；档案信息数据由结构化转向结构化、半结构化、非结构化并存，使得信息的增长速度飞快。在海量数据的包围下，人们对精准、便捷、快速地获取档案信息提出更高要求。本书提出的建设模式可以为智慧档案馆的建设实践提供参考，所构建的智慧档案信息服务平台可以为社会提供更加便捷化、智能化、精准化和快速化的档案信息服务，把我国数量众多的基层综合档案馆、档案室从缺乏技术、人才、资金的困境中解放出来，使它们专注于档案的知识管理，更好地为社会服务。

1.1.2.3 丰富档案学理论研究

理论是实践经验的总结，应用科学的理论尤其如此。档案学理论也不例外，在实践中不断丰富、发展、完善。在大数据时代，档案学与管理学、信息学等相关学科进一步交叉、借鉴、融合。随着现代技术的发展，档案管理对象、管理手段、管理职能等发生了深刻变化，给智慧档案信息服务平台建设带来新的机遇。本书站在国家整体的高度，结合计算机技术、网络技术、移动通信技术、存储技术等，构建智慧档案信息服务平台，探寻大数据时代智慧档案信息服务平台的发展规律，并研究智慧档案信息服务平台数据运行、智能分析、保障机制等，促进我国智慧档案馆建设的相关理论丰富和发展。

1.2 研究价值

1.2.1 理论价值

（1）推动智慧档案理论体系的研究。通过国内外的文献研究成果和研究现状，从中发现现有研究的可突破之处，奠定本书的理论基础，并对国内外大数据时代智慧档案信息服务平台相关研究主题分布进行统计分析，在此基础上对智慧服务、档案信息服务平台、智慧档案信息服务平台进行解析，对数字档案馆、智慧档案馆等概念进行辨析，在一定程度上丰富和补充了已有的研究成果，探索了智慧档案纵深化理论研究的新方向。

（2）探索智慧档案信息服务平台建设的新模式。本书通过档案学领域的理论研究，结合计算机领域的新技术来构建智慧档案信息服务平台，使新一代信息技术与档案学领域得到有机的同向发展和深度融合。通过平台的建设实践，拓展了大数据时代智慧档案信息服务平台构建的跨学科相关理论、档案学相关理论的内涵，探索了智慧档案信息服务平台的构建与创新模式。

（3）构建档案服务的新思维。大数据时代的到来，为档案管理带来了新的契机与挑战。通过构建智慧档案信息服务平台来完善档案管理工作，让传统的档案管理思维站从管理的角度去看待档案用户利用档案资源。本书通过平台建设的完善，将档案管理的重心向提升用户档案服务满意度思维转变，满足用户个性化、精准化的档案服务需求，不断提升用户的满意度，为新时代档案服务提供了新的思维。

1.2.2 实践价值

（1）为智慧档案馆建设打下了坚实的基础。智慧档案信息服务平台的构建与创新是智慧档案馆建设的重要基础，本书在平台建设中涉及需求原型理论、数据库选型与设计建设理论、平台建设技术理论、平台后期测试理论等相关理论方法，这些理论方法为智慧档案馆演进发展的关键基础性技术问题提供了实践参考依据，启发了学者和专家从理论上对智慧档案馆进行更深入的探索和研究。

（2）为智慧档案信息服务平台的实现提供架构参考。本书对大数据时代智慧档案信息服务平台的构建进行研究，包括大数据时代智慧档案信息服务平台需求模型、理论模型、技术方案、运行策略，推进了大数据时代智慧档案信息服务平台的建设，对档案信息服务平台的跨平台支持、多用户支持、大数据分析支持进行创新探索，通过智慧档案信息服务平台的开发实践、理论结合实践的运用，为信息服务平台的实现提供架构参考。

（3）为档案信息资源的共享实现创造条件。"共享开放"是大数据的重要社会属性。国务院 2016 年制定了《政务信息资源共享管理暂行办法》（国发〔2016〕51 号），要求加快推动政务信息系统互联和公共数据共享[①]，农业农村部、交通运输部、人力资源和社会保障部、水利部、国家粮食和物资储备局等也纷纷制定了相关的管理办法或工作方案。本书平台构建的目的就是实现智慧档案信息服务平台的共享共用，推进档案信息化建设的进程。本书通过对平台的开发应用，实现档案数据的无缝整合，加快了这一目的实现，使档案信息资源的共享从理论研究走向实践，建成效能更好、效率更高的档案服务利用平台，为档案信息资源的共享提供了可能。

1.3　研究目标与内容

1.3.1　研究目标

以"用户为本，利用至上"为宗旨，以"智能管理"为手段，以"智慧服务"为目标，以研究基于微服务架构的新一代档案信息服务管理平台为核心，构建大数据时代智慧档案信息服务平台的建设体系、运行体系和安全管理体系、服务利用体系、运维保障体系和指标评价体系，整合信息资源和软硬件资源，使档案信息能够得到全面的应用和全面的感知。实现档案线上线下服务的全网络、全终端、全资源的深度融合，打造一个不断满足用户需求变化的高度自适应的智慧档案信息服务平台，实现智慧档案信息资源的共享共用，推进档案信息化建设的进程。

一是实现纸质档案、数字档案的智慧管理，通过大数据分析自动优化档案馆藏结构，合理配置档案资源；

二是优化档案信息服务系统，全面实现个性化、精准智慧化服务，提供强有力的档案信息保障，提高档案信息资源的利用效率；

三是实现档案信息资源与服务大数据的融合，为准确、实时、高效掌握用户信息需求提供强大的工具；

四是建设多终端门户，实现档案信息资源的同步更新与管理；

---

① 赵需要. 政府数据资源共享开放政策与法规汇编[M]. 北京：海洋出版社，2018.

五是大力开发基于管理、公共服务、行业场景需求的微应用体系,为适应持续发展变化的用户个性化需求创造服务通道。

1.3.2 研究内容

本书对大数据时代智慧档案信息服务平台进行全方位的研究,在梳理国内外智慧档案信息服务平台建设经验及建设成果的基础上,解读智慧档案信息服务平台相关概念,提出平台构建的理论依据、政策与实践基础,并从总体架构、技术路线、构建模型、前端框架、接口设计、数据库设计和性能优化等方面,全面地、系统地阐述如何构建资源多元、全面感知、深度挖掘、泛在服务的智慧档案信息服务平台。通过数据运行、多元创新、安全管理、保障机制,将"智慧"贯穿于档案收集、管理、保存、利用等全部业务流程中,对传统数字档案馆信息服务进行继承、延展和提升,实现各类信息资源的有序整合、智慧管理和高效利用,创造更加安全的传输和保管环境。对我国部分综合档案馆和行业档案馆智慧档案信息服务平台进行实证研究,提出未来展望,以期推进我国档案信息化建设进程。具体来说,本书的内容主要包括11个章节:

第1章,绪论。本章主要阐述研究的背景与意义、研究目标与内容,明确本书的整体框架结构;同时综合叙述了国内外的文献研究成果和研究现状,从中发现现有研究的可突破之处,并奠定本书的理论基础;此外,还明确了本书的思路与方法。

第2章,智慧档案信息服务平台的研究进展。本章选取中国知网期刊、博硕士学位论文、会议论文、超星电子图书、国家图书馆文献、科学引文索引(Web of Science)、谷歌学术(Google Scholar)、国际档案学代表性英文期刊等数据库,对国内外大数据时代智慧档案信息服务平台相关研究主题分布进行统计分析,从研究成果的数量、方法、内容、成果合作、研究思维等方面对国内外智慧档案信息服务平台研究现状进行述评。

第3章,智慧档案信息服务平台的内在意蕴研究。本章界定了所涉及的相关概念,包括大数据时代、智慧服务、档案信息服务平台、智慧档案信息服务平台等,并对数字档案馆与智慧档案馆、数字档案信息服务与智慧档案信息服务、智慧档案馆与智慧档案信息服务平台几个相近概念进行辨析,分析大数据时代智慧档案信息服务平台的特征、功能,提出大数据时代智慧档案信息服务平台构建的关键技术。本章的研究，奠定了整个研究的基础。

第4章，智慧档案信息服务平台构建的理论与实践基础。本章论述了大数据时代智慧档案信息服务平台构建的跨学科相关理论、档案学相关理论等理论基础，并从宏观顶层设计、中观层面布局、微观实践落实等方面分析本书的政策依据。通过分析中国铁路太原局集团有限公司档案数字化信息平台案例、中国民生银行在线档案利用平台、上海市"一网通办"下民生档案服务案例等实践案例，定后文量体裁衣，为完善智慧档案信息服务平台的构建提供参考。

第5章，大数据时代智慧档案信息服务平台的构建。本章从构建智慧档案信息服务平台的总体架构、技术路线、构建模型、前端框架、接口设计、数据库设计和性能优化等方面入手，系统地论述智慧档案信息服务平台的构建。

第6章，大数据时代智慧档案信息服务平台的数据运行。本章系统地研究智慧档案信息服务平台数据处理流程、数据采集系统、数据存储系统、数据传输系统等四大系统，并研究智慧档案信息服务平台数据挖掘模型的建立与实现，以及智慧档案信息服务平台数据处理的优化。本章的研究，构建了平台的数据运行体系。

第7章，大数据时代智慧档案信息服务平台的创新利用。档案信息大数据平台在实际的应用过程中会产生大量的价值数据，如用户行为特征数据，合理开发利用现有的数据，可以更加精准地提升平台服务体验。本章利用大数据分析相关技术，对平台数据维度进行深入分析，研究大数据时代智慧档案信息服务平台智能检索、智能编研、可信认证和智能分析，满足用户个性化、精准化等需求，从而提升了平台用户的满意度，进而为智慧档案信息服务平台服务效率的提升提供了依据。本章的研究，构建了平台的服务利用体系。

第8章，大数据时代智慧档案信息服务平台的安全管理。大数据时代，智慧档案信息服务平台安全管理应贯穿于平台的立项、建设、开放和服务的全过程，是一个长期的系统工程。本部分从网络安全、数据安全和运维安全三个方面，全面、系统地研究智慧档案信息服务平台安全管理。通过本部分的研究，构建平台的安全管理体系。

第9章，大数据时代智慧档案信息服务平台的保障机制。本章从智慧档案信息服务平台建设的法律法规保障、专业人才保障、技术保障和资源保障等方面，运用法治思维和法治方式解决智慧档案信息服务平台建设中遇到的新问题、新挑战，保证智慧档案信息服务平台建设沿着法治轨道前行。本章的研究，构建了平台的运维保障体系。

第10章，我国智慧档案信息服务平台建设的实证研究。本章主要从我国综合档案馆、行业档案系统、区域档案共享平台等方面，对我国智慧档案信息服务平台建设进行实证研究，提出构建智慧档案信息服务平台的评价指标。本章的研究，构建了平台的指标评价体系。

第11章，研究结论与未来展望。对本书研究的结果进行总结，并对未来的研究方向和发展趋势进行展望。

1.4 研究思路与方法

1.4.1 研究思路

首先，对现有的档案信息管理平台进行研究，重点研究其特点以及存在的问题，从而揭示本书研究的重要性和必要性；其次，调查研究大数据技术在智慧档案信息服务平台的应用，概括和分析本书研究的理论基础，并根据本书研究需要对平台实现所需的技术进行实践；再次，通过智慧档案信息服务平台的技术实践，解决现有档案信息管理平台存在的问题，并形成平台建设的理论基础，从而为同行提供理论与实践参考。

1.4.2 研究方法

1.4.2.1 文献分析法

本书通过调查研究有关大数据和智慧档案信息服务平台的相关文献，总结大数据时代智慧档案信息服务平台的现状、智慧档案信息服务平台和大数据发展的特点，形成了关于智慧档案信息服务平台问题比较全面的认识。采用此方法有助于分析智慧档案信息服务平台存在的问题，进而提出可行的解决策略。

1.4.2.2 模型构建法

大数据时代智慧档案信息服务平台体系的构建，因其本身的复杂性，难以直接观察、研究，但是可以通过大数据时代智慧档案信息服务平台体系模型的建立与测试来实现对其本质规律性的认知。并以所得到的认知再去指导大数据时代智慧档案信息服务平台体系的构建实践。

1.4.2.3 层次分析法

在构建大数据时代智慧档案信息服务平台体系时，可将其层次化，形成一个逐阶层次的模型，分别研究每个层次的特性，再将其与能对构建大数据时代智慧档案信息服务平台的管理体系起作用的条件整合起来，达到认识、分析和解决问题的目的。

第 2 章
智慧档案信息服务平台的研究进展

大数据时代为包括档案资源在内的信息资源的共享提供了良好的机遇，为提升档案资源跨时空服务的质量和水平提供了数据基础。新时代背景下，档案信息服务的智能化和智慧化成为档案领域新的关注目标。

档案信息资源共享与服务是信息化时代档案信息资源开发与利用的重要议题，档案信息资源共享与服务平台的构建是长期以来理论界关注的重要方向，也是档案实践领域的强烈诉求。大数据时代的到来为档案信息资源的服务提供了技术支持，先进技术的应用更加为大数据时代智慧档案信息服务平台的构建提供了可能。在此基础上，有必要对我国档案信息资源建设、共享与服务等情况进行综述，以准确把握我国档案信息资源利用服务的研究现状。

2.1 数据来源、统计方法与统计结果

本书选取的中文检索数据库主要包括：中国知网期刊全文数据库（CNKI）、博硕士学位论文全文数据库、会议论文数据库、超星电子图书数据库、国家图书馆文献综合数据库等；选取的英文检索数据库主要包括：Web of Science、Google Scholar、国际档案学代表性英文期刊。

本书在中国知网期刊全文数据库中以（篇名"大数据"and"智慧"）并且（篇名"档案"or"档案馆"）并且（篇名"平台"and"服务"）为检索词进行检索，未检索到相关文献。改变检索策略，进一步扩大文献检索范围，为全面了解相关研究现状，本书将"大数据时代智慧档案信息服务平台构建"问题分为四大方面分别进行综述：大数据时代的档案信息服务研究；档案信息服务平台研究；档案资源共享研究；智慧档案馆研究。之所以将主题定位智慧档案馆研究，是因为智慧档案信息服务平台实际上是智慧档案馆建设的一个部分，是整个智慧档案馆系统或智慧档案信息服务平台的一个子系统。因此，本书最终集中于上述四个方面的主题分别进行综述。对于外文数据库检索中关键词的选择，需要特别指出的是关于智慧档案馆的检索，笔者分别使用了"intelligent archives""smart archives"等关键词进行检索并获取有关结果进行分析。

2.2 国内大数据时代智慧档案信息服务平台相关研究主题分布

2.2.1 大数据时代的档案信息服务研究

关于大数据背景下的档案信息服务研究主要包括：档案信息服务体系的构建；大数据对档案利用服务的影响，包括机遇和挑战以及可以创新的方向等；数字档案资源的整合与服务；各个行业或专业领域档案服务研究，诸如医疗档案服务平台的构建及其评价模型、高校档案信息集成服务、企业档案信息服务体系构建、国防科技档案服务研究、国土资源档案的创新管理与服务等；基于某个视角下档案信息服务提升的研究，诸如用户视角、图情档信息集成服务视角；档案信息资源服务平台的构建研究；云服务平台评价模型研究等。总体而言，关于大数据时代的档案信息服务研究，主要表现为对大数据环境下档案信息服务迎来的新的机遇和挑战的研究，不同领域或专业的档案部门面对新的技术环境的变化，必须积极利用大数据时代的有利环境，推动档案信息服务的创新。

（1）就大数据背景对档案事业的发展特别是档案资源的利用和服务带来的新变化问题。学者们从多元视角对大数据的新特征进行了阐述，并指出了大数据对于档案信息资源的开发和利用所带来的影响。大数据作为战略资源对国家、组织机构和社会具有时代意义，大数据时代为数字档案资源的整合与服务带来了新思维、新方式、新资源、新基础设施、新能力和新权力等六个方面的机遇[1]。大数据技术的战略意义立足于对富有意义的数据进行专业化处理，通过"加工"实现数据的"增值"[2]，以更好地推动智慧档案馆的服务能力。大数据背景下构建新的档案信息服务体系很有必要，可以采用多源异构档案数据整合法，优化设计相关的方案[3]。

---

[1] 安小米，宋懿，马广惠，等. 大数据时代数字档案资源整合与服务的机遇与挑战[J]. 档案学通讯，2017（6）：57-62.
[2] 武云. 利用大数据创新档案管理模式和提升服务能力[J]. 档案与建设，2015（1）：34-36.
[3] 孔媛媛，张舒，王爱. 大数据背景下档案信息服务体系构建方法探析[J]. 档案与建设，2021（5）：59-62.

（2）就大数据背景下各个专业领域档案资源的服务创新问题。学者们立足各地医疗、高校、学校等实践领域展开探讨，结合实践经验，对大数据时代各专业领域的档案资源高效服务提出了新的展望。但大多数学者主要立足大数据所带来的相关技术，提出各领域档案信息服务中的新应用。例如，"大数据"技术具有4V特征，这项技术对高校智能化档案信息服务工作有重要的应用价值[①]。郭瑛[②]立足青海地区医疗档案现状，提出建立信息中转平台，推动医疗机构内部以及各医疗机构之间实现医疗档案信息共享的服务策略。琚春华等[③]则构建了中医药大数据云服务平台的评价模型，采用模糊数算术运算法对中医药大数据云服务平台进行了综合评价。

（3）就大数据时代档案资源服务的创新视角问题。有学者从档案资源的服务对象——用户的视角进行思考，指出服务系统具有个性化、服务体系具有双向化、服务内容具有多元化等特征，大数据背景下要构建以人为本的服务理念，提升档案数据的易用性，注重档案服务的安全性和隐私性[④]。该视角虽然考虑了档案资源服务对象的问题，但是并没有充分突出大数据时代的独特之处，所提出的策略也仅限于泛泛而谈，缺乏专指性。王兰成[⑤]立足于信息机构大学科知识集成等前提，提出构建大数据背景下的档案与图书情报信息集成服务的机制，该机制有助于档案信息资源的挖掘以及档案利用效率的提升，从而对推动档案的增值服务和档案信息服务竞争力的提升起到重要作用。笔者认为大数据背景下图情档的资源融合与共享是推动档案资源服务创新的重要举措，但是如何通过档案资源的开放鉴定有效推动部分档案资源与其他信息资源的共享，以及如何解决档案资源共享中的隐私保护等问题是实现图情档资源融合需首要解决的问题，而这也是现有研究中所缺乏的探索之地。

---

① 张倩. "大数据"技术在高校档案信息服务中的应用探索［J］. 档案与建设，2014（3）：27-31.
② 郭瑛. 大数据背景下推进青海医疗档案信息共享服务对策探析［J］. 青海社会科学，2015（6）：200-204.
③ 琚春华，沈仲华，吴思慈，等. 中医药档案电子化与大数据云服务平台评价模型［J］. 浙江档案，2021（4）：43-45.
④ 刘岩. 大数据时代基于用户视角的档案信息服务研究［J］. 档案管理，2016（6）：94-95.
⑤ 王兰成. 大数据环境下档案与图书情报信息集成服务机制的构建［J］. 档案与建设，2014（12）：4-7.

2.2.2 档案信息服务平台研究

关于档案信息服务平台的研究从两个方面进行综述：其一为智慧档案信息服务平台的研究；其二为档案信息服务平台的构建研究。

目前学界缺乏关于智慧档案信息服务平台的研究，仅有的几篇文献主要聚焦于智慧城市背景下的档案信息服务平台的建设以及智慧平台下档案服务的研究方面。李姝熹等[①]提出了智慧城市框架下作为公共信息服务体系之一的嵌入式档案管理服务平台构建的理论框架，构建智慧感知、智慧服务和智慧体验的便利化档案信息服务平台，对于如何实现嵌入式档案管理服务平台尚缺乏深入研究。其他关于某智慧平台上档案信息服务平台建设的相关研究也只是关于档案信息服务平台的泛泛而谈式的研究。例如，罗心语[②]认为社保机构基于智慧社保平台开展社保档案智慧化服务很有意义，通过对各类原始社保档案数据信息进行处理来实现社保服务智慧化。综上，现有关于智慧档案信息服务平台的研究只是立足于智慧时代的背景谈档案信息服务的平台的构建，并没有真正基于档案部门自身的智慧档案信息服务平台建设的相关研究，也缺乏对档案部门智慧化服务的科学解读。

档案信息服务平台的研究也可以分为两个方面：其一为档案信息服务平台的一般性探索；其二为档案信息共享平台的专门探讨（因为在某种程度上档案信息共享平台和档案信息服务平台可以被视为同一平台的架构设计）。就档案信息服务平台的一般性探索而言，其主要聚焦：高校、政务、民国档案、民生档案等某一类档案服务平台的构建及评价模型的设计[③④]；基于新媒体平台的档案信息服务研究[⑤]；档案信息服务平台自身的研究，包括其内涵、功能定位等方面的研究[⑥]。目前关于档案信息服务平台的研

---

① 李姝熹，李潼，王建祥. 论智慧城市框架下的档案管理服务平台建设 [J]. 档案管理，2021 (1)：53-54.
② 罗心语. 基于智慧平台的社保档案服务研究 [J]. 山西档案，2018 (6)：26-28.
③ 陈宇. 民国档案数字人文服务平台建设思路研究 [J]. 北京档案，2021 (8)：28-31.
④ 琚春华，沈仲华，吴思慈，等. 中医药档案电子化与大数据云服务平台评价模型 [J]. 浙江档案，2021 (4)：43-45.
⑤ 宋雪雁，张岩琛，朱立香，等. 公共档案馆微信公众平台服务质量评价实证研究 [J]. 档案学研究，2018 (1)：49-58.
⑥ 母泽平，陈华. 档案服务平台功能需求定位及建设研究 [J]. 兰台世界，2014 (26)：106-107.

究中对于"平台"二字还缺乏共识性解读,有些研究混淆了平台和渠道或手段的概念,因此研究的侧重点也随着平台内涵的不同解读而有所差异。针对档案信息共享平台的构建问题,目前相关研究聚焦于档案信息资源共享平台的内涵[1]、档案信息资源共享平台的模型构建[2]、档案信息资源共享平台的技术框架及体系结构[3]、各实践领域档案信息资源共享平台构建设想[4]、档案信息共享平台服务模式的转变[5]、档案信息资源共享平台的安全管理[6]、大数据时代档案信息资源共享平台研究[7]。目前国内相关研究主要偏重于技术架构,对档案信息资源服务平台架构过程中涉及的各种技术问题的阐述较多,对档案资源本身对于平台服务同其他信息资源服务平台构建的区别或独特之处尚缺乏探索,因此提出的平台构建策略对档案资源服务的专指性还尚显不足。

2.2.3 档案资源共享研究

档案资源的共享是智慧档案信息服务平台构建的基础和前提,可以说档案资源的共享问题对于本书研究起着重要的作用。关于档案资源共享问题,国内已经产生了大量的研究成果,具体研究主题分布状况表现为以下方面。

从总体来看,可以将现有相关研究成果分为:档案资源共享的内涵问题,档案资源共享的主体及客体问题,档案资源共享的理论及技术环境问题,档案资源共享中的问题、对策及效益研究等4大方面。

(1) 关于档案资源共享的内涵研究。目前学界关于档案资源共享的内涵并未达成统一共识,研究者大多基于共享的主体、客体、条件、范围、

---

[1] 张文元. 社交媒体档案资源共享平台服务研究 [J]. 档案天地,2017 (11): 36-39.
[2] 金秀凤. 基于ABP框架的档案信息资源共享平台模型构建 [J]. 档案管理,2020 (4): 64-65.
[3] 吕嫄,张俊. 基于.NET技术的芜湖市档案信息共享平台的研究与实现 [J]. 科技信息,2010 (20): 623-624.
[4] 石兵. 重庆市农村档案信息资源共享平台通过验收 [J]. 中国档案,2012 (5): 10.
[5] 任民锋,张银娜. 档案图书数字信息资源服务创新共享平台建设的对策 [J]. 内蒙古科技与经济,2018 (20): 43-44,62.
[6] 向阳,果越. 院士档案资源共享平台构建研究 [J]. 中国档案,2019 (8): 42-43.
[7] 卞咸杰. 大数据时代档案信息资源共享平台性能优化的研究 [J]. 档案管理,2016 (6): 17-20.

目的等要素对档案资源共享的内涵进行定义。如邢华洁[1]认为,档案信息资源共享是指通过对档案信息资源进行数字化加工处理与整合,构建基于互联网的档案信息中心和网络中心,利用档案信息资源网络传输系统,实现档案信息资源最大范围的共享;蒋冠等对电子政务环境下档案资源的整合与共享进行了界定,即通过网络建立统一的信息交换与共享平台,对分散异构的档案资源系统进行优化组合与无缝联结,实现档案资源的合理组织、优化配置和最大增值。但总体而言,目前学界关于档案资源共享的内涵还存在着缺乏深入认识,定义表述的全面性还待完善。

(2)关于档案资源共享的主体及客体的研究。就档案资源共享主体的研究而言,该部分的研究又可分为档案资源共享的主体及主体范围研究和档案资源共享服务对象的研究两个方面。档案资源共享的主体即档案资源共享的发起方,由于共享主体范围的差异,又可以将其分为内部共享、区域性(联盟式)共享[2][3]与网络化共享[4]。现有研究主要以档案资源的馆际内部共享与区域共享研究为主。档案馆馆际共享主要研究档案馆之间如何实现档案资源共享。就档案资源共享的客体而言,以张照余[5][6]为代表的学者主要注重研究共享的档案资源本身的类型和特征,以更好地界定可供共享的档案资源的范围和类型,合理设置共享的权限等。

(3)关于档案资源共享的理论及技术环境研究。档案资源共享的理论环境研究主要指档案资源共享的支撑理论,通过相关理论的探讨为档案资源的共享找寻更深厚的理论支撑。学者们从信息共享空间[7][8]、档案资源共

---

[1] 邢华洁. 档案信息资源共享机制研究:以云南省为例 [D]. 昆明:云南大学,2011.
[2] 吴加琪. 构建区域档案信息资源共建共享平台的思考 [J]. 北京档案,2014(8):24-27.
[3] 马仁杰,沙洲. 基于联盟区块链的档案信息资源共享模式研究:以长三角地区为例 [J]. 档案学研究,2019(1):61-68.
[4] 吕元智. 档案信息资源区域共享服务研究 [J]. 档案学研究,2012(5):35-38.
[5] 张照余. 基于共享网络的档案用户研究:用户分类、特点与管理原则 [J]. 浙江档案,2008(10):26-28,37.
[6] 张照余. 网络共享中档案信息的内容划控与权限控制研究 [J]. 档案学通讯,2009(2):62-65.
[7] 张林华,冯厚娟. 信息共享空间对档案信息资源共享的启示 [J]. 档案学通讯,2010(6):30-33.
[8] 胡杰,张照余. 从信息共享空间看档案信息服务模式的创新 [J]. 浙江档案,2016(9):7-9.

享生态系统[①②]、知识管理[③④]、传播学理论[⑤]中为档案资源共享寻找理论依据。不同理论视角能够为档案资源共享提供更广阔的研究视角,但是理论的适用性是一个需要思考的问题。对于档案资源共享的技术环境研究而言,目前学界已经有了较丰富的理论成果,学者们集中关注"大数据"[⑥⑦]"区块链"[⑧]和"云计算"[⑨]等技术环境下档案资源共享的模块构架或功能实现。"大数据"和"云计算"为信息化背景下档案数据的量级处理提供了可能,"云存储""区块链"等技术则为档案资源的安全存储与利用提供了科学的解决方案,为档案资源共享的实现提供了强大的技术支撑。随着信息技术的迅猛发展,区块链、人工智能等前沿技术竞相迸发,可以说,技术问题已经不是制约档案资源共享的核心问题,如何推动前沿技术在档案资源共享中的应用及在此过程中如何加强相关要素的管理应成为未来研究的重要关注点。

(4)关于档案资源共享中的问题、对策及效益研究。目前学界关于档案资源共享中的问题和对策方面的研究已经成为关于该问题研究的一种重要模式体现。其中就档案资源共享中的问题,学者的相关研究指出目前的问题主要表现为:档案资源共享意识淡薄、顶层设计和标准化建设缺乏、共享体系不健全、共享基础设施薄弱、人才匮乏、资金支持不足、共享存在安全与伦理问题等。针对档案资源共享中存在的问题,学者们从宏观、中观和微观视角构筑起实现档案资源共享的路径。从宏观视角而言,档案资源共享的顶层设计至关重要,是关系档案资源共享能否实现的发展战略

---

① 李思艺. 服务型政府理念下档案信息资源共享影响因素研究:基于信息生态理论的分析[J]. 档案与建设,2019(4):18-22.
② 张东华,姚红叶. 基于信息生态系统的档案信息资源共建共享[J]. 档案,2011(1):7-9.
③ 陈伟斌. 基于用户体验的数字档案共享服务研究[J]. 档案管理,2019(2):43-44.
④ 颜丙通. 基于跨平台信息资源融合共享的档案实体分类探析[J]. 档案与建设,2019(3):33-36.
⑤ 蔡盈芳,李子林. 大数据环境下政务档案信息共享与利用研究:框架设计[J]. 浙江档案,2019(1):10-13.
⑥ 卞咸杰. 大数据时代档案信息资源共享平台性能优化的研究[J]. 档案管理,2016(6):17-20.
⑦ 卞咸杰. 大数据时代档案信息资源共享平台数据交互服务的研究[J]. 浙江档案,2018(11):15-17.
⑧ 聂云霞,何金梅,肖坤. 基于区块链的政务档案信息共享策略[J]. 浙江档案,2019(6):31-33.
⑨ 陈霄. 基于云计算的宁波市民生档案共享应用平台开发初探[J]. 浙江档案,2016(9):54-55.

第2章 智慧档案信息服务平台的研究进展

问题。同时，采用多元化的方式培育档案资源共享的理念对实现档案资源共享也起着先导性作用；法规政策机制、基础设施建设、多渠道的资金支持、专门人才的引进和培养、共享技术运用和创新以及评估和反馈机制是实现档案资源共享的保障机制；联盟机制、组织管理机制、机构间利益协调机制等构成了档案资源共享的合作协调机制；资源整合体系、管理与服务体系、标准化体系以及安全体系构成了档案资源共享体系的构建机制。从中观视角出发，学者们主要从国内已有的实践探索出发进行经验总结和理论归纳。主要包括政务档案资源共享研究[1]、高校档案资源共享研究[2]、农村档案资源共享研究[3]、民生档案资源共享研究[4]、企业档案资源共享研究[5]，以及医疗健康档案[6]、环保档案、水文档案、房产档案资源共享等。但实践领域的探讨缺乏深层次理论的升华，还仅限于各个领域浅层次的实践经验总结。微观视角重点关注档案资源共享的模式及共享平台研究。关于档案资源共享模式的研究，诸如吴加琪等[7]介绍了档案信息资源共建共享的集中型、层次型和网络型3种基本模式。关于档案资源共享平台则更多的是不同的技术手段在档案资源共享实践中的运用[8]。

（5）档案资源共享的效益问题研究。该方面的研究主要侧重档案部门与其他部门基于互惠互利的基本原则共同推动档案资源共享的实现。在此过程中档案部门社会关系的处理，尤其是关于共享过程中效益问题的处理尤为关键，科学合理的利益平衡机制[9][10]的构建对于档案资源共享的顺利实

---

[1] 陈永生，侯衡，苏焕宁，等. 电子政务系统中的档案管理：整合共享 [J]. 档案学研究，2015（6）：19-26.
[2] 卞咸杰，卞钰. 试析高校档案信息资源共享的发展轨迹 [J]. 档案管理，2018（3）：61-62.
[3] 顾剑徽，甘厚龙. 热忱服务为"三农"：宁波市农村档案信息共享工作侧记 [J]. 浙江档案，2012（7）：46-48.
[4] 孙如凤. 区域民生档案资源共享机制研究 [D]. 南京：南京大学，2017.
[5] 王彩虹. 企业档案信息资源整合共享研究：以广州地铁集团公司为例 [J]. 档案学研究，2015（5）：98-101.
[6] 蒋月红. 医疗档案信息资源共享平台建设实践 [J]. 浙江档案，2016（12）：60.
[7] 吴加琪，陈晓玲. 智慧城市背景下区域档案信息资源共建共享模式研究 [J]. 档案管理，2015（1）：33-35.
[8] 卞咸杰. 基于WCF技术的跨平台档案信息资源共享平台建设的研究 [J]. 档案管理，2016，（4）：37-41.
[9] 黄小忠. 建设区域性高校档案信息资源共享平台的机制和途径研究 [J]. 山西档案，2015（4）：77-80.
[10] 张照余. 构建档案共享网络的效益与利益机制研究 [J]. 档案学研究，2011（3）：54-58.

现和可持续发展是十分必要的。

综上，目前国内关于档案资源共享的相关研究呈现稳步发展但尚未成熟的特征，档案资源共享的基础理论问题、跨学科视角研究问题、顶层设计问题以及实证分析及评价体系构建等方面的研究亟待加强[①]。

2.2.4 智慧档案馆研究

通过检索中国知网、万方和维普等学术平台，下文以"（关键词＝智慧档案馆）或（主题＝智慧档案信息服务平台）"为检索条件，截至2021年8月20日前已经公开发表的各类文献，共检出476篇文献，剔除新闻报道等无效文献之后，最终确定339篇文献作为国内智慧档案馆和智慧档案信息服务平台相关研究综述的样本。

如图2-1智慧档案馆及其相关研究发文量总体发展趋势图所示，自2013年起，我国智慧档案馆和智慧档案信息服务平台相关研究就已经起步，并且总体呈现上升的趋势，这也显示出越来越多的研究者关注到了智慧档案馆的有关研究并参与其中。如图2-2智慧档案馆及其相关各类研究论文发文量统计图所示，关于智慧档案馆和智慧档案信息服务平台的相关

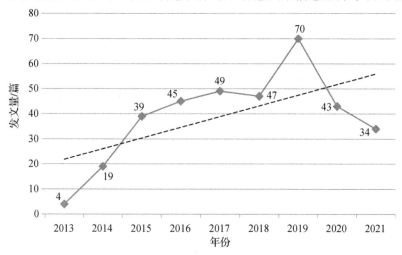

图2-1 智慧档案馆及其相关研究发文量总体发展趋势图

---

① 杨静，裴佳勇，管清潇．新世纪以来国内档案资源共享研究综述［J］．档案与建设，2020（9）：25-31，16．

第 2 章　智慧档案信息服务平台的研究进展

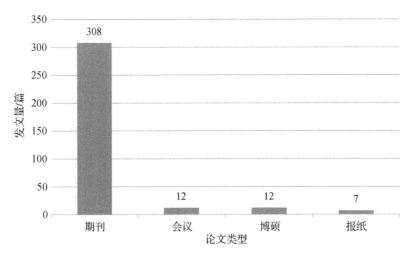

图 2-2　智慧档案馆及其相关研究各类论文发文量统计图

研究主要以发表在学术期刊上的论文为主，这也表明对于智慧档案馆和智慧档案信息服务平台的有关研究已经有了一定的理论基础，这些研究主要集中在以下几个方面。

2.2.4.1　智慧档案馆的概念和特征研究

关于智慧档案馆的研究已经开展了近 9 年的时间，不同学者在对智慧档案馆进行大框架概念界定、特征分析时，存在多样性的理解。一部分学者通过直接分析智慧档案馆借助的现代信息技术、管理理念、管理方式等来概括智慧档案馆内涵，还有一部分学者则通过与数字档案馆等概念进行比较分析。

学者们普遍认为智慧档案馆具有"泛在"服务的特性，"泛在"的本质是无处不在，即智慧档案馆可以充分利用现代信息技术实现档案管理并向社会提供不受时间不受空间限制的服务。如杨来青等[①]认为智慧档案馆是一种提供档案信息泛在服务的新型的档案馆模式，这种新型档案馆通过融入现代信息技术包括云计算、物联网等实现档案信息多元化管理。毕娟在对智慧档案馆下定义时，设立了一个公式，即"智慧档案馆＝档案馆＋

---

① 杨来青, 徐明君, 邹杰. 档案馆未来发展的新前景：智慧档案馆 [J]. 中国档案, 2013 (2)：68-70.

物联网＋云计算＋智慧化设备＋智能馆舍＋信息资源＋人力资源"[1]。这个解释智慧档案馆的观点在引入现代信息技术的基础上，又额外加入智能馆舍的概念，同时强调智慧档案馆提供的是以用户为本的互动性服务。借助现代信息技术改变档案馆系统信息资源和用户的交互方式，实现更灵活、更准确、更便捷的智慧性泛在服务。杨艳等[2]分析总结出智慧档案馆具有四个方面的特点、优点，即精细的信息资源库、全面性的信息化管理、感知化的业务工作、知识化的信息服务。通过理解这些学者对智慧档案馆的定义和特征分析，可以清晰地认识到智慧档案馆在充分运用现代信息技术的基础上，通过系统性改善管理流程，最终实现服务升级。

除此之外，陶水龙[3]明确提出智慧档案馆是智慧城市的组成部分，档案馆管理系统是与城市实体建筑相融合的，通过融合实现档案管理优化，如自动监控设施设备、整合综合管理设施设备，使得档案保管环境更加安全，工作、利用环境更加舒适。相比于其他学者，陶水龙的这一观点创新性地强调了智慧档案馆在实体建设上的特征。这些学者在分析智慧档案馆时，有的侧重于其使用的新技术，如云计算、物联网等；有的强调其引领的新管理方式、管理理念，如信息资源交互、档案馆业务实现感知化；有的将其与智慧城市直接捆绑，认为智慧档案馆就是智慧城市的组成部分；等等。虽然这些观念看似各有侧重、没有统一，但通过总结分析，在理解智慧档案馆时均离不开以下几点要素：智能馆舍、智能技术、信息资源、智能管理。

为了更进一步认识智慧档案馆，并将其与数字档案馆区分，还有不少学者专门分析了二者的关系，目前主要存在两种观点。一部分学者认为数字档案馆和智慧档案馆是档案馆建设和发展的不同阶段。这一观点的代表学者是杨桂明[4]，他认为数字档案馆、智能档案馆、智慧档案馆分别是档案馆建设的初级、中级、高级阶段，对应的作用价值分别是数字化发展的

---

[1] 毕娟．智慧城市环境下智慧型档案馆建设初探［J］．北京档案，2013（2）：13-16.
[2] 杨艳，薛四新，徐华，等．智慧档案馆技术系统特征分析［J］．档案学通讯，2014（4）：66-69.
[3] 陶水龙．智慧档案馆建设思路研究［J］．中国档案，2014（6）：67-69.
[4] 杨桂明．从数字、智能和智慧的视角论档案馆建设的三个阶段［J］．档案学通讯，2018（2）：110-112.

基础、由数字档案馆向智慧档案馆的过渡、实现档案信息感知和协同处理。这种观点认为，档案馆的发展是一种层层递进的过程，是由一个阶段向下一个阶段不断发展的，是一种顺序的发展。另一部分学者认为数字档案馆和智慧档案馆是一种相互促进、并行发展的关系。如傅荣校等[1]认为数字档案馆和智慧档案馆其实是信息化不同阶段的两种表现形式，数字档案馆为智慧档案馆提供数据支持，智慧档案馆对数字档案馆的功能、资源整合挖掘以及智慧技术和感知技术等方面实现提升。季梦佳认为："虽然数字档案馆适应了信息化发展对档案馆建设的需要，但其存在馆藏来源有限、档案管理工作未有实质性突破等局限性，无法实现档案与档案、用户和管理数据库之间的有机结合，所以智慧档案馆应当在数字档案馆的基础上加强馆藏的精细化、全面化和多样化。"[2] 可以看到，不管是认为智慧档案馆是数字档案馆的进阶版，还是认为二者是互为补充的关系，在研究时，都不能将二者完全割裂开来，二者在资源、技术、功能、管理等方面均有着密切的联系。

2.2.4.2 智慧档案信息服务平台的概念研究

2011年，南京档案馆提出了"智慧档案，快乐档案"理念，并开始了智慧档案馆的建设。不难发现，智慧档案馆的建设实践先于理论，实践成果的丰富也推动了理论的不断完善。随着智慧档案馆研究的不断深入，以及陆续的实践应用，越来越多的学者关注到智慧档案馆的顶层设计，并出现档案服务平台的概念。

在初期研究中，档案服务平台作为智慧档案馆系统架构中的一个层级、一个部分被简单提及。如杨智勇等提出了智慧档案馆的四层基础体系架构[3]，包括感知层、数据层、平台层和应用层，它们一起构成智慧档案馆管理全过程，即首先通过感知层对相关数据进行感知、融合、分析和处理，然后由数据层对大量档案数据进行格式转换、安全存储和智能存取，接着由平台层协同各单位工作机制和工作模式，实现档案资源的集约管理和全面整合，最后经应用层提供档案信息的集成服务和智慧启迪，满足社

---

[1] 傅荣校，施蕊. 论智慧城市背景下的智慧档案馆建设 [J]. 浙江档案，2015（5）：14-17.
[2] 季梦佳. 智慧档案馆与数字档案馆的比较研究 [J]. 档案，2016（4）：8-11.
[3] 杨智勇，周枫. 试析智慧档案馆的兴起与未来发展 [J]. 档案学通讯，2015（4）：45-50.

会公众的多样化需求。莫家莉等构建了一个"3层7子系统"[①]集成的智慧档案馆顶层架构模型,"3层"是指核心层、支撑层、应用层,"7子系统"分别是核心层中的文化价值系统,支撑层中的资源系统、技术系统、管理系统、制度系统、安全系统,应用层中的应用服务系统。应用层提供文化价值基础,支撑层支撑实践活动,这里应用层即为用户提供智能服务的层级。

刘迁在其学位论文中强调过服务层在智慧档案馆体系中的重要性[②],认为服务层是实现政务网、互联网为使用者提供服务的重要环节,有了服务层才能让智慧档案馆实现为民服务。可以看到,在智慧档案馆概念刚提出的两年,学界对于智慧档案信息服务平台的认识研究是非常模糊的,不仅没有针对性的研究,在少量涉及的论文中也只是将服务平台作为整个智慧档案系统的组成部分稍作介绍,属于宏观层面研究。虽然有了服务平台的概念,但关于建设什么样的服务平台、怎样建设服务平台,以及服务平台的针对性功能等均还未有深入研究。

随着智慧档案馆研究的深入,在相关概念特征逐渐清晰后,不少学者开始关注智慧档案馆的实际建设问题。提到实际建设,便无法忽略智慧档案信息服务平台。2017年,曹东玉系统阐述了智慧档案馆信息服务体系,认为整个体系构成要素包括"感知层、数据层、资源整合处理层、服务层、信息服务人员和用户六层"[③]。2018年,牛力等[④]提出,通过完善的智慧档案馆应用系统,实现人与系统的有效交互,是档案馆智慧化的集中体现。智慧档案馆分为局域网、政务网和互联网三大应用,包括对部分不联网立档单位档案管理的分布式档案管理系统,建立档案综合管理与利用平台,建立档案公共服务与检索平台。2019年,贺奕静等[⑤]提出建设一站式服务平台和移动智慧档案馆,认为现在的档案资源分别保存在全国各地各类档案馆中,由于档案馆的独立使得形成信息孤岛,而智慧档案馆的出现

[①] 莫家莉,史仕新,许杨. 智慧档案馆顶层设计研究:总体架构及运行机理[J]. 浙江档案,2016(8):6-9.
[②] 刘迁. 智慧城市视域下智慧档案馆建设研究[D]. 苏州:苏州大学,2016.
[③] 曹东玉. 面向智慧城市的智慧档案馆信息服务研究[D]. 太原:山西大学,2017.
[④] 牛力,裴佳勇. 面向服务的我国智慧档案馆建设探析[J]. 档案学研究,2018(2):89-96.
[⑤] 贺奕静,杨智勇. 智慧档案馆的智慧服务功能及其实现[J]. 档案与建设,2019(11):28-32.

第 2 章 智慧档案信息服务平台的研究进展

就是要打破这种信息孤岛,通过建立一站式的服务平台实现档案信息联通共享。智慧档案信息服务平台作为智慧档案馆建设的组成部分,逐渐出现在学术研究的舞台上,从初期模糊的宏观层面研究,到逐渐作为子系统受到重视,越来越多的学者在研究智慧档案馆建设时提到服务平台。

2.2.4.3 智慧档案信息服务平台功能研究

撇开智慧档案馆的概念,档案服务平台一直是档案利用服务领域一个非常重要且有实际效用的研究方向。母泽平等提出"档案服务平台功能需求定位涉及服务功能、整合功能以及媒介功能三个方面"[1]。可见,信息时代档案服务平台虽称为"服务平台",但其功能并不单纯是提供档案利用服务,而是涉及多个方面。那么,在智慧档案馆建设的背景下,档案服务平台的功能自然也会发生变化。

档案服务平台功能的发展从开始的提供一站式服务、集成式服务等单一内容输出,慢慢演变,借助人工智能更加强调用户需求、个性化服务。王小健等[2]提出智慧档案馆具有分别面向智慧城市、企业、政府、民众的智慧功能,并创新提出一站式服务。曹东玉[3]提出集成式的服务平台,通过这个平台,用户和服务人员实现连接,服务模式、服务内容得到丰富,如在线即时交流、虚拟咨询、档案全文检索、知识服务等一系列智能服务模式,借助网络、App实现信息的实时发布,提供个性化定制服务以及开展教育活动等。徐洁在《"互联网+"背景下的智慧档案服务建设》一文中提出搭建智能服务平台,虽然文章中没有直接论述服务平台的多样化功能,但她以智能服务平台独特的优势作为切入点,认为智能服务平台"可借助人工智能技术提升查档效率与用户体验"[4]。贺奕静等提出"智慧档案馆的服务功能应以用户需求为导向,朝着智能化、知识化、个性化方向发展,最终实现智慧服务"[5]。对于智慧档案信息服务平台功能的探讨相对来

---

[1] 母泽平,陈华.档案服务平台功能需求定位及建设研究[J].兰台世界,2014(26):106-107.
[2] 王小健,刘延平.面向智慧城市的智慧档案馆建设[J].档案与建设,2015(5):16-20.
[3] 曹东玉.面向智慧城市的智慧档案馆信息服务研究[D].太原:山西大学,2017.
[4] 徐洁."互联网+"背景下的智慧档案服务建设[J].山西档案,2018(4):58-60.
[5] 贺奕静,杨智勇.智慧档案馆的智慧服务功能及其实现[J].档案与建设,2019(11):28-32.

说还是比较丰富的，涉及有服务的类型、服务的信息内容、服务的方式、服务的优势等。

总体上来说，智慧档案服务功能的发展是紧随国家政策方向的。近年来，国家为了提高政府部门办事效率，强化建设服务型政府，相继提出一站式服务政府、政府服务要化被动为主动等政策。在档案领域的学者们针对智慧档案信息服务平台功能的很多研究也是与此相应的，如上述提到的"集成式服务平台""智慧档案馆的服务功能应以用户需求为导向"等。但研究仍然存在美中不足之处：其一，智慧档案信息服务平台作为智慧档案馆的组成部分，很多功能并没有突出智慧档案馆的创新性、独特性，或者说缺乏明显区别于数字档案馆的功能。其二，本身智慧档案馆是在智慧城市的基础上提出的，目前关于智慧档案信息服务平台功能的研究与智慧城市的联系却稍显不足。

2.2.4.4　智慧档案信息服务平台技术应用探索

就目前现有的研究成果，直接探讨建设智慧档案信息服务平台所需技术的文章凤毛麟角，涉及的技术主要是云计算、物联网、移动互联网等，研究的应用领域主要是针对智慧档案馆的整体宏观建设。

现代技术在融入智慧档案服务时，技术应用可以大致概括为"物联网—感知系统""云计算—数据处理平台""移动互联网—档案信息服务平台"。例如王小健等[1]、邬家鹏[2]均详细探讨过物联网、云计算、互联网在智慧档案服务中的运用。每个技术有独特的优势，当然在实际应用的过程中为了更好地发挥其优势，技术运用是可以互相联系的。曹东玉[3]在提到智慧档案信息服务的技术支持时不仅提到了上述讲到的技术，同时还提出当前智慧档案馆信息服务过程中使用的现代技术并不是独立存在、互不关联的，而是交叉融合运用的。此外，王平等[4]引入TOGAF方法，建立了一个较为完整的架构，明确了智慧档案存储到利用的各个环节，每个环节相对应的平台，每个平台分别会运用到哪些技术，整个系统通过文字加图

---

[1] 王小健，刘延平．面向智慧城市的智慧档案馆建设［J］．档案与建设，2015（5）：16-20.
[2] 邬家鹏．智慧城市下的档案信息化建设探析［J］．云南档案，2016（1）：46-48.
[3] 曹东玉．面向智慧城市的智慧档案馆信息服务研究［D］．太原：山西大学，2017.
[4] 王平，李沐妍．基于TOGAF架构的智慧档案馆信息服务研究［J］．图书与情报，2018（2）：24-32.

片的方式让浏览者一目了然。即为了分别满足管理者和大众用户需要、社会发展需要,提升档案馆信息服务功能,从业务架构、应用架构、数据架构和技术架构对智慧档案馆的信息服务架构进行探讨,建立与各架构对应的服务平台。

物联网、云计算、互联网等是目前研究智慧档案馆建设、智慧档案信息服务平台构建时被广泛提到的技术。有关这几项技术的研究让学界对智慧档案馆有了更深入的认识,对智慧档案馆建设有了一定的启发和了解,但仍然存在不足之处。一方面,谈论到的技术本身较为单一、重复,过于大方向化,即大多提到云计算、物联网,但其实物联网也可分为传感器技术、嵌入式技术等;另一方面,技术研究的套用比重较大,即智慧档案信息服务平台构建是一个复杂的过程,是一个复杂的系统,每个环节运用的技术自然不能一概而论。

2.3 国外大数据时代智慧档案信息服务平台相关研究主题分布

2.3.1 大数据时代的档案信息服务研究

目前国外关于智慧档案信息服务平台的研究主要集中于三方面:大数据时代档案学科与信息技术学科的融合、大数据在专门档案领域的应用以及大数据时代档案工作中关于技术应用的探索。

(1) 大数据时代档案学科与信息技术学科的融合问题。该问题主要表现为大数据给档案工作带来新的机遇与挑战,档案工作者应该做好理念的转变,档案学研究也应该积极融入跨学科的视角。Marciano 等[1]认为几十年来,档案工作者一直在使用为纸质记录开发的档案理论和方法来评估、保存和提供对数字记录的访问,而在信息社会,档案工作者必须引入计算档案学(Computational Archival Science, CAS)的思维。运用 CAS 思维

---

[1] MARCIANO R, LEMIEUX V, HEDGES M, et al. Chapter 9: Archival records and training in the age of big data [M] //Re-Envisioning the MLS: Perspectives on the Future of Library and Information Science Education. Bradford, UK: Emerald Publishing Limited, 2018: 179-199.

有利于帮助获得新的数字技能，进行跨学科研究，并在档案、大数据和分析的交叉领域探索职业发展机会。Mordell[1]针对目前数字档案被描述为大数据的趋势提出反思，提出探索将计算方法应用于数字档案的概念和实践维度如何保持档案中立的概念。

（2）大数据在专门档案领域的应用问题。Sciacca 等[2]在天文档案的大数据框架中提出了创建用户友好、集成和跨平台框架的新方法，以促进大数据的访问、可视化和探索。采用灵活的远程服务与先进的分布式计算基础设施通信，呈现通过挖掘或噪声过滤方法获得的存档数据集的有意义的轻量级版本。Sciacca 等的研究对大数据时代的天文学界和天体物理学界产生深远影响，得以快速理解数据集，从而有助于采用新的科学发现方式。Ergüzen 等[3]针对影像归档和通信系统（Picture Archiving and Communication Systems，PACS）以及医院信息管理系统（Hospital Information Management System，HIMS）在卫生服务领域的重要作用，但使用传统方法无法科学管理、查询、分析和备份这些海量数据是医院面临的主要问题；提出基于 Hadoop 和 MongoDB 架构的高效中间层平台，该平台为医学影像归档问题提供了基于云的集成解决方案，实现了医学影像处理包的压缩，并将得到的数据存储在分片的 MongoDB 中。Kim 等[4]对韩国作为大数据平台的企业档案管理进行了探索，提出企业档案的管理是一个积累和利用数据的大数据平台，企业做好大数据平台下的现行档案管理十分重要。

（3）大数据时代档案工作中关于技术应用的探索。Lin 等[5]描述了一种基于主题模型提供临时浏览和交互式可视化的服务，允许用户浏览归档内

---

[1] MORDELL D. Critical questions for archives as (big) data [J]. Archivaria, 2019, 87: 140-161.
[2] SCIACCA E, PISTAGNA C, BECCIANI U, et al. Towards a big data exploration framework for astronomical archives [C] //2014 International Conference on High Performance Computing & Simulation (HPCS). Bologna, Italy. IEEE, 2014: 351-357.
[3] ERGÜZEN A, ERDAL E. An efficient middle layer platform for medical imaging archives [J]. Journal of Healthcare Engineering, 2018, 2018: 3984061.
[4] KIM S W, HAE-YOUNG R. A study on the accumulation and use of corporate records: Corporate records management as a big data platform [J]. Journal of Korean Society of Archives and Records Management, 2020, 20: 99-118.
[5] LIN J, GHOLAMI M, RAO J F. Infrastructure for supporting exploration and discovery in web archives [C] //Proceedings of the 23rd International Conference on World Wide Web. April 7-11, 2014, Seoul, Korea. ACM, 2014: 851-856.

容；提出基于 HBase 和 Hadoop 的 Web 归档开放源代码平台 Warcbase；提出了大数据技术在 Web 归档中的应用，通过使用开源平台 Warcbase 来实现构建在分布式数据存储 HBase 上的 Web 归档，与 Hadoop 的紧密集成为分析和数据处理提供了强大的工具；将 HBase 用于存储基础架构，简化了可扩展且响应迅速的应用程序的开发。Larson[1]从档案理论的角度考察了政府大数据的数字化保存需求。数字保存必须平衡技术知识和批判性观点，以真正捕捉大数据及其产生的记录的背景。

2.3.2 档案信息服务（平台）研究

国外鲜少有关于档案信息服务平台的专门性研究，但是有关于档案信息共享平台的相关探索，见下文 3.3。在档案信息服务领域，学者们已产生了一些研究成果。现有研究关注公共档案馆服务的现状、档案馆服务能力的提升、档案服务社会的价值、档案服务的创新等方面。针对档案及档案工作在社会公众中认知度还不够的现状，很多学者提出了通过档案宣导[2]、档案外展[3]及档案公众项目[4][5]等方式提高档案价值的社会认知。Ngoepe 等[6]评估了南非国家档案和记录服务处（National Archives and Records Service，NARS）将档案带给人们的程度，提出了有必要通过强有力的档案外展计划，提升 NARS 的公众形象和档案馆藏的使用。Marshall 等[7]针

---

[1] LARSON E. Big questions：Digital preservation of big data in government [J]. The American Archivist，2020，83（1）：5-20.
[2] WEIR C. Many happy returns：Advocacy and the development of archives [J]. Journal of the Society of Archivists，2012，33（1）：124-126.
[3] MASON M K. Outreach 2.0：Promoting archives and special collections through social media [J]. Public Services Quarterly，2014，10（2）：157-168.
[4] GROBELNY J. A different kind of web：New connections between archives and our users [J]. Journal of web librarianship，2012，6（3）：220.
[5] BLAIS G，ENNS D. From paper archives to people archives：Public programming in the management of archives [J]. Archivaria，1990，31：101-113.
[6] NGOEPE M，NGULUBE P. Assessing the extent to which the National Archives and Records Service of South Africa has fulfilled its mandate of taking the archives to the people [J]. Innovation Journal of Appropriate Librarianship and Information Work in Southern Africa，2011，42（2011）：3-22.
[7] MARSHALL C C，BLY S，BRUN-COTTAN F. The long term fate of our digital belongings：Toward a service model for personal archives [J]. Archiving Conference，2006，3（1）：25-30.

对信息时代个人数字档案信息的保管的现实问题，通过研究个人归档需求如何与现有和新兴的归档技术、最佳实践和政策相结合，为数字财产的长期存储、保存和访问设计一种服务，提出了迈向个人档案服务模式。Muharlisiani等[1]提出基于Microsoft Access的云计算档案整理与利用，以提高公共服务的效率。

2.3.3 档案资源共享研究

国外关于档案资源共享研究聚焦档案资源共享的意义、档案资源共享的平台构建、特定领域内的档案资源共享、档案资源与其他信息资源的共享问题及档案资源共享的实现的探讨。

（1）档案资源共享的意义的探讨。学者们主要立足于档案价值发挥的宏观和微观视角对档案资源共享的意义展开探讨。Ketelaar等[2]提到集体身份是基于记忆的选择性过程，因此特定的群体会通过过去共同的记忆来认识自己，推动集体记忆和社区记忆的共享。Powell等[3]的研究提到在四个土著社区建立数字档案馆并创建了一个共同管理本土档案材料的新系统，以通过档案共享来推动数字知识的共享。

（2）档案资源共享的平台构建的探讨。国外现有关于档案信息服务平台构建的专门性研究主要聚焦于档案信息共享平台构建的意义、档案信息共享平台元数据和语义描述、档案信息资源共享平台的实现、档案信息服务平台的安全性问题[4]。

（3）特定领域内的档案资源共享问题的探讨。国外医疗档案领域、天文档案领域、多媒体档案领域及更多的科技档案和专门档案领域的档案资

---

[1] MUHARLISIANI L T，SUKRISNO H，WAHYUNINGTYAS E，et al. Arrangement of archives of cloud computing based and utilization of microsoft access [J]. Proceeding of Community Development，2018，1：198.

[2] KETELAAR E. Sharing，collected memories in communities of records [J]. Tijdschrift Voor Nederlandse Taal-en Letterkunde，2005，33：44-61.

[3] POWELL T B. Digital knowledge sharing：Forging partnerships between scholars，archives，and indigenous communities [J]. Museum Anthropology Review，2016，10（2）：66-90.

[4] 杨静，方路. 国内外档案信息资源共享平台研究综述 [J]. 盐城师范学院学报（人文社会科学版），2020，40（4）：77-86.

第 2 章 智慧档案信息服务平台的研究进展

源共享研究都取得了一定的成果[1][2][3][4],特别是医疗领域的档案数据共享取得了较为丰富的成果。Kathiravelu 等[5]提出了异构医学影像档案数据共享的同步平台建设问题。

(4) 档案资源与其他信息资源的共享问题的探讨。Elings 等[6]提出通用的标准和元数据共享模型,整合来自图书馆、档案馆和博物馆的数字内容是一项持续的挑战,按材料类型而不是按社区隶属关系应用特定的数据内容标准,可以提高文化遗产社区内的数据互操作性。Leresche 等[7]提出图书馆和档案馆通过共享标准来促进文化遗产的获取。

(5) 档案资源共享的实现的探讨。学者们提出通过共享元数据的方式实现不同地域档案资源的共享。Agosti 等[8]提出了一个跨地域的不同档案部门之间共享元数据问题的方法,以推动公众更好地查阅档案信息。Guéret[9]则指出可以利用数字档案馆作为一个通用的数据共享平台发挥关

---

[1] ISAKEIT D, SABBATINI M, CAREY W. Sharing ESA's knowledge and experience: The Erasmus Experiment Archive [J]. Esa Bulletin, 2004, 120 (120): 34-39.
[2] FERGUSON L. Aerial archives for archaeological heritage management: The Aerial Reconnaissance Archives-a shared European resource [M] //COWLEY D C. EAC Occasional Papers. Brussel: Europae Archaeologia Consilium-Eac, 2011: 205-212.
[3] PATEL A A, GUPTA D, SELIGSON D, et al. Availability and quality of paraffin blocks identified in pathology archives: A multi-institutional study by the Shared Pathology Informatics Network (SPIN) [J]. BMC Cancer, 2007, 7: 37.
[4] BELLINI P, BARTHELEMY J, BRUNO I. Multimedia music sharing among mediateques: Archives and distribution to their attendees [J]. Applied Artificial Intelligence, 2003, 17 (8-9): 773-795.
[5] KATHIRAVELU P, SHARMA A. Mediator: A data sharing synchronization platform for heterogeneous medical image archives [C] //Workshop on Connected Health at Big Data Era (BigCHat' 15), co-located with 21 st ACM SIGKDD Conference on Knowledge Discovery and Data Mining (KDD 2015). ACM, 2015.
[6] ELINGS M W, WAIBEL G. Metadata for all: Descriptive standards and metadata sharing across libraries, archives and museums [J]. First Monday, 2007, 12 (3).
[7] LERESCHE F. Libraries and archives: Sharing standards to facilitate access to cultural heritage [C] //World Library and Information Congress: 74th IFLA General Conference and Council. August10-14, 2008, Quebec, Canada, 2008: 10-14.
[8] AGOSTI M, FERRO N, SILVELLO G. An architecture for sharing metadata among geographically distributed archives [C] //THANOS C, BORRI F, CANDELA L. International DELOS Conference. Berlin, Heidelberg: Springer, 2007: 56-65.
[9] GUÉRET C. Digital archives as versatile platforms for sharing and interlinking research artefacts [C] //Proceedings of the 1st International Workshop on Digital Preservation of Research Methods and Artefacts. Indianapolis Indiana USA. ACM, 2013: 1-7.

键作用。

国外就档案资源共享中的策略和技术问题的探讨也有一定的成果。Jones[1]研究了 Linux 文档项目、Degree Confluence 项目和 Etree. org 项目在内的三个大型的档案共享项目,这些项目使用的技术包括 wiki、mailman、Shorten (SHN)、FLAC、PHP、mySQL、PHPbb、Postnuke、BitTorrent、rsync、XML 和 CVS。

2.3.4 智慧档案馆研究

在国外关于公共档案馆的相关探讨中,还鲜少有关于构建智慧档案馆的专门性探讨,但有关于信息化背景下智能化档案系统构建和内部档案馆的智慧化等相关研究。Barat 等[2]对"智能档案"系统形成中自动化的主要趋势和方向进行了分析,提出了智能档案系统及其子系统、功能框图、主要组成部分,并分析了智能档案系统模块化应用的有效性。Nelson 等[3]提出 SODA 模型的前提是将许多通常与归档相关的功能"下推"到数据对象本身。因此,数据对象变得"更智能",档案变得"更笨"。在 SODA 模型中,存档主要成为集合管理器,对象本身进行协商和处理表示,执行条款和条件,并执行数据内容管理。

美国国家航空航天局(National Aeronautics and Space Administration,NASA)资助的智慧档案馆(Intelligent Archive,简称 IA)项目以大量案例研究的形式展示了智慧化档案在不同领域的服务形式。其中一个研究小组对智能档案馆 IA 的新概念进行了探究,概念化的 IA 具有管理数据的创新能力,使其更易于获取,在未来几十年的改进后将对前所未有的数据量进行利用。这项研究解决了从数据量中获得最大社会效益的问题,

---

[1] JONES P. Strategies and Technologies of Sharing in Contributor-Run Archives [J]. Library Trends,2005,53 (4):651-662.

[2] BARAT A,ABDULLAYEV A. Analysis of the main trends and directions of automation in the formation of the "smart archives" system [C] //ALIEV R A,YUSUPBEKOV N R,KACPRZYK J,et al. World Conference Intelligent System for Industrial Automation. Cham:Springer,2021:402-408.

[3] NELSON M L,MALY K,CROOM D R,et al. Metadata and buckets in the smart object,dumb archive (SODA) Model [R/OL]. (2013-11-07) [2024-02-01]. https://www.cs.odu.edu/~mln/ltrs-pdfs/NASA-99-3ieeemc-mln.pdf.

NASA希望从未来的任务中不断增加数据量。拍字节时代的数据量给现有的档案和分发实践带来了各种各样的挑战。IA研究团队采用了用例场景作为一种方法,以更好地理解解决这些挑战的方法,并将其作为IA体系结构研究的一部分。该研究还描述了一个基于未来精确农业操作的用例场景①。另一个研究小组则认为通过在数据归档中添加智能系统,可能会大大提高服务水平和存档提供,同时通过更好地预测用户数据请求和制造更多的数据来降低成本,有效利用现有资源②。此外还有虚拟天文台的IA项目③、高级天气预报场景④等一系列关于IA的研究。

2.4 国内外研究现状述评

总体而言,关于"大数据时代智慧档案信息服务平台"的主题,国内外在大数据时代的档案信息服务研究、档案信息服务(平台)研究、档案资源共享研究、智慧档案馆研究等4个方面都有不同程度的探讨。

从研究成果的数量角度来看,国内成果数量明显多于国外。从研究主题分布来看,国内研究比国外研究更细化,研究主题分布更广泛。

从研究方法来看,国外擅长使用案例研究的形式探究信息化背景下各专门领域档案服务模式的构建,因此研究具有较强的经验性和具象性,有些研究成果可以为相关领域提供直接的实践借鉴,但也因此仅限于操作手册性质,缺乏一定的理论深度。国内的研究与国外的研究相比有更多的理论领域的探索成果,但实践领域与理论领域的结合尚不够紧密,实践领域

---

① HARBERTS R, ROELOFS L. Intelligent archive visionary use case: Precision agriculture scenario [R]. NASA, GSFC, 2003.
② MORSE H S, ISAAC D, LYNNES C. Optimizing performance in intelligent archives [R]. White Paper Prepared for the Intelligent Data Understanding Program, 2003.
③ HARBERTS R, ROELOFS L, RAMAPRIYAN H K, et al. Intelligent archive visionary use case: Precision agriculture scenario [EB/OL]. (2003-10) [2024-02-01]. https://www.researchgate.net/publication/228607255_Intelligent_archive_visionary_use_case_precision_agriculture_scenario.
④ HARBERTS R, ROELOFS L, RAMAPRIYAN H K, et al. Intelligent archive visionary use case: Advanced weather forecast scenario [EB/OL]. [2024-02-01]. https://www.semanticscholar.org/paper/Intelligent-Archive-Visionary-Use-Case-%3A-Advanced-%2C-Harberts-Roelofs/8cee7ea4e891b50766720d5996a573d05ef6ba29?p2df.

有一些问题尚需要理论领域的关注，例如如何科学地界定可供共享的档案资源，是实现档案信息服务平台构建的资源前提。

从研究内容来看，关于档案信息服务、档案资源共享、档案信息安全以及包括医疗档案、高校档案等专门性领域的档案服务技术领域等研究方面国内外都有相对丰富的成果。但国内外皆缺乏真正意义上的档案信息智慧性服务的研究成果，就大数据与档案信息服务的深入融合问题还缺乏相应研究。

从研究成果的合作性来看，国外相关研究比国内更加注重研究的合作性，大多成果皆为多位作者研究而成，国内则表现为较多的独立作者或者独立领域。未来在该领域的研究中，国外档案领域应该加强与信息领域专家的合作；围绕该主题，档案理论领域应该加强与实践领域的对话，以推动该主题更科学和更深入的研究。

此外，国内外研究思维存在一定差异性。例如，关于大数据的理解方面，国内习惯将大数据作为一个信息时代的大背景，研究档案工作聚焦在大数据背景下的共享及其服务的实现。国外则有将数字化的档案直接理解为大数据，并提出了计算档案学的新的学科融合思路，并提出以计算档案学的思路去解决档案共享和利用中的问题。

综上，尚待研究领域包括智慧式档案信息服务平台的内涵，智慧档案信息服务平台的特征和意义，大数据时代智慧档案信息服务平台构建的理论依据、政策依据及实践基础的系统梳理，大数据时代智慧档案信息服务平台的构建、运行及评价、保障机制构建等方面。

第 3 章
智慧档案信息服务平台的内在意蕴研究

3.1 核心概念解析

3.1.1 大数据时代

在计算机时代,在学科领域最早提出大数据概念的是基因学和天文学这两个学科[①]。可以说,大数据是计算机和互联网相结合的产物,使数据实现数字化、网络化成为可能,并因此具有强大的生命力。

大数据时代是 IT 专业术语。世界著名咨询企业麦肯锡最早提出"大数据"时代来临[②],认为"大数据"已经渗透到当今社会的所有领域,成为重要的生产因素。"大数据"在物理学、生物学、环境生态学等领域以及军事、金融、通信等行业早已应用,但并没有引起人们的高度关注。伴随着互联网和信息行业的发展,"大数据"才引起人们的高度关注。因此,大数据时代,大数据已渗透到生产生活的各个领域,人们利用大数据技术从海量的数据中分析、挖掘出价值,这是一个以创新、创意、创造为核心特征的崭新时代。大数据是高科技时代发展的产物,不仅具备数据体量大、种类繁多、价值密度相对较低等特征,而且要求数据时效高、处理速度快。

3.1.2 智慧服务

随着信息技术的飞速发展,以深度学习、人工智能为标志的新一代信息技术逐渐成熟,并逐步实现产业化。"智慧"成为全人类社会发展的共同追求和愿景。智慧服务就是指个人或组织运用大数据、人工智能等新一代信息技术,挖掘和分析数据,将人的智慧与机器的智能融入相关领域,为个人或组织提供精准化、知识化和创造化的服务。智慧服务有创新类智慧服务、发现类智慧服务、规整类智慧服务。档案智慧服务从严格意义上不属于具体的哪一类范畴,三者兼而有之。对于档案而言,智慧服务指运

---

① 迈尔-舍恩伯格,库克耶舍.大数据时代:生活、工作与思维的大变革[M].盛杨燕,周涛,译.杭州:浙江人民出版社,2013.
② 耿秋,孟剑.大数据时代 机遇? 挑战?[J].中国新时代,2012(6):60-61.

用大数据、人工智能等新一代信息技术，挖掘和分析档案知识、数据，实现智慧检索、编研、统计分析和利用等服务。

3.1.3 档案信息服务平台

档案信息服务平台是一种网络服务管理系统，它融合了通信、网络、计算机等多种信息技术，集成了结构化、半结构化和非结构化等各种资源，能有效实现用户定位、信息交换和获取等功能。从调研结果来看，目前国外信息服务平台建设和发展明显领先于我国。20世纪，美国率先实现计算机技术在数据库建设中的应用[①]，实现了美国区域内部网络的连接，形成了自己独立的专项信息库，促进了档案信息平台的发展。随着社会经济的进步，通信、计算机和网络等信息技术得到迅猛发展和广泛应用，大大促进了档案信息化的建设进程。档案信息服务离不开信息技术强有力的支撑，只有将信息技术与档案服务有机结合起来，才能不断推进档案数字化进程，逐步构建起功能强大、资源丰富、安全高效的档案信息服务平台。

大数据环境下，档案信息服务平台其实是一种基于局域网的集群式平台。它能充分发挥档案部门资源、人才和技术等优势，并以数字化档案为基础，加强档案资源的采集和审核，做到不同档案资源的统一化管理，以提供快捷周到的档案信息服务。档案信息服务平台具有以下优势：一是有效融合了计算机、网络和通信等信息技术，实现了档案信息资源采集、存储、管理、发布、维护和利用一体化；二是充分利用现代信息分析技术，突破了传统数字化信息使用瓶颈，增强了档案信息资源整合和综合利用能力；三是合理利用数字化处理技术，实现了文本信息数字化，促进了档案信息资源共享的进程；四是科学运用数据仓库和数据挖掘技术，确保档案信息资源管理和服务达到最优化。

档案信息服务平台建设要以网络管理为导向，其主要目的就是实现档案业务流程网络化管理，这也是目前档案信息服务中需要解决的核心部分问题。档案信息服务平台要能经受得住实践的考验，不仅要能够灵活处理

---

① 文祥平. 基于网络管理的档案信息服务平台建设研究［J］. 电子技术与软件工程，2016（13）：35-36.

档案信息服务中各种业务，而且能够实现档案网络化管理和档案信息服务平台的同步、健康发展，以便打造成一种全新的档案信息服务平台。

目前，信息服务平台主要有：国家市场监督管理总局国家标准技术审评中心主办的全国标准信息公共服务平台（http：//std.samr.gov.cn/)、中华人民共和国海事局办公室主办的 AIS 信息服务平台（http：//www.ais.msa.gov.cn/)、中国人民银行征集中心主办的个人信用信息服务平台（https：//ipcrs.pbccrc.org.cn/)、中国注册税务师协会（简称中税协）主办的中税协信息服务平台（http：//www.ecctaa.com/wz/work/portal/login_pc.jsp)、科技部主办的国家科技管理信息系统公共服务平台（https：//service.most.gov.cn/)、知识产权出版社有限责任公司主办的专利信息服务平台（http：//search.cnipr.com/)、国家市场监督管理总局主办的全国认证认可信息公共服务平台（http：//cx.cnca.cn/CertECloud/index/index/page?currentPosition＝)、教育部学生服务与素质发展中心主办的中国高等教育学生信息网（学信网）（https：//www.chsi.com.cn/）中的学信档案平台等等。

近几年，我国档案信息服务平台建设取得了很大进展。2019 年，国家档案局正式启动全国档案查询利用服务平台建设，让利用者足不出户即可实现查档需求[①]。截至 2021 年底，全国档案查询利用服务平台顺利建成，并已接入 270 多家档案馆。

3.1.4 智慧档案信息服务平台

智慧档案信息平台是现代信息技术和档案信息服务相融合的产物，它以人工智能为代表的先进信息技术为基础，采用云端微服务架构，有效实现档案信息采集、检索、存储、利用、管理与分析。该平台是一种面向服务的体系框架，通过整套应用程序接口（Application Programming Interface，API）接口，重构并统一了档案馆各类档案信息资源管理的工作流程，以档案知识库代替分散的本地档案信息资源库，以软件即服务（Soft as a Service，SaaS）的云服务方式进行系统部署，并通过前端系统构建简单直观的搜索界面，以方便用户快速发现所需资源。其内涵主要体现在三

---

① 苏向东.加大档案开放力度 全国档案查询利用服务平台建设启动［EB/OL］.（2019-03-29）［2022-01-10］.http：//news.china.com.cn/txt/2019-03/29/content_74626808.htm.

个方面:一是以档案信息资源为中心。能够协助档案馆改善内部流程、优化馆藏管理、满足档案工作者和用户需求以及传递服务;二是以服务为导向,构建更加开放的网络服务与 API 接口,使档案馆能够为用户提供更加优化与简便的服务;三是以开放的平台为支持,提供档案信息平台架构,结合云平台即服务的实际应用,档案人员可利用开放性的 API,与其他档案信息系统实时数据互通。一个优秀的智慧档案信息服务平台,不仅能够实现实体档案的智能收集、管理、存储和用户管理,而且还能提供云档案的智能咨询、一站式检索、个性化服务和公共服务等功能。

3.2 相近概念辨析

3.2.1 数字档案馆与智慧档案馆

2010 年 6 月 17 日国家档案局办公室发布了《数字档案馆建设指南》(档办〔2010〕116 号),明确提出"数字档案馆是档案馆为了满足信息社会日益增长的对档案资源管理和利用的需求,对档案资源进行采集、加工、存储和管理,并利用网络平台提供档案信息资源利用和共享服务的档案管理集成系统"[①]。数字档案馆具有馆藏数字化、管理自动化、传输网络化和资源共享化等主要特点,它是时代发展的产物,是信息社会的记忆馆,是数字档案资源长期安全保存的场所,同时也是档案业务运行和服务的重要平台。

与数字档案馆相比,智慧档案馆至今没有统一的定义,许多学者、专家从不同的角度有着不同的观点,综合起来,智慧档案馆的定义与新技术、全面感知、互联互通、创新管理、泛在服务等元素有关。国家档案局原局长、中央档案馆原馆长杨冬权认为,"智慧档案馆(室)=档案全文数据+数据挖掘与推送技术+数据采集系统+数据存储系统+数据传输系统",或者"智慧档案馆=档案数据+数据挖掘与推送技术+物联网"[②]。

---

① 29. 数字档案馆建设指南 [EB/OL]. (2019-10-09) [2021-12-10]. https://www.saac.gov.cn/daj/gfxwj/201910/664c740247e54ca19b06abf2700243ec.shtml.
② 杨冬权. 智慧档案馆(室):我国档案馆(室)建设的新方向 [J]. 中国档案, 2020 (11):68-74.

该定义仍然集中在"资源"与"技术"层面，没有突出智慧档案馆的本质特点，即具有模仿人"解决问题和分析问题"的思维能力。智慧档案馆是以人工智能为代表的新一代核心技术为基础，采用跨平台、标准的、开放的、技术成熟的、先进的应用集成技术，构建具备智能感知与处置档案信息力、智能管理与多元化管控能力，并支持档案信息泛在服务的新型档案馆。

相对于数字档案馆重在档案数字化和管理自动化而言，智慧档案馆则更加注重档案数据化和智慧服务。它们都与信息技术的发展有着密切的关系，是信息技术发展阶段不同形态的表现，从性质上看，二者都属于"虚拟档案馆"范畴；从功能上看，二者都具有传统档案馆"收集、管理、保存、利用"的基本功能，具有保存历史、传承文化、服务社会的功能；从管理对象上看，二者都是档案信息资源。

智慧档案馆与数字档案馆的区别主要体现在以下几点：

（1）运行的模式不同。数字档案馆可以概括为对数字档案进行管理的一个集成系统，而智慧档案馆是一种融合各种信息技术对档案进行智慧化管理的集成系统。

（2）管理的对象不同。数字档案馆管理的对象是档案数字化，而智慧档案馆管理的对象是数据化，数据化是将数字化的信息进行条理化，通过智能分析、多维分析、查询回溯，为决策提供有力的数据支撑。一切业务皆可数据化，以数据分析为切入点，通过数据发现问题、分析问题、解决问题，打破传统的经验驱动决策的方式[1]，实现科学决策。

（3）使用的新技术不同。数字档案馆是在利用计算机技术、数字化相关技术的基础上，引进计算机辅助档案管理系统，实现档案目录的信息化，在档案目录信息化的基础上通过对档案载体的大规模数字化发展起来。智慧档案馆通过光学字符识别（Optical Character Recognition，OCR）技术、声音转化文字技术、人脸识别特征码提取技术等，将档案全面数据化；通过无线射频识别（Radio Frequency Identification，RFID）、大数据、云计算等技术自主感知、汇集、记忆、分析信息，挖掘知识、发现关系，完

---

[1] 汪晓琴，吴炜炜．退役电网实物资产精益利用全过程系统管控研究［J］．电子世界，2021（8）：69-70.

成既定的档案工作业务，实现档案信息的一体化管理。

（4）信息利用的方式不同。数字档案馆对传统的纸质档案进行图像扫描，每页档案只是一张可供阅读的图像，每件档案只有题名、形成者、形成时间、主题词或关键词等是可由电脑编辑处理的数据，而大量的扫描图像都是不可编辑的，档案的全文内容仍要人工来阅读、检索、组合、分析、挖掘。而智慧档案馆则借助现代化信息技术，对实体档案资源进行采集、整合、加工、分析以及挖掘，对档案信息资源进行综合处理与协同利用，从而发现新信息、新知识，生成科学、系统的知识架构，为用户进行推送，实现档案信息资源的增值和深层次利用。

（5）服务模式不同。当前社会，人工调阅模式已经无法满足人们对于档案服务的需求。社会进步让网络化、便捷化、高效化、知识化以及个性化等服务模式成为当前用户对建设智慧档案馆的诉求。智慧档案馆中的大数据技术，对用户身份、借阅内容、搜索方式等进行数据化分析，挖掘用户隐形诉求，改善服务方式，实现档案服务从"供给导向"模式向以用户为中心的"需求导向"模式转变。

智慧档案馆是以数字档案馆发展为基础的新质变，是对数字档案馆的创新和传承，代表着档案馆发展的更高形态。智慧档案馆与数字档案馆最大的区别就是现代信息与通信技术的广泛应用和深度实施，智慧档案馆大大促进了档案馆"四化"进程，即档案管理的全面信息化、档案信息资源组织的精细化、档案业务运行的感知化和档案信息服务的知识化。智慧档案馆的本质在于信息化与实体信息的高度融合，充分利用现代信息技术，不断变革档案工作流程、整合档案信息资源，实现档案馆全面信息化，使档案馆具备智慧服务能力[1]。

3.2.2 数字档案信息服务与智慧档案信息服务

数字档案信息服务和智慧档案信息服务是档案馆在不同发展阶段提供的不同信息服务形式，受特定历史条件、理念、技术和需求等诸多因素影响。数字档案信息服务主要体现在：

---

[1] 薛四新. 档案馆现代化管理：从数字档案馆到智慧档案馆[M]. 北京：电子工业出版社，2019.

（1）实现档案管理人员与用户的互动。既能保证档案管理人员获得有用信息的支撑，完成档案业务目标，又能促进档案信息转化，把档案信息传递给需求用户。

（2）满足用户的档案需求。成功把引擎技术应用到档案信息服务之中，保证用户随时都能从档案信息中获取需求。

（3）实现档案的知识管理。档案信息服务平台，不仅融入档案信息需求、知识服务等许多业务环节，方便档案管理人员和用户都能独立操作，而且还利用知识描述语言达到知识管理目的，实现档案价值的增值服务。

（4）实现档案信息资源共享。加强档案信息资源的整理、浏览和形象化处理，大大方便了档案信息资源的传递。着重对档案隐蔽信息进行分析和挖掘，强化档案信息的提取、分析、利用和保存等，创造了良好的档案信息资源共享环境。

（5）重视潜在用户的需求。档案信息服务平台可以清楚地展示档案信息的存储位置和方式，在保证用户信息安全的基础上，体现现代化信息传播的优势，以方便所有的档案用户共同使用，大大激发了潜在用户的信息需求，扩大了档案用户使用人群。

智慧档案信息服务是在数字档案信息服务基础上逐步发展和不断完善起来的。相对于数字档案信息服务，智能档案信息服务更加注重以人为本，最大限度地满足公众需求，注重物联网、云计算、大数据和人工智能等新兴技术与档案信息服务的融合，使档案信息服务更加自动化、个性化、精准化和智能化，是档案馆追求变革、坚持与时代同频共振的重要体现。智慧档案信息服务的"智慧化"主要体现在：

（1）多种资源管理系统融合。被集成应用系统的各类业务软件、应用构件及应用服务资源通过系统消息总线和系统服务总线实现各种软件资源的信息交互和分布式共享[1]。

（2）支持多种元数据描述标准。通过提供机器可读目录（Machine Readable Catalog, MARC）、都柏林核心（Dublin Core, DC）、跟单信用证条款（Documentary Credit terms, DCterms）、资源描述与访问（Resource Description and Access, RDA）多种元数据标准，解决各种档案信息

---

[1] 马晖，侯依林. 面向资源共享的信息系统集成[J]. 无线电工程，2013，43（1）：10-12.

资源的元数据编目，提高编目效率，能够给档案人员带来新的体验。

（3）支持云部署。部署在公有云，应用程序使用方仅需要维护应用程序的配置数据即可，除此之外其他所有基础设施都在云端，使用方只需要提供外网访问，可以确保应用的安全性、高可用性、易拓展性。云端运维工作由机器自动处理，具备全网最高级别的安全防护。云端部署还可以灵活扩容和收缩。云端应用由于其开放性，可以方便快速与其他应用进行集成。

（4）推动用户主导型服务。不受时间与空间的限制，利用丰富的各类智能场景、个性化应用，为用户带来全新的服务体验，让用户更方便地获取知识，发挥档案的信息价值。

（5）拥有统一的元数据中心。系统通过开放档案倡议（Open Archives Initiative，OAI）技术将各类型档案信息资源收割到临时的元数据仓储中，然后通过对临时元数据仓储中的数据进行清洗、转换，将这些数据追加到中心元数据仓储中。用户只需要对中心元数据仓储进行检索，即可实现对区域内档案信息资源的统一检索。通过OAI收割各系统、各类档案信息的元数据资源①。

（6）支持多终端平台展现，提供多终端服务管理界面。实现基于同一平台轻松管理个人空间、门户、移动端、微信端、大数据屏和歌德机等多个设备终端界面设计和信息展示，具备可视化全功能后台，最大限度地方便管理员自主管理和个性化配置应用栏目，为用户提供友善的界面、便捷、智慧的服务，使服务内容、使用数据趋向统一，更好地开展个性化的读者服务，提高读者满意度②。

（7）支持开放的开发者平台服务。未来的数字世界是一个生态的世界，全场景智慧时代更需要持续地创新。开放的全球化平台、全场景能力、应用全生命周期服务，成为开发者成长的"助推器"。智慧档案信息平台成为开发者与用户的"连接器"，持续助力开发者高效分发。

（8）支持新技术推动智慧服务。识别、智能检索、云计算、大数据等

---

① 刘子辉，陈强，彭渝，等. 基于元数据的重庆地区电子文献资源整合研究[J]. 现代情报，2013, 33（5）：47-50.
② 王栓栓，徐瑾. 数智时代高职院校智慧图书馆建设探析[J]. 传媒论坛，2022, 5（4）：88-91.

先进技术,将传统纸质档案与数字档案资源完全融合,为用户呈现出更为多元、人性的档案信息资源服务,让用户拥有更多的档案信息利用查询选择权。跨库资源的统一检索功能,支持纸质档案、电子档案、数字档案的混合检索,完整地呈现出文字(图纸)、图表、声像等多元档案信息。

从服务架构、监控系统、缓存机制、升级方式、系统维护、平台终端、高可用、高并发、数据容灾能力、引用容灾能力、安全防护能力、扩展性、开放性和开发语言等方面进行比较,智慧档案信息服务与数字档案信息服务具有的对比优势见表 3-1。

表 3-1 智慧档案信息服务与数字档案信息服务对比优势

技术指标	数字档案信息服务	智慧档案信息服务
服务架构	C/S、部分 B/S 单体架构	微服务架构
监控系统	无日志分析	基于 Sleuth 日志分析服务
缓存机制	单级缓存	多级缓存
升级方式	升级需要手动下载客户端,重新安装客户端	自动升级
系统维护	用户需要具备一定的维护能力	不需要用户维护
平台终端	只支持 PC 端	前后端分离开发,支持移动端、PC 端等
高可用	单体应用,系统不稳定、不安全	支持多节点分布式部署,系统稳定安全
高并发	有并发瓶颈	全文索引,缓存数据库,分布式数据库,多层次并发
数据容灾能力	低,单一数据库	高,多节点分布式数据库
引用容灾能力	单体应用部署	多节点分布式部署
安全防护能力	低	金融级别安全防护
扩展性	低,提升性能需要暂停服务	高,在不影响服务情况下可提升性能
开放性	低	提供开放平台
开发语言	Delphi、vb 等开发语言	全新的开发框架,前后端分离,前端 React,后端 java

3.2.3 智慧档案馆与智慧档案信息服务平台

智慧档案馆充分利用云计算、大数据、物联网、移动应用、人工智能等新一代信息技术,构建一个基于物联网的智能通信系统,实现档案实体、档案信息、档案管理设备、建筑设施与档案管理系统的信息交换,对档案实体、档案信息及档案建筑设施的全面感知、协同处理和泛在服务,以及档案工作人员与档案、设备、设施之间的互联互通。同时,智慧档案馆还利用大数据分析与数据挖掘技术,分析用户行为与喜好,感知用户需求,增强档案工作人员与档案利用人员的相互感知度,实现人与人之间的互联互通。在此基础上,智慧档案馆构建了一个能自动处置档案内容信息、载体信息和管理信息的档案综合管理和控制体系。

智慧档案信息服务平台,是开展智慧档案信息服务所需要的环境和条件,是智慧档案馆的重要组成部分,是加强智慧档案信息收集、加工、开发和利用的重要设施,是与公众互动的重要窗口,是展示智慧档案馆整体实力和服务水平的重要标志。它是以资源共享平台为基础,以应用人工智能为代表的先进信息技术与相关工具,其开发的重点是打造成高效、智能、统一的档案信息服务平台,以实现档案数据资源开发利用最大化和便捷增值服务。没有一流的智慧档案信息服务平台就没有一流的智慧档案馆,两者相互促进、共同提高,缺一不可。

3.3 大数据与智慧档案信息服务平台构建的内在关联

大数据和智慧档案信息服务平台是两个不同的概念,但又相互紧密地联系在一起,共同支撑着智慧档案馆的建设和发展。大数据本质上是互联网发展到一定阶段的必然产物,是海量数据的集合,也是智慧档案信息服务平台的血液,更是新时期档案工作的立身之本。大数据时代,互联网在资源整合方面的能力在不断增强,大数据正在充当互联网价值的体现者。

从互联网技术体系的角度来看,大数据正在成为推动整个互联网技术向前发展的重要力量。目前人工智能产品的落地应用效果得到了较为明显的提升。大数据自身所开辟的价值空间还有待于进一步发掘,与行业应用、物联网和人工智能技术的深度结合更加紧密。

我国政府非常重视政务一体化平台建设,2019年颁布的《国务院关于在线政务服务的若干规定》明确提出,要全面推行政务服务事项网上办理。随着各地各级政务服务平台和各类自建政务系统的建立，政务服务平台政务数据将越来越多，迫切需要数据归档工作的标准化、规范化管理。《"十四五"全国档案事业发展规划》多次提到数据归档问题，标志着数据已成为大数据环境下档案的主要来源之一。

智慧档案信息服务平台是大数据采集、存储、开发利用的基础设施，是实现大数据价值的重要媒介。智慧档案信息服务平台的构建不仅依赖于新一代信息技术，更与大数据有着密切的关系，通过收集档案基础数据、民生服务档案数据、公共综合管理档案数据和行业应用领域档案数据，不断完善、充实和壮大各级各类档案数据，使档案数据逐渐呈现出大数据特征，大大促进了智慧档案的建设。

3.4 大数据时代智慧档案信息服务平台构建的动因

智慧档案信息服务平台构建的动因是多方面、多层次的，既有社会发展和政策保障方面的因素，也有用户需求和技术驱动方面的原因。

（1）政策保障。2011年，国家档案局在《全国档案事业发展"十二五"规划》中明确提出，要打造"一站式"档案信息资源共享和服务平台。2012年，杨冬权在全国档案局馆长会议上提出，要搭建全国开放档案和政府公开信息资源共享平台的任务举措。全国档案事业发展"十三五"规划、"十四五"规划都把档案信息资源共享平台建设列入主要工作任务，这些为智慧档案信息服务平台建设提供了重要政策保障。

（2）用户需求。随着我国大数据战略的实施和智慧城市的建设，档案馆为了顺应时代潮流、不断满足人民群众的档案信息资源和档案文化需求，必须不断变革档案信息服务模式，大力推进智慧档案信息服务平台建设，以满足用户多样化、个性化等需求。

（3）技术驱动。先进的信息技术给档案工作带来了新的机遇，是智慧档案信息服务平台建设的重要推动力。物联网、移动互联网、云计算、大数据和人工智能等信息技术是智慧档案信息服务平台建设的关键性技术，为提升档案信息资源采集整合、开发利用能力提供了重要保障。

3.5 智慧档案信息服务平台的特征

3.5.1 精准挖掘用户需求

智慧档案信息服务平台在应用的过程中需要不断完善来更好地服务于用户,把客户对平台的真实需求通过平台的利用过程挖掘出来是智慧档案信息服务平台建设的重要目标之一。智慧档案信息服务平台借助用户行为日志如服务调用、搜索关键字等,再依据使用的互联网协议(Internet Protocol,IP)地址分布、系统环境[个人计算机(Personal Computer,PC)、移动端]、服务调用频率等平台利用数据,对档案信息平台用户进行分类和对档案利用过程进行流程记录与建档管理,实时把握用户共性需求和个性化需求,结合平台提供的在线反馈,分析出用户潜在的平台利用习惯及需求。平台可以根据用户的使用习惯,将用户可能会用到的档案信息放到缓存中,便于智慧档案信息服务平台依据用户需求,更快地将用户需要的档案信息提供出来。通过对用户利用平台的行为进行分析和挖掘,提取和发现有价值的用户信息,可以精准预测用户需求信息,并在后期的平台升级过程中不断优化平台功能及其使用流程,提高档案信息服务的决策水平和治理能力。智慧档案信息服务平台,不仅需要将档案信息资源网络化,同时还需要进行社交化,既能准确迅速地检索档案信息,还能与查档人员进行交流,加强了档案工作人员与用户的互动。

3.5.2 快速提升响应能力

搜索引擎已经成为档案信息与服务智能推送的主要手段,其充分利用平台的关键字信息来优化搜索引擎的可见性,在用户需要利用档案服务平台时可以快速定位,通过智能引流使平台在服务、舆论、档案部门形象等方面发挥其重要作用,有效地提升平台的网络影响力。档案信息用户通过搜索引擎,不仅能够快速准确地检索到所需网址,真正体验到便捷的在线服务,而且还能利用行业网站以及政府网站相关模块的导航来进行定位,以适应不同终端的用户信息服务需求,不断提高档案资源利用率。

3.5.3　全新体验场景服务

通过建立可视化云平台，不断整合数据资源，建立起互联互通的档案信息资源互联网服务中心，规范不同源头的档案数据，结合各种图表展示技术，统一对外展示与提供档案服务，在强化用户体验的同时，还要根据用户使用状态数据，实时调整服务策略，不断提升智慧档案信息服务能力。

3.5.4　智能实现系统容错

容错指的是容故障，而并非容错误。由于档案资源的特性，智慧档案信息服务平台必须具备一流的容错性，保证系统可靠、安全、可用、可测和可维护性。此外，平台不仅具有容错特点，而且还有还原数据的能力。当出现错误操作导致数据丢失时，平台系统自动还原数据，不会影响整体性能。特别是当故障发生时，在进行数据恢复的同时平台系统能继续进行操作。智慧档案信息服务平台的上述容错还原特征表明，即使平台系统发生故障也能迅速、及时、精准地为用户提供服务。

3.5.5　全面升级兼容技术

随着移动互联网的迅速发展和广泛应用，平台应具有开放性、兼容性，支持PC、移动端、App、微信应用等多终端同步。系统存储的信息会按照规范进行存储，方便以后的数据交换，特定条件下可以保留原来的格式。智慧档案信息服务平台可以采用轻量级的虚拟化Docker技术来部署，最终的平台可以运行在支持容器的云服务器上。相较于传统服务器，Docker容器提供轻量化的虚拟化方式，具有更好的稳定性和扩展性，应用的启动速度快。另外系统使用了负载均衡、内容分发网络（Content Delivery Network，CDN）、防火墙、缓存等很多新的技术，保证了系统的高可用性，业务模式灵活，系统安全性高，且方便二次开发。因此，即使两层体系和多层体系结构的软件，不管是前端还是后端操作系统均能兼容，异构数据库、异种数据、应用软件的兼容均将得到全面升级。

3.6 智慧档案信息服务平台的功能

3.6.1 智慧感知

感知是实现智慧档案管理的必要条件，即将智能设备采集到的档案数据经处理后存储到档案信息服务平台数据库中，通过技术手段和管理策略，将档案实体、档案内容、档案管理信息等与互联网连接起来，实现对档案实体、档案内容信息的感知，并利用 RFID 技术对档案信息进行智慧定位、监控和管理，以达到智慧化监测、评价和处置档案管理的状态。智慧感知主要体现在档案收集功能上，包括数据导入、自定义录入、集成数据自动归档、数据整理、目录打印、移交审核、数据查询等功能。业务系统数据交互包含业务系统集成及统一身份认证两个模块，利用标准 API 接口可将档案系统与各业务部门子系统进行数据集成，实现自动归档功能。

（1）业务部门归档：业务系统自动归档，根据承办单位等相关字段，直接实现预归档。业务部门兼职档案员实现远程在线录入归档。

（2）历史数据导入：将档案馆保存在原有档案管理系统中的历史档案数据经过分析处理，一次性迁移到当前系统数据库中。数据迁移时要保证档案目录之间、目录与档案原文之间的关联。系统要建立对应表，记录新老数据之间的关系，有问题时可以通过对应表追到原始数据。

（3）数字化成果接收：负责接收来自数字化扫描、音视频转换与采集等数字化加工产生的各种数字化档案。数据化成果主要体现为档案目录、档案原文、档案信息包三种形式。系统需提供目录导入、原文批量挂接、信息包导入等功能，实现数字化成果接收。

3.6.2 协同整合

数字化档案馆的线性管理模式，使得机构间、档案业务各环节之间缺乏协同机制，造成了档案信息化的"信息孤岛""应用孤岛"等问题。数据是智慧档案信息服务平台运行的基础，通过智慧档案信息服务平台实现精确的档案信息控制，并对信息进行存储、分析、传递，实行搜索、分类、统计等智能化服务，利用物联网、云计算等技术实现信息关联、业务协同、资源互动、连接档案信息、业务工作、机构人员、外部资源,实现各个子系统、业务环节的智慧结合、协调发展,以及全智慧档案系统快速、灵活、准确地响应需求。

协同整合主要体现在档案管理功能上,含四性检测(准确性、完整性、可用性、安全性)、用户数据授权、数据导入自动建库、数据合并、批量组卷、批量打印、鉴定销毁、传阅、编研、电子文件批量挂接、批量上传自动建库、压缩包上传自动建库、PDF 自动转换、遮挡打印、元数据建立、表内查询、统计及 EEP 电子文件封包等功能。

(1)目录式录入:提供目录式录入功能,录入界面可以与 Excel、txt、Word 之间相互复制和粘贴数据。支持区域选择、行选择、列选择、区域修改、拖曳生成、字段合并、列拖动、列宽调整、撤销、重做、录入验证等。

(2)全宗信息管理:记录每个全宗单位的基本情况信息。当全宗发生变更(如撤销、合并、分离等)时,应能即时记录新的全宗情况,而且应该保持现有全宗和历史全宗之间的对应关系。

(3)批量处理:具备满足大批量数据维护的功能,如批量修改、批量替换、批量格式化、批量删除、字段合并、字段拆分。批量处理的数据可以通过日志撤销,批量删除的数据可以在回收站恢复。

(4)操作撤销:系统将删除的档案数据暂时放入回收站中,如果用户发现误删除时,就可以从回收站中找到相应的数据。对于导入、批量处理等数据影响范围比较大的操作,系统需记录操作日志,可根据操作日志撤销操作,将数据回归到操作之前的状态。

(5)浏览、打印文件及目录。系统应具备在线查看、打印、遮挡打印、添加归档章、下载目录数据和档案内容功能。系统应具备水印功能,将水印自动添加到每一页档案上,但是不影响档案内容。系统应支持电子原文阅览、打印次数控制,如果超过设定的阅览或打印次数,系统将自动取消其阅览或打印权限。系统可以自定义打印目录,自定义后台增加打印水印等功能,并能直接控制上传文档的 PDF 查看、打印、借阅等各项权限。

3.6.3 智能处理

在平台数据操作过程中如果出现异常情况,能够根据不同的异常进行判断、决策，自动触发处置预案，可采取重新操作、数据处理修复措施来实施自动控制，并提示报警。根据档案信息形成的规律和档案文件本身的逻辑、结构特点，按照智能处理规则，采用数据分析、信息检索等技术，对档案资源进行数据比对、检索、分析等处置，以实现档案信息的控制、管理。档案信息资源数据通过智能分析处理后，能够以综合图表的形式进行直观展示。其主要功能体现在：

（1）数据集成。与档案系统对接，可将采集数据直接归档到档案系统。平台与办公自动化（Office Automation，OA）系统对接，实现文档一体化操作；调试整合档案管理系统与单位现有的身份认证系统，基于身份认证实现实名的、分权的在线档案利用服务。为了实现 OA 系统的实时归档，采用 API 接口方式建成档案数据集成平台。平台工作模式：API 接口部署在档案系统服务器上；OA 系统实时调用 API 接口将数据推送到档案系统，API 接口会依据事先设定的规则将数据分类保存到档案系统中；平台通过获取的业务系统数据进行智能鉴定筛选并整理。

（2）接收元数据信息。接收多媒体档案的元数据信息，提供在线接收与离线接收两种模式。平台支持自动提取多媒体档案的属性信息用于元数据著录，比如创建日期、文件大小、格式、存储路径等基本参数。同时支持批量导入多媒体档案条目信息，兼容 Excel、XML 等常见数据导入格式，平台能自动识别条目数据中的相关元数据信息，并做到导入时自动分类，批量导入完成后系统反馈导入结果，统计导入成功与失败相关数据情况以便导入人员核查。

（3）文件挂接。用于批量挂接多媒体电子文件，如图片、音视频等。支持同时选择多条电子文件批量上传，也可支持对多条电子文件进行批量打包上传，上传过程中能根据文件名等电子文件的相关参数自动关联到对应的条目数据中，实现元数据与电子文件的正确对应关系，同时可自动提取文件包名称以及电子文件名称，自动生成案卷题名或者卷内题名等信息，并根据声像电子文件的创建时间等参数自定生成档案成文日期等。

（4）数据转码。对于上传的多媒体电子文件系统支持自动转码功能，在接收的过程中对文件自动转码形成视频封面图，用于后台系统存储以及前台浏览；同时多媒体源文件按照原始状态保存在后台中用于后续利用。对于上传完成的多媒体文件，要求系统支持生成水印功能，支持自定义水印样式，可随时修改编辑水印。

（5）统计分析。含可视化大数据统计、基本统计、二维统计等。将统计结果以可视化大数据图表形式展现，并可发布至档案馆电子显示屏。

（6）可信认证。能够对出具的证明实施电子签章管理、进行存档并追溯核实。查到所需档案后点击签章即可对电子文件进行电子签章，实现可信认证服务。证书数据库主要包括用户数据、证书数据两部分，存储形式采用特定的加密数据以确保数据安全。由于数字证书是由相对权威的授权机构审核颁发的，电子签章会带上相应的证书颁发机构、证书有效期等相关签名信息以保证可信度，既能向系统或者系统的其他实体证明自己的身份，又能实现公钥分发的作用。

（7）数据备份功能。提供支持多种开放数据库互联（Open Database Connectivity，ODBC）关系型数据库的数据迁移工具。平台系统内所有数据都可实现自动备份、手动备份、脱机备份、备份数据自动导入及恢复功能。用户可以备份、删除旧的备份文件，可以恢复其中任意一个数据库。

3.6.4 信息泛在服务

随着现代科技的快速发展和不断普及，智慧档案信息服务平台的服务领域将不断延伸，服务范围也将更加广泛，具有批量审批、批量驳回、批量归档、数据整理、目录打印、数据查询、服务利用等功能。

（1）体现在档案信息审批上。平台对档案信息上传、移交等进行审批，通过审批功能自动化配置实现自动审批、多级审批等功能，对符合要求的归档文件批量审批通过，对不符合要求的归档执行驳回并注明原因等操作。审批结果为通过与不通过，根据登记日期、文件目录、名称、编号、审核状态等信息进行搜索文档上传（移交）信息。

（2）体现在信息检索上。检索是智慧档案信息服务平台最基本的功能，平台支持全文检索、组合检索、以图搜图、全库检索等操作；支持多种档案检索模式，可以根据档案条目进行检索，也可以直接针对档案电子文件进行全文检索；支持按照收集库、审核库、保管库进行跨库检索；支持用户自定义检索条件进行多条件组合检索；等。系统支持对多媒体档案数据的检索，支持多种检索模式满足用户不同的检索要求。可通过关键字进行声像全库模糊查询，也可通过自定义检索条件进行高价查询。同时要求具备人脸识别功能,可通过直接检索人脸图片查找类似的人物声像档案数据。通过终端设备,实现档案信息服务的移动性,用户可以在任何地方、任何方式、多途径、多渠道获得档案信息,以更大程度地满足用户利用档案信息的需要。

(3) 体现在服务利用上。含无纸化查档接待及电子文件查档功能,系统可通过身份标识号(Identity Document,ID)自动识别技术及电子签名技术实现无纸化查档接待功能,同时具备兼职档案员查档申请、审批等功能;平台应分为实体档案借阅与电子档案借阅两种借阅方式,两种方式都需要进行网上预约申请。实体档案借阅通过二维码库房管理模块扫描方式替代原始的手工借阅登记工作,并可通过ID读卡器自动识别借档人身份,通过手写板签名方式代替传统的档案借阅登记表签名,实现电子借阅单的永久保管,方便借阅利用统计工作;电子档案借阅需要设置权限控制,可以由管理员审核批准借阅方下载或浏览权限。平台具备查档预约功能,以权限管理为基础,人性化设定审批流程,可以控制每个审批环节的流转、执行用户组与权限;支持对部分符合条件的档案设定不同的审批流程;支持审批短信、邮箱通知接口。通过服务利用功能模块可以在线对实体档案及电子档案进行查档预约,并可以通过扫描二维码、身份证等方式进行实体档案借阅。

3.7 大数据时代智慧档案信息服务平台构建的关键技术

3.7.1 微服务架构

新一代的系统采用面向服务的体系框架,采用微服务架构对原系统进行重新设计,重构并统一了档案管理部门对各类档案数据管理的工作流程,以面向用户开放的平台结合管理中心的审核机制来完善本地资源库,以软件即服务的云服务方式进行平台部署,支持多租户模式。后端数据操作与检索采用调用Web API的方式进行,Web应用与移动应用采用同一套Web API进行数据访问,最终所检索到的结果保持不同平台之间的数据一致。在本书研究的设计中,将业务规则、数据访问、合法性校验等工作接入微服务架构管理系统进行处理。数据中心生产系统、在线查明服务系统不直接与数据中心进行交互。

微服务架构将档案信息服务平台的每个服务功能开发成各自独立程序，每个服务都可以在自己的程序中运行，并通过轻量级的机制进行通信。它是一种云原生的架构方法，利用这种方法设计出的平台由许多松耦合的、独立部署的服务构成，便于平台未来功能的扩展。由于服务是独立部署的，平台最终的应用只需要调用相关的服务即可，编写服务的语言可以有多种选择，比如涉及智能分析方面的服务可以采用人工智能语言来完成，这样可以最大化应用不同编程语言各自的特性，在平台实际运行的过程中有利于新技术的逐步引入，不断适应技术的发展与进步。运用现有的微服务框架，可以集成框架自身所包含的日志、数据访问、输入校验、权限等相关功能，只需要进行简单的配置就可以满足框架自带功能开启。

3.7.2 仓储技术

伴随着智慧档案信息服务平台的投入运用和档案用户的不断增长，海量档案信息数据的生成和信息量的快速增加促进了档案信息数据处理的需求。大数据时代下的海量档案信息数据已经远超平台能够处理的范畴，普通数据库技术难以应对多媒体等大文件档案数据的管理、分类以及整合处理，需要新的专门的大数据技术来进行数据维护，只有这样才能更好地管理海量的档案信息数据。因此，本书系统将引入分布式数据库引擎与分布式数据存储方式来进行海量档案信息数据的存储。

3.7.3 移动互联技术

随着移动网络网速的提升与费用的降低，智能移动终端设备的性能能够达到传统 PC 性能，特别是 5G 技术与新一代移动智能设备投入应用后，移动互联网迅速发展，传统的 PC 应用会同步移动版本应用，移动互联网是移动和互联网融合的产物，使用者可以在任何时间、任何地点接入互联网并使用档案信息服务平台。

移动互联网应用智慧档案信息服务平台，由移动网络、智能终端设备、智慧档案应用 App 和移动互联网相关技术几个部分组成。移动互联网时代，移动通信特别是蜂窝网络技术迅速发展，突破了传统的网络互联方式，只要有网络信号覆盖区域，论证用户身份后即可随时随地接入所需的移动应用服务。一方面移动网络技术的发展促进了移动互联网的普及,另一方面智能终端设备的兴起才是移动互联网发展的重要助推器,苹果、安卓系统强大的支撑,使得对应加载软件的移动硬件设备配置越来越符合用户的需求,开发智慧档案应用 App 涉及的技术包括服务器端技术、浏览器技术和移动互联网安全技术,地理位置服务、手机支付、人脸识别认证的应用是传统 PC 设备无法具有的特性。

移动互联技术是一种依托移动无线通信方式,通过智能移动终端获取信息和服务的一种技术,是移动通信技术和互联网技术相结合的产物[1]。移动互联不仅是网络互联,而且也促进了社会各行各业的联系,对人类社会产生了深刻的影响。移动互联网为档案工作提供了新的媒介,有力促进了我国档案服务逐步向个性化、移动化和智能化方面发展。2006 年,贵州省档案馆开通了手机短信查档服务;2008 年,泰达图书馆档案馆也开通了手机短信服务平台;上海市档案馆在 2010 年提出了"手机档案馆"的构想。这是手机在移动互联网环境下应用于档案服务的一次新尝试[2]。随着智能手机、平板电脑和电子阅读器等移动终端的日益成熟和不断普及,档案部门借助 QQ、微博、微信等媒体平台,开展了档案查询、档案咨询、移动阅读、位置导航、主题推送、档案展览和社区学习等移动服务,用户可以突破时间、空间的限制,享受到无障碍、无差别、均等化、便捷化的服务,有效保障了用户获取和利用档案的权利[3]。基于移动互联网技术的智慧档案信息服务平台,集移动、开放、共享、互动于一体,有效打通了信息孤岛和应用瓶颈,实现了智慧档案信息之间的无缝连接,既有利于档案部门不断拓展业务,加强平台管理,又利于用户查询和利用档案信息资源。

3.7.4 物联网技术

物联网的基础技术主要有 RFID 技术、短距离通信技术以及互联网技术等。其中 RFID 技术是一种自动识别技术,运用在档案信息服务平台中

---

[1] 杨智勇,周枫.试析智慧档案馆的兴起与未来发展[J].档案学通讯,2015(4):45-50.
[2] 葛新月.基于新环境下手机档案馆建设的探究[J].湖北档案,2011(10):20-22.
[3] 薛辰.档案馆移动服务方式与模式研究[J].档案学研究,2016(5):94-98.

可以实现实体档案通过无线射频方式进行非接触双向数据通信,在短距离范围内可以通过蓝牙、红外、无线传感网络等技术进行无线通信。物联网技术结合互联网技术,可以实现档案信息资源在计算机、数据终端以标准的通信协议有机地互联在一起,成为信息传送、信息共享、信息存储和信息处理的一个巨大的系统。通过智能处理技术将感知层获得的档案信息数据处理成有价值的信息为平台数据的积累提供帮助。

3.7.5 云技术

云计算(Cloud Computing)是一种大规模的分布式模型,是将互联网上各种异构的软硬件资源虚拟化为资源池(包括网络、服务器、存储、应用软件和服务等),并在此基础上按照用户的动态需求提供共享和网络资源等服务[1]。云计算作为信息技术(Information Technology,IT)的一种,以其独特的技术架构和管理模式给档案领域带来了深刻的影响,也为智慧档案信息服务平台的建设和发展提供了强劲的动力。云计算可以凭借虚拟化技术、分布式计算和效用计算等手段,有效整合各种资源,扩大资源共享范围,形成一个动态的、满足业务需求的庞大资源池,方便用户随时随地获取档案资源,有力地提升了档案服务能力。云计算通过互联网技术,可以将成千上万个终端连接在一起,具有超大规模性,因而具备超强的计算能力和海量的存储空间,为智慧档案馆建立私有云、架构云存储和增强云处理能力提供了保障。云计算可以随时按需调用超强的资源池,智慧档案信息服务平台的维护和升级都可以交给"云"来完成,大大减低了平台的运行成本。在加强云计算运用的同时,要不断完善云安全措施,切实保障云端档案资源和公民个人隐私安全。

智慧档案信息服务平台采用的云技术是一种大规模的分布式模型,通过互联网将用户需要的档案信息资源数据传递给终端用户。云技术包含3个层次的内容:基础设施即服务(Infrastructure as a Service,IaaS)、平台即服务(Platform as a Service,PaaS)和软件即服务(Soft as a Service,SaaS)。对于智慧档案信息服务平台可以采用 SaaS 模式进行云部署,档案

---

[1] 郑春梅. 城市管网空间信息共享与服务平台关键技术研究 [D]. 北京:中国地质大学,2014: 27-29.

管理部门将根据自身需求部署对应模块的档案信息服务功能，做到平台应用基础功能大众化、自身特殊需求个性化，以满足不同层次的平台部署需求。平台采用面向构件组装的开发模式，通过长期积累形成完备的档案平台应用构件库，以构件组装的方式快速构建智慧档案信息服务平台，以构件增减的方式快速响应用户业务需求的变化，从而实现了智慧档案信息服务平台具有敏捷开发的能力，使平台应用具有弹性。

3.7.6 人工智能技术

近年来，人工智能技术逐步应用到档案领域，给档案工作带来深刻影响。人工智能技术以计算机科学为基础，集成了智能识别、自然语言处理、机器学习、专家系统和知识图谱等前沿技术，催生了档案资源智能采集、智能整合、智能存储、智能检索、智能传输、智能挖掘和智能推荐等应用场景，有力促进了档案信息服务平台的智能化进程。例如，利用OCR、语音识别、图像识别和文本处理等技术，能够对不同类型的档案进行数字化、数据化；利用语义网技术能够对档案资源进行整合，深入揭示数据间关系，促进数据间交流；利用自动识别、知识表达和知识图谱等技术，能够对档案资源进行智能检索，极大地方便了用户查找所需信息；利用专家系统、数据挖掘和数据推送等技术，能够对档案资源和用户数据进行深度分析，挖掘出档案的潜在价值和用户的潜在需求，并主动推送给用户，助力档案服务智能化、个性化和精准化。目前，人工智能技术在我国档案工作中的应用仍处于初步阶段，档案部门要科学地认识到人工智能带来的机遇和挑战，不断提升利用人工智能的能力和水平，以适应大数据时代智能档案信息服务的需要[①]。

随着人工智能技术的不断发展，档案信息海量数据获取和处理难度在下降。通过算法深度学习模型不断优化，未来利用人工智能技术服务档案管理领域将变得可行，这将大大减轻繁杂的人工处理工作量。人工智能在数据需求的处理准确性方面也优于人工方式，通过运用系统分布式智能大脑，从图像中有效识别出实体档案，并对需要收集的信息进行预处理，在

---

① 陈会明，史爱丽，王宁，等．人工智能技术在档案工作中的应用与发展刍议［J］．中国档案，2020（3）：72-74．

处理过程中不断地学习。机器学习是一种自动将模型与数据匹配，并通过训练模型对数据进行学习与适用的技术，依靠数据经验来提升自身性能的能力，从而不断优化数据处理过程。在人工智能应用过程中，采用自然语言处理技术来使用人工指令，理解人类语言是人工智能技术的一大优势，包括语音识别、文本分析及其他与语言有关的目标，理解数据的前提是有强大的训练学习知识库支撑，对平台的使用者来讲，将大大简化了平台的利用准入门槛。

3.7.7 Web Service 技术

Web Service 是以统一资源定位符（Uniform Resource Locator，URL）作为识别标志，按照可扩展标记语言（Extensible Markup Language，XML）进行定义和描述，通过互联网协议进行数据传输，以实现信息的请求和访问，是新一代的网络应用程序。目前，Web Service 主要有简单对象访问协议（Simple Object Access Protocal，SOAP）和表述性状态转移（Representational State Transfer，REST）两种架构。SOAP 技术相对成熟，能够实现跨平台、跨语言调用，服务交互过程比较稳定，接口安全也有保障，在应用服务方面有较好的解决方案。REST 主要以资源为交互基础，请求执行效率高，安全措施方面还有待完善[1]。同其他信息共享技术相比，Web Service 最大的优点就是采用开放的标准规范，允许任何应用程序在互联网（Internet）上进行交互操作，从而实现了跨平台和不同应用程序之间的通信和数据交接。因此，建立基于 Web Service 的智慧档案信息服务平台，不仅能够很好地解决平台数据传输和共享，而且方便平台的维护和更新[2]。

3.7.8 大数据技术

大数据（Big Data）是指难以用常规工具采集、管理和处理的数据集。大数据时代，档案信息资源已具有大数据特征，主要体现在体量大且增长快、类型繁多且结构复杂、处理速度快和资源价值高等方面[3]。大数据技

---

[1] 郑国宾. Web Services 性能测试关键技术研究［D］. 秦皇岛：燕山大学，2018：8-11.
[2] 郑春梅. 城市管网空间信息共享与服务平台关键技术研究［D］. 北京：中国地质大学，2014：25-27.
[3] 陶水龙. 大数据视野下档案信息化建设的新思考［J］. 档案学研究，2017（3）：93-99.

术就是使大数据中所蕴含的价值得以挖掘和展示的一系列技术与方法，包括数据采集、预处理、存储、分析挖掘、可视化展示等流程①。大数据技术给档案工作带来了新的机遇，为智慧档案信息共享平台的建设和发展提供了强劲的技术支撑。大数据具有实时与动态性特征，对各种异构资源都可以采集，而且能对不同档案馆之间的数字资源进行整合，为档案信息资源的共享和利用创造了便利条件。利用虚拟现实技术，实现对实体档案馆的真实模拟，促进交互式视景仿真和信息交流，同时也能很好地解决了实物档案难以备份的困境。以 Hadoop 为核心技术构建的分布式平台，能够支持海量档案信息资源的存储和分析。利用语义处理技术实现档案信息资源结构转换，采用静态离线排序策略进行档案智能检索，这些都有助于档案管理模式精细化。大数据的核心价值就是能够对海量的异构数据进行快速处理，分析并挖掘出高价值的信息，并主动把信息推送给用户，甚至通过可视化技术向用户展示结果，有力促进了档案信息服务的智能化、个性化和精准化进程②。

3.7.9 安全控制技术

数据加密、防火墙、身份认证、入侵检测和病毒防范等传统安全技术，为智慧档案信息服务平台的基础设施安全、应用安全和数据安全提供了重要保障。随着网络环境的日趋复杂和新型攻击手段的不断变化，传统安全技术已难以适应平台安全管理需要。随着大数据技术日益成熟和普及，大数据技术也被应用到安全领域，并与传统安全技术相融合，产生了大数据安全技术。大数据安全技术能以前所未有的规模和速度对海量的、多源的、异构的数据进行分析与处理，大大弥补了传统安全技术的缺陷。要不断加强大数据安全可视分析、安全事件关联分析、用户行为分析和网络安全审计等技术的应用，切实增强高级持续性威胁（Advanced Persistent Threat，APT）攻击检测、网络异常检测、安全风险感知、威胁情报分析和网络攻击遏制等网络安全防御能力③。

---

① 大数据标准化白皮书（2016 年）[R]. 北京：中国信息通信研究院，2016.
② 陶水龙. 大数据视野下档案信息化建设的新思考 [J]. 档案学研究，2017（3）：93-99.
③ 陈兴蜀，曾雪梅，王文贤，等. 基于大数据的网络安全与情报分析 [J]. 工程科学与技术，2017，49（3）：2-10.

第 4 章
智慧档案信息服务平台构建的理论与实践基础

4.1 理论基础

4.1.1 信息生态理论

智慧档案服务以信息服务平台为工具，充分依托信息技术，连接档案馆与公众，实现数字档案利用的最大化，因而档案信息服务平台的构建至关重要。大数据时代下智慧档案信息服务平台建设是一项庞大的系统性工程，是一个复杂的人机交互过程，信息生态理论为档案信息服务平台的构建提供了分析思路。信息生态理论最初在国外被提出，Horton[1]首次提出信息生态系统是信息主体、信息资源和信息环境相互影响和作用的整体系统的概念。Nardi 等[2]认为信息生态学的核心是由人类、意识、信息技术、行为组成的连续的信息生态系统，而用户的信息活动是信息生态学的中心。国内学者对于信息生态的定义出现了两种代表性的理解：一种是整体性思维，比如蒋录全[3]认为信息生态是一定信息空间中的人、人类组织、社区及其信息环境之间通过不断的信息交换和信息流通过程，并通过信息交换关系形成的统一整体；另一种观点是将信息生态看作是一种系统，基于系统科学的思维对其进行理解和阐释，比如谢人强等[4]将信息生态系统定义为一种由信息环境、信息、信息技术以及人组成的稳定、持续发展的和谐系统。

从信息生态构成要素角度来看，信息生态系统的构成要素有二要素说、三要素说、四要素说等不同的学术观点。二要素说认为信息生态是由信息人和信息环境两大部分组成；三要素说更强调信息的重要地位，认为信息生态是由信息人、信息、信息环境构成的；四要素说则是在三要素的基础上进一步将信息技术从信息环境中剥离出来，主张信息生态是由信息

---

[1] HORTON F W. Information Ecology [J]. Journal of Systems Management，1978，29（9）：32-36.
[2] NARDI B A, O'DAY V. Information ecologies: Using technology with heart [M]. Cambridge, MA: MIT Press, 1999: 97.
[3] 蒋录全.信息生态与社会可持续发展[M].北京：北京图书馆出版社，2003：140.
[4] 谢人强，叶福兰.B2C 电子商务 APP 信息生态研究[J].北京邮电大学学报（社会科学版），2018，20（1）：11-16，42.

第 4 章　智慧档案信息服务平台构建的理论与实践基础

人、信息、信息环境、信息技术构成的。以四要素说为例，该要素说将信息人视为信息生态的核心，按照信息人在信息加工中承担的不同作用，进一步将其细分为信息生产者、信息传递者、信息监管者和信息利用者，四者之间相互协同作用；信息因素连接了信息利用者和信息环境，信息资源是信息生态系统建设运转的基础性因素；信息环境可以分为内部和外部两个层次，信息活动依托的时空、制度属于内部信息环境，经济、政治、文化则属于外部信息环境[1]；信息技术因素保障了信息服务平台的全面性和实用性、数字平台界面设计的美观性及兼容性、数字化设施结构布局的合理性，有利于将无序基层数字文化转为有序，从零散趋于集中，利用信息技术的挖掘和预测功能，分析出潜在的和广谱性的数字文化需求，实现服务效能的智慧化推进。

随着信息生态理论的不断修缮，该理论逐渐运用至其他学科，当前，信息生态理论在图书情报与档案管理学科中已经有了一定的理论和应用研究基础。如钱丹丹等[2]认为医学界当前普遍存在"技术化倾向"问题，只片面强调医学信息技术及医学信息系统的重要作用，缺乏信息生态视角的综合考量，因此在研究中以"信息生态"思维重塑医学知识形态，构建了社会—自然—经济和谐的医学信息生态系统。斯丽娟[3]结合数字经济和乡村地区文化扶贫的本质特征，从信息主体、信息环境、信息三个层面构建了信息扶贫生态系统的总体框架。在这一框架内，信息生产者和信息整合者是信息供给主体，政府和农村用户是信息需求者，在主体间供需平衡的状态下才能实现信息的转化和价值最大化。唐姗姗[4]将信息生态系统要素和图书馆结合起来，细化出了影响图书馆信息生态系统由低层次向高层次升级的动态平衡要素，分别是环境、服务、技术、客体和主体要素。

一些学者将研究视野聚焦于档案学领域，从信息生态理论视角出发

---

[1] 娄策群，等. 信息生态系统理论及其应用研究［M］. 北京：中国社会科学出版社，2014：37-55.
[2] 钱丹丹，柳丽花，万立军. 医学信息生态系统的构建与运行机制研究［J］. 情报科学，2016，34（8）：99-103.
[3] 斯丽娟. 数字经济时代农村信息扶贫生态系统的构建与路径优化［J］. 图书与情报，2019（2）：37-45.
[4] 唐姗姗. 图书馆信息生态构成要素及其作用机理研究［D］. 长春：东北师范大学，2019.

对数字档案馆生态开展了一定的研究。金波等[①]将数字档案馆生态的要素划分为主体和客体要素，主体要素又可以划分为档案形成者、管理者和利用者，将客体要素分成宏观、中观、微观三个不同的生存环境。马晴等[②]在研究中将生态系统理论与档案管理结合，认为档案生态系统的构成要素可以分为档案生态主体、客体、环境三个方面，并详细论述了三者之间的相互关系。赵晓云[③]认为数字档案馆生态系统由"主体因子（形成者、管理者、利用者）、客体因子（社会环境和自然环境）、中介因子（信息资源、数字技术、基础设施等）"三部分组成。周耀林等[④]重点研究了数字档案馆的信息生态位，在相关研究中认为其构成的三维度应包括功能生态位、资源生态位和空间生态位。其中，功能生态位表明了数字档案馆本身所应扮演的社会角色并由此延伸出其应承担的社会职能；资源生态位强调了数字档案馆获取资源的能力以及占有资源的状况；空间生态位反映了数字档案馆的空间占有量，既包括物理空间，又包含了虚拟空间。

综以观之，档案信息构建的生态系统构成要素复杂多样，而学界关于档案信息生态系统的固定构成要素研究尚未形成共识。但根据已有成果并综合档案信息构建的特殊性，笔者认为档案信息服务平台构建的过程中既需要关注作为生物成分的信息人，同时也要统筹非生物成分的信息、信息技术、信息环境等要素，同时密切各要素之间的影响与相互依存，从而更好地把握各要素对大数据环境下智慧档案信息服务平台构建的作用，具体协同演变过程如图 4-1 所示。

4.1.2 系统论与协同论

明晰何为系统是了解系统论的前提。钱学森等曾指出："系统是由相

---

① 金波，汤黎华，何伟祺. 数字档案馆生态系统的建构［J］. 档案学通讯，2010（1）：53-57.
② 马晴，魏扣，郝琦. 档案生态系统构成要素及其关系研究［J］. 档案学通讯，2016（6）：20-25.
③ 赵晓云. 数字档案馆生态系统构建中的人本精神［J］. 山西档案，2017（5）：110-112.
④ 周耀林，骆盈旭，赵跃. 数字档案馆信息生态位的优化研究［J］. 中国档案，2016（4）：70-71.

第 4 章 智慧档案信息服务平台构建的理论与实践基础

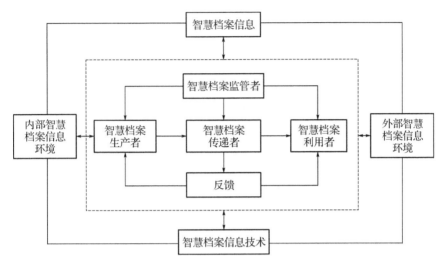

图 4-1　大数据时代智慧档案信息服务平台协同演变过程

互作用和相互依赖的若干组成部分合成的具有特定功能的有机整体。"[①] 20世纪 30—40 年代,在美籍奥地利生物学家路德维希·冯·贝塔朗菲（Ludwig von Bertalanffy）的不懈努力之下,系统论作为三门系统理论的分支学科应运而生。该理论主要研究内容是从整体出发,探讨系统和系统、系统和其组成部分、系统与其外在环境之间的有机联系[②]。20 世纪 70 年代,随着人们对于系统理论研究的深入,突变论、耗散结构和协同论相继提出,这就为协同论的发展壮大提供了天然的土壤。协同论由德国学者赫尔曼·哈肯（Hermann Haken）于 1976 年首次提出,旨在在耗散结构的基础上进一步解释系统从无序向有序变化的内在规律。系统具有整体性、协调性和统一性的特点,因而系统内各要素往往会围绕着系统的整体目标产生一种非线性的相互作用。这种相互作用推动着系统在一定的时间和空间范围内形成一种具有一定功能的自组织结构,进而表现出新的有序状态[③][④]。协同论不仅仅向我们传达出应当以整体性思维看待系统的发展问题,还提醒我们应当关注系统内各要素和子系统之间的关系,即各要素和

[①] 钱学森,等. 论系统工程 [M]. 长沙：湖南科学技术出版社,1982：10.
[②] 王雨田. 控制论、信息论、系统科学与哲学 [M]. 北京：中国人民大学出版社,1986：3-11.
[③] 乌杰. 协同论与和谐社会 [J]. 系统科学学报,2010,18 (1)：1-5.
[④] 沈金菽,钱文霖. 科技期刊协同编辑 [J]. 编辑学报,2001 (3)：132-134.

子系统之间的协同和合作方式。

  智慧档案信息服务平台作为一个系统，构建过程中应当整体把握其与外部环境的关系。首先，应该关注平台构建的总体环境，因为大数据作为现今最重要的时代特征之一，必然会对相关信息平台的构建产生重要的影响。因而，在开展智慧档案信息服务平台研究和相关实践的过程中，应当在充分了解大数据时代对于档案信息的收集、整理与利用的要求的基础上，进一步思考智慧档案信息服务平台的构建思路、框架和相关标准。其次，智慧档案信息服务平台构建并不是一个漫无边际的整体，而是一个有边界的系统。明确智慧档案信息服务平台和外界数据交互的边界区域，既有利于建立有效安全屏障、保护信息安全，也有利于进一步明确服务平台的服务内容和范围。最后，智慧档案信息服务平台作为一个系统，其中包含着其他的子系统和要素，这些子系统和要素相互配合、相互作用并相互影响，最终实现了智慧档案信息服务平台的相关功能。因此，除了要关注系统作为一个整体及其与外部环境的关系，还应当进一步明确系统内各子系统和要素之间的关系。进一步思考以怎样更为合理的方式组合各子系统和要素，使得信息可以在系统中更为顺畅地传递，提高信息传播的效率。

4.1.3 信息共享理论

  美国数学家、信息论奠基人 Shannon 等[1]运用概率论的相关方法，研究并解释了通信工程中的相关基本理论问题。其中，他们在对信息进行定量计算时，将其定义为随机不确定性之差，将其表述为"信息是消除不确定性的东西"。信息时代，尤其是大数据时代，信息和数据产生的速度急剧加快。这也让越来越多的研究者意识到研究和挖掘这些信息和数据的意义和重要性。在信息已然成为现代社会血脉和经络的今天，只有充分、有力地推动信息的流动才能使得整个社会绽放出蓬勃的生命力。信息实际上是全社会的共同财富，只有将现有的相关信息予以共享形成"合力"，才能够最大程度地发挥出信息潜在的价值。而信息共享理论是指通过相关网络、系统以及信息在网络和系统中运行的研究，进一步总结信息的传递特

---

[1] SHANNON C E, WEAVER W, WIENER N. The mathematical theory of communication [J]. Physics Today, 1950, 3 (9): 31 – 32.

点和信息共享的方式，以实现信息在系统内多维、多角度地传递和指导现有信息共享系统构建的相关理论[1]。信息共享理论实际上不仅仅研究信息的生成及传递的相关问题，即信息管理涉及的相关问题，还会涉及网络及网络系统建设等网络工程、管理科学等其他学科的相关问题。因此，信息共享理论已经不仅仅是某个学科的分支学科，实际上它是多学科交叉研究的产物，也是在现今信息时代和大数据时代，人们进一步探索信息共享及利用的体现。

近几年，国内各地都意识到数据的管理和开发对整个经济社会发展的重要意义。各地纷纷建立起大数据局或者大数据中心，并开始对经济社会发展过程中产生的数据进行管理。随着社会治理理论的提出，档案学界也提出了档案治理理论，旨在联合多元的社会力量对档案信息进行开发利用。档案信息中包含着社会发展中各类真实的历史记录，可以说是反映社会发展的万花筒。大量的档案信息怎样实现进一步的开发利用成为档案工作者们所关注的重点问题之一。并且，随着整个社会档案意识的不断提高和对档案信息需求量的增加，怎样更加精准高效地为利用者提供更具针对性的服务、转变原先的被动服务为主动成为我们亟待解决的问题。智慧档案信息服务平台的研究和构建为档案事业适应现今大数据时代的要求提供了一种可能，而信息共享理论也将对这一平台的研究和建设以及更好地认识大数据时代和信息时代对档案事业的要求产生积极作用。

4.1.4 档案服务能力理论

大数据时代智慧档案信息服务平台是顺应目前信息化技术水平发展、服务政府职能改革的架构平台，为社会各项事业的发展提供精细化、深层化、全方位的档案信息服务[2]。发挥档案信息资源价值以服务社会各项事业既是档案信息服务平台构建的内生逻辑，同时也是其构建的外在动力。由于档案信息服务平台的构建紧密围绕着"服务"二字展开，同时服务能力决定着服务水平的高低，因此档案信息服务平台构建的理论基础还可以

---

[1] 邢玲，马建国，马卫东. 信息共享理论与网络体系结构 [M]. 北京：科学出版社，2011：3-11.
[2] 归吉官，刘扬. 智慧档案兴起的背景、研究现状与趋势 [J]. 中国档案，2018（2）：76-78.

借鉴档案服务能力理论中的服务能力结构阐述部分，立足档案服务能力理论能够更好地完善平台的功能。

所谓档案服务能力是档案专业系统控制并运用档案资源、服务社会各项建设事业、参与社会管理、最大限度实现档案价值的本领或力量[①]。自20世纪80年代以来，关于"执政能力建设"重要性这一问题就成为党和国家关注的重点，能力的强弱决定了服务工作的好坏。当"能力建设"过渡到学术研究层面后，学界开始愈发关注"能力"的深层内涵和实际功效，其他领域如此，档案领域亦然。某种程度上，这一时期的档案学界更多地将能力建设看成了一项战略性任务，并将其作为思考和研究档案学术问题的引子，正因此也对档案领域的后期研究带来了有益成果[②]。随着能力建设问题广受社会重视，档案学界关于档案服务能力的研究也日益繁荣。国内关于档案服务能力的理论研究主要集中在提高档案服务能力的对策研究上。国外档案学界更加重视对于档案在社会记忆建构方面所表现出的服务能力，注重利用档案为大众提供"根源感、身份感和集体记忆"[③]。追溯国内外学者对档案服务能力的研究，发现一定时代、一定领域（系统）的能力建设总是"具有一定的针对性"，21世纪10年代，国内学者认为档案服务能力建设的时代重点应是重点加强国家权力的保障能力、国家资源的保护能力等方面。与此时期，国外更加看重档案服务社会方面的创新和完善，比如加强档案远程服务能力、网络服务能力等方面。新时代，档案服务能力建设在原有的基础上也有了新的内涵，如《"十四五"全国档案事业发展规划》中更加重视档案服务能力的提档升级，即在原有基础上不仅有量的积累，更有质的跃升。细而析之，档案服务能力理论至少能从以下两方面为智慧档案信息服务平台构建提供启示：

（1）档案服务能力理论可以为智慧档案信息平台服务能力的构建提供行动方向。档案服务能力理论关于能力建设的阐述主要是指相关档案部门依托档案资源，并针对时代的重点和方向发挥"档案力"和档案"贡献力"的本领和能力。因此，对于档案部门而言，全盘布局档案资源，有针

---

① 李丽萍. 大力提升档案服务能力［N］. 山西日报，2010-05-24：C03.
② 丁华东. 档案服务能力建设：档案事业发展的战略选择［J］. 中国档案，2010（2）：34-37.
③ 陈健. 论我国档案服务能力的建设［D］. 合肥：安徽大学，2011.

对性地挖掘档案资源的本领是档案价值得以发挥的重要基础。长期以来，档案馆内的档案资源数量庞大，但供给的档案文化质量却不高，档案资源的不足与用户的求足状态客观存在。由于档案服务平台既是档案资源服务公众的一个良好"中介"，又是一种特殊的档案资源开发方式，因此这一平台服务能力是档案部门开展服务所应具备的运行条件和能力，准确识别平台服务能力的核心要素和基本组成是平台能够精准发力的重要基础。而平台运维能力作为平台服务能力的基本组成能力之一，可以保障在不特定时间和用不特定设备的相关主体通过便于选择的、多元化可融合的渠道和边界的功能获得相关服务，因此运维能力的强弱直接决定着服务的质量，其应该是档案部门构建平台服务能力的重要行动方向，并且平台的建构方向应该根据时代背景的不同，及时赋予平台新的功能阐释。

（2）档案服务能力理论可以为提升智慧档案信息服务平台的构建效能奠定基础。档案服务能力理论将档案服务能力的建设视作整个档案领域行业体系实力提升的宏观问题，并非仅仅强调加强档案部门的基础条件的建设和创新相关技术的问题；更不是某一个具体的档案部门的问题，档案服务能力的发挥需要社会各界的共同努力。应将此观点置于智慧档案信息服务平台的构建，档案服务平台的建设既包含了数据共享与交互中心、数据处理中心，还包含了数据云存储中心和数据运维中心等模块，若想最有效地发挥平台服务功能，必须关注构成各模块的人员组织能力、安全管理能力、运行环境能力及用户互动能力等诸多方面的内容。事实上，任一档案信息平台的构建都必然关联到诸多要素，在档案服务能力理论的指导下，档案部门在建设平台的过程中既应该关注平台技术的问题，也应该关注平台与用户互动的能力，将看似分散的各个部分视作一个整体，最终为用户呈现一个高效能的服务平台，使得档案信息服务平台从内而外彰显出服务的本质。

4.2 政策分析

长久以来，档案工作向前推进的重要动力离不开政策的导引与规划的制定，档案信息服务平台的构建归根结底是一项实践工程，如果没有国家政策的导向与支持，这项惠民工程很难展开。21世纪以来，档案数字化相继被列入国家档案事业"十五""十一五""十二五""十三五""十四五"规划当中[①]，而依托数字化的档案资源构建各类档案信息资源共享平台也在政策的支持下得以有效开展。从《全国档案事业发展"十三五"规划纲要》明确提出要探索与大数据行动的融合，"建立开放档案信息资源社会化共享服务平台"到《"十四五"全国档案事业发展规划》设立专章推进档案信息资源共享平台建设，无一不在说明政策在推动和支持智慧档案信息服务平台构建的发展。为更好地厘清政策层面对智慧档案信息服务平台的支持举措，下文从宏观顶层设计、中观层面布局、微观实践落实等三方面加以剖析。

4.2.1 宏观顶层设计

宏观层面的政策主要是指国家层面，制定并发布的法规，既有非档案领域的政策引领，也有档案领域的政策导向，主要功能在于支持着大数据时代下智慧档案信息服务平台的构建走向，为中观层面的布局与微观层面政策的进一步落实提供行动指南。由于智慧档案信息服务平台的构建是大数据时代背景之下对档案服务的一种转型升级，将之放置于整个社会信息服务平台构建来看，只属于其中一部分，而档案信息服务平台的构建可以从其他平台的优秀做法中汲取经验，因此可以从非档案领域发布的政策导向解读中为档案信息服务平台构建的总体目标寻求支撑。2021年，工业和信息化部发布的《"十四五"大数据产业发展规划》中指出"要创新大数据服务模式和业态，发展智能服务……要推动跨层级、跨地域、跨系统、跨部门、跨业务数据融合和开发利用"[②]，将提高数据时代的服务能力作为其中一个重要内容被提出来。据此，智慧档案信息服务平台的构建便应该着眼于大数据时代，通过智慧服务平台的构建推动知识化服务的实现，促进资源的交换与共享，其也是辅助于大数据产业发展的要素之一。与此同时，《"十四五"大数据产业发展规划》还表明"数据是新时代重要的生产

---

① 赵跃．大数据时代档案数据化的前景展望：意义与困境［J］．档案学研究，2019（5）：52-60．
② 工业和信息化部关于印发"十四五"大数据产业发展规划的通知［EB/OL］．（2021-11-30）［2022-05-07］．https：//www.miit.gov.cn/zwgk/zcwj/wjfb/tz/art/2021/art_c4a16fae377f47519036b26b474123cb.html．

要素，是国家基础性战略资源"，强调了数据要素的价值。将此政策导向应用到智慧档案信息服务平台构建来看，平台的实现过程同样以数据为基本单元，尤其是"档案数据化"理念的提出便是围绕档案数据开展的一系列诸如数据预处理、数据挖掘等成为基本性工作，这与大数据产业发展理念相互契合，更加为平台构建的各项工作的开展提供了行动指南，推动了项目的整体实施。

除了该政策外，一些经济发展规划与智慧城市建设计划也同样能够为档案信息服务平台构建提供行动方向。如2020年国家发展和改革委员会与中央网信办印发的《关于推进"上云用数赋智"行动培育新经济发展实施方案》中提到要"开展数字孪生创新计划"[1]。再如国务院印发的《关于加快推进"互联网＋政务服务"工作的指导意见》明确指出"要加快新型智慧城市建设"[2]。智慧档案信息服务平台作为档案馆对智慧城市建设的一种响应，是推动智慧城市高速发展的重要组成部分。与此同时，无论是"智慧城市"理念还是"互联网＋政务服务"，都对服务质量和实效的提升做出了明确指示。落实于档案馆就要求其"基于用户需求的特点，对档案信息服务进行升级和转型"[3]，也就是提供一种"智慧服务"。而智慧档案信息服务平台正是要通过对信息资源的深度挖掘与处理来转变档案服务方向，提升档案服务质量，是大数据与档案服务的一种融合体。因此，"智慧城市"为大数据时代构建智慧档案信息服务平台、突破和升级原有服务模式提供了有力支撑。

4.2.2 中观层面布局

相较于宏观层面政策的宏观指导，中观层面的政策更呈现出档案化，凸显着档案领域对于档案信息服务平台构建的进一步布局。由于大数据时

---

[1] 国家发展改革委中央网信办印发《关于推进"上云用数赋智"行动培育新经济发展实施方案》的通知 [EB/OL]．(2020-04-07) [2022-05-07]．https：//www.ndrc.gov.cn/xwdt/ztzl/szhzxhbxd/xdcy/202006/t20200605_1230419.html? code=&state=123.

[2] 国务院关于加快推进"互联网＋政务服务"工作的指导意见 [EB/OL]．(2016-09-29) [2022-05-07]．http：//www.gov.cn/zhengce/content/2016-09/29/content_5113369.htm.

[3] 杨智勇，贺奕静．基于5W1H分析法的数字档案馆智慧服务研究 [J]．档案与建设，2020 (12)：27-32.

代智慧档案信息服务平台的构建是顺应档案信息化发展的产物，随着信息化进程的不断推进，各项法律法规和政策措施都对信息化建设提出了更高的要求。《中华人民共和国档案法》中规定："档案馆和机关、团体、企事业单位以及其他组织应当加强档案信息化建设，并采取措施保障档案信息安全。"① 智慧档案信息服务平台的构建正是档案信息化建设的一个重要组成部分，是与之契合的一种提高档案信息化程度的手段。同时《"十四五"全国档案事业发展规划》中也指出："到2025年，档案信息化建设再上新台阶。档案信息化发展保障机制进一步完善，档案信息化建设进一步融入数字中国建设，新一代信息技术在档案工作中的应用更为广泛，信息化与档案事业各项工作深度融合。"② 规划内容一方面为档案工作与信息化的结合提供方向和指引，另一方面为在构建智慧档案信息服务平台过程中采用新兴技术进行了良好的布局，并为其提供了良好的应用环境。

（1）大数据时代构建智慧档案信息服务平台是推动档案信息资源交换与共享的表现。随着 Web 3.0 时代的到来，管理智能化和服务知识化逐渐成为档案工作发展的趋势，而数据的关联共享是实现智能管理和知识服务的关键环节。《中华人民共和国档案法》第四十一条规定："国家要推进档案信息资源共享服务平台建设，推动数字资源跨区域跨部门共享利用。"③ 同时《"十四五"全国档案事业发展规划》中也提出要让"档案管理数字化和智能化水平得以提升"④。可以看出，促进信息资源共享、提供优质信息服务正是从法律和政策层面提出的对档案事业建设的目标之一。而智慧档案信息服务平台本身不仅是提供专业化档案信息服务的渠道，同时也是沟通内外部资源的一个重要途径。因此《中华人民共和国档案法》和《"十四五"全国档案事业发展规划》为开展智慧档案信息服务平台构建工作提供了强有力的保障。

---

① 国家档案局．中华人民共和国档案法［EB/OL］．（2020-06-20）［2022-05-07］．https：//www.saac.gov.cn/daj/falv/202006/79ca4f151fde470c996bec0d50601505.shtml.
② 中办国办印发《"十四五"全国档案事业发展规划》［EB/OL］．（2021-06-09）［2022-05-07］．https：//www.saac.gov.cn/daj/toutiao/202106/ecca2de5bce44a0eb55c890762868683.shtml.
③ 国家档案局．中华人民共和国档案法［EB/OL］．（2020-06-20）［2022-05-07］．https：//www.saac.gov.cn/daj/falv/202006/79ca4f151fde470c996bec0d50601505.shtml.
④ 中办国办印发《"十四五"全国档案事业发展规划》［EB/OL］．（2021-06-09）［2022-05-07］．https：//www.saac.gov.cn/daj/toutiao/202106/ecca2de5bce44a0eb55c890762868683.shtml.

(2) 大数据时代智慧档案信息服务平台的构建是助力档案服务能力建设的一种手段。服务型政府理念之下,档案事业作为国家各项事业的重要组成部分要求档案信息服务要从用户出发,构建起良好的互动模式,为用户提供更加精细化、全面化和智能化的服务。中共中央办公厅、国务院办公厅印发的《关于加强和改进新形势下档案工作的意见》中明确指出"建立健全方便人民群众的档案利用体系,要创新服务形式、强化服务功能"[①]。这为智慧档案信息服务平台的构建塑造了良好的实施环境。与此同时,构建档案信息服务平台在一定程度上也是大数据时代对档案信息服务的一种创新与再思考。此外,档案信息服务平台作为一种信息资源共享平台,一方面通过资源的关联可以扩大用户的检索范围,提高档案信息的利用效率;另一方面通过资源之间的交互在一定程度上也可以实现知识再生产,从而进一步强化档案信息服务的功能。这是落实政策规划,进一步发展档案工作的表现。

4.2.3 微观实践落实

上文主要分析宏观层面与中观层面的政策制度对构建智慧档案信息服务平台的支持,在宏观、中观层面的政策导向下,下级部门更注重对上级政策的细化与落实,因而各省市则更加注重微观政策的本地化和执行性。笔者在"北大法宝"数据库中以标题为"档案"+"平台"检索地方性法规文件,发现各省市目前对相关智慧档案信息平台的构建主要集中在流动人员人事档案统一服务平台的建设、电子健康档案信息平台的建设以及民生档案服务平台的建设。政策的出台同时为平台构建的标准提供了针对性构建方向,如《上海市人事局关于建立上海市流动人员人事档案统一服务平台的意见》,详细规划了流动人事档案信息管理平台的运作要通过统一的软件,按照各自权限实现数据共享,而且还规定设置统一的流动人员人事档案基本信息项、制定统一的流动人员人事档案管理制度。内蒙古自治区对做好城乡居民电子健康档案信息平台建设工作也做出了指示,相关政

---

① 国家档案局公办室 中共中央办公厅 国务院办公厅印发《关于加强和改进新形势下档案工作的意见》[EB/OL]. (2014-05-04) [2022-05-07]. https://www.saac.gov.cn/daj/yaow/201405/9a74ac4774cd4f25976328ab6aca3ed6.shtml.

策既指出居民电子健康档案信息平台建设应严格按照国家制定出台健康档案和电子病历基本架构与数据标准，又要求自治区成立居民电子健康档案信息平台建设专家咨询委员会，以及自治区居民电子健康档案信息平台建设工作实行分工负责制等等细节要求。纵观两地区对档案信息服务平台构建的标准要求，发现微观层面的政策在贯彻宏观政策与中观政策精神的基础上，政策内容更加细化，为构建任一类型的档案服务平台起到一定的支撑作用，确保各类平台所提供的档案信息服务能够更好地满足公众多样化的档案诉求。

上文主要从最直接相关的微观政策分析政策对构建档案信息服务平台的支持。笔者在政策搜集过程中发现一些地区虽未对某档案信息服务平台发布专门的意见或通知，但在一些条例中依然强调了某一档案信息平台构建的细则。如《河北省长城保护条例》与《宁夏回族自治区长城保护条例》对构建长城档案信息共享平台进行了明确的规定。两地不仅要求相关文物主管部门建立长城档案资源库，定期对相关长城档案进行收集，而且利用数字时代的先进技术加强对长城档案的数字化工作，为长城档案的数字化利用服务奠定了物质基础。这一条例的规定为保存长城档案的部门按照规定提交长城档案信息，并进而补充长城资源档案信息平台的资源储备量提供了实践指南。此外，山西省人民政府为更好地满足社会利用重大活动档案信息的需求，在重大活动档案管理办法中要求建立现代化检索系统的信息共享平台；广州市人民政府为完善退休人员的人事档案信息化管理工作，专门建立了全市统一的退休人员服务管理系统，虽然该系统无法与专门的档案信息服务平台比肩，但该系统实实在在地便利了群众，充当了专门档案信息服务平台的部分功能，值得其他地区学习借鉴。由于档案信息服务平台种类繁多，在此并不能一一列举，但纵观各省市对相关平台构建的政策，可以发现政策有一定的地方性和针对性，并且各地对政策对档案信息服务平台的重视程度可见一斑。

4.3 实践基础

4.3.1 中国铁路太原局集团有限公司档案数字化信息平台案例

中国铁路太原局集团有限公司，简称"太原铁路局"，是中国国家铁路集团有限公司管理的 18 个铁路局集团有限公司中货运量最大、重载技术最先进的铁路局。自 2005 年成立以来，中国铁路太原局集团有限公司的领导干部始终将集团公司在铁路建设、运输、生产、经营、管理过程中所形成的各类档案文件视作集团重要的信息资产。虽然该集团并未忽视档案这一重要资产，但在具体的档案工作实践中仍然存在一些不足，如档案部门仍然是传统意义上的文件管理部门，虽重视档案的收集整理，但严重忽视档案的编研环节；主要机关与基层单位档案信息不连通、不共享，"信息孤岛"现象比较突出；基层单位档案管理与利用流程不够规范、档案安全保管存在风险等问题。

为了改变现状，中国铁路太原局集团有限公司在 2019 年对集团的档案工作进行了全面整顿。一方面，该公司根据档案局发布的有关档案信息化建设、电子文化归档、纸质档案数字化的相关文件，研发了一套一体化的档案管理信息系统，此举不仅能够主动为各业务部门提供各类信息服务和决策依据，提升档案的利用价值，而且无形中提高了集团公司发展的核心竞争力。另一方面，该公司还利用办公局域网建立面向集团公司及 70 个基层单位的信息传输网络，有效实现了电子文件的在线收集、鉴别、分类、排列、编目、保管、统计、利用流程，完善了归档制度和管理标准。这一系列举措使得集团公司的信息资产能够及时、准确、有效地得到保护。

4.3.1.1 太原铁路局档案数字化信息平台的主要功能

查阅中国人民大学档案案例库可知，太原铁路局的档案管理信息系统功能主要分为档案采集管理、档案利用、档案业务和系统管理四大部分。

（1）档案采集管理功能。在实现档案信息化之前，档案信息收集、整理等日常工作都需要集团内部的档案人员手工完成。现在系统能够自动实现档案的采集和管理工作，档案信息采集分为在线著录、数据导入、数据接口归档三种方式，所有数据都进入收集整编库中，统一进行整编管理。通过移交流程完成档案信息从档案产生部门到归档部门（档案室）的移交工作。

（2）档案利用功能。在实现档案信息化之前，利用者需到本单位档案室或开具单位介绍信到集团公司档案室查阅。但现在利用者可以直接利用档案管理信息系统在线查档。该平台还为用户利用档案提供了普通检索、高级检索、全文检索三种不同检索方式，方便快捷，大大提高了对集团内档案的利用率。

（3）档案业务功能。在开发统一档案服务平台之前，档案的收集、整理、鉴定、销毁全程都需要大量的人力物力，档案管理水平有限。但在平台成功开发之后，可以对档案生命周期中各阶段的业务情况进行智能化汇总和统计分析，为提高档案管理水平、挖掘档案潜藏利用价值提供重要的参考信息。

（4）系统管理功能。该公司在未建立档案信息服务系统之前，整个公司的档案管理工作较为零散，各部门的档案分布不集中，档案调动十分困难。而改造后的系统性能大大提升，该公司可以结合本单位的实际情况，统一操作档案整理工作的相应流程，实现办公自动一体化，大大减少了人力、物力的浪费情况。如根据各部门的需求，打印封皮目录及脊背、出入库操作、保管期限到期鉴定、保密期限到期鉴定、档案销毁、数据备份和恢复管理等标准性内容。

4.3.1.2　太原铁路局档案数字化信息平台的技术选择

如果将档案资源视作档案信息平台构建的基础，那么平台构建技术的重要性则可视为平台持续运营的营养剂。选择适合的技术将会持久造福公司的发展，这就需要公司具备长远的战略眼光。该公司构建档案信息平台技术的选择，能够为其他公司提供一些启发。该公司采用多种关键技术，包括Java 2平台企业版（Java 2 Platform, Enterprise Edition, J2EE）系统架构、XML技术、数字签名技术、元数据技术等，这些对策具有一定的针对性，切实解决了平台运行过程中遇到的系统不灵活、内容不完整、信息失真等问题，为平台的健康运转做好了坚实的保障工作。

4.3.1.3　太原铁路局档案数字化信息平台的现实意义

太原铁路局档案数字化信息平台的建设，进一步促进了档案管理技术与方法的变革，彻底改变了原来集团内部档案封闭、档案管理工作难以满足利用者需要的状况，打破了原来部门与部门之间普遍存在的"信息孤岛"现象，实现了档案信息资源的共享和有效利用。平台构建的意义可以从以下4方面窥探一二。

（1）从档案本身角度来看。太原铁路局档案数字化信息平台将原有分散的档案进行了集中汇总,而且在平台构建的过程进一步对档案进行了开发。这一方式的优势是:一方面保证了数字化的档案信息有了安身立命之所,减少档案丢失的风险;另一方面平台的技术选择为档案的内容安全提供了保障,利用各种技术有效防止档案内容被篡改,此举一定程度上减少了人为因素对档案数据的篡改与破坏。

(2)从档案的管理角度来看。档案数字化信息平台实现了集团内部档案管理业务全过程的自动化,为档案信息化管理提供了先进的技术手段,使得档案管理人员可以轻松完成有效档案数据的采集,极大地减轻了档案工作人员繁重的工作量。此外,数字化信息平台结合各基层单位、各部门的实际情况和管理需求,制定相应的档案管理规范与标准,有效地提升了集团档案的管理水平。

(3)从档案的利用角度来看。档案数字化信息平台不仅提升了管理者的工作效率,而且极大地满足了需求端用户的需要。利用者不需要通过烦琐的登记手续和漫长等待,只需通过局域网直接、快速、方便地在系统中查找和浏览所需的档案资源,极大地节省了用户的查档时间,加强跨部门信息的交流与共享,有效提高集团内部对档案的利用率。某种程度上,信息平台的构建加深了档案用户对档案馆的好感,为档案服务更加便民打下基础。

(4)从企业的效益角度来看。该系统符合当代信息技术的发展趋势和当前信息科学的发展方向,有效提高企业的核心竞争力。一方面,建设数据集中的集团内部档案信息服务平台可以减轻企业在档案管理方面投入的人力成本,避免了基层单位的重复开发和低水平建设;另一方面,平台内所保管的工程、设备档案能够为集团公司在铁路线路病害整治、设备维修、发生争议时提供索赔依据,减少集团的经济损失,维护集团的外部形象。

4.3.2 中国民生银行在线档案利用平台

2013年,中国民生银行推出并运行综合档案管理系统,从管理层面规范全行各门类档案工作流程,推动档案信息化建设。虽然综合档案管理系统包含较为全面的查询功能,但实际应用的整体效果却差强人意。对此,中国民生银行于2014年展开相关调研,利用"客户之声"的管理工具,通过面对面访谈、调查问卷、会议分析等方法，收集来自总分行的各类相关需求500余条，并对其进行分类和细化，发现档案管理者与档案利用者对于档案信息的利用需求差别巨大。其中，档案管理者对档案完整性、专业性、分类统计和信息编研感兴趣，而档案利用者则更关注信息查询的便捷性、准确性以及信息推送的及时性。

为最大限度地发挥档案利用作用、拓宽档案现实价值，中国民生银行在综合档案管理系统的基础上专门立项并设计开发"在线档案利用平台"，其PC端和移动端分别于2015年、2016年推广上线。从平台构建的目的来看，其发端于用户端的现实需求，因而该平台中的档案信息资源门类相当丰富，既有综合文书档案也有对公信贷档案，紧贴公众生活。通过银行对该平台开发与共享，平台中的档案信息资源数量不断丰富，使得更多沉睡的档案信息资源能够被唤醒、被利用，此外，用户需求量与利用率的攀升也进一步加深了用户与平台的联系，扩大平台用户利用率。显然，在线档案利用平台的上线标志着中国民生银行对档案工作的重新定位和对管理模式的重大创新，即转变档案服务思维，围绕用户利用需求，以档案信息服务驱动档案业务工作的全面开展。

基于各类档案的业务要求和档案工作的实际情况，在线档案利用平台有针对不同门类的档案资料设计不同权限的控制体系。如权限范围内，用户可以通过利用平台直接检索、查阅档案；而权限范围外，则需要用户依据审批流程提出借阅申请，待审批通过才可以检索、查阅档案。同时赋权情况也有所区别：文书档案的条目信息和原文影像均可在线查阅，其权限开放度最高，开放范围为发文机关和拟稿部门，默认权限内的员工均可查看，而默认权限外的人员需经借阅审批后查看。声像档案、实物档案等的条目信息可在线查阅，其权限开放度较高。其他业务档案的条目信息和原文影像均可在线查阅，其权限开放度一般，除审计部门和相关业务人员及评审人员外，需经借阅审批后方可查看。

在线档案利用平台坚持"聚焦需求、服务导向"的原则，在设计、开发、测试以至上线运行后，始终在收集需求、细化需求、实现需求，在反馈中反复循环推动，希望充分理解需求并加以实现，以达成"好用、易用、爱用"的目标。首先，好用即用户能快速准确检索文档，满足文档查询的核心需求；其次，易用是要操作简单，易于上手，无需培训和操作手

第 4 章 智慧档案信息服务平台构建的理论与实践基础

册即可使用;再次,爱用是希望通过友好的用户体验和个性化功能,使用户养成到平台利用档案的惯性思维和查询习惯。而要实现上述目标,利用平台需具备五大条件:

(1) 简洁友好的页面设计,契合用户日常上网习惯。设计在线档案利用平台时参考了主流搜索引擎和专业检索平台,如"百度百科""中国知网"等的设计风格,并加入类似"淘宝"和"微信"的互联网元素。用户使用时无需改变日常上网习惯,即使第一次登录也能快速适应,上手操作。

(2) 方便快捷的信息思维,移动端可随时随地查询。针对办公系统设计并嵌入在线档案利用平台的移动版,允许员工通过手机软件或平板电脑登录平台,查询其权限内非涉密的文书档案。在线档案利用平台和银行内部办公平台实现统一身份认证,通过数据加密和安全文档系统,保障信息检索便捷性的同时,也保证档案文件的安全性。

(3) 丰富的信息内容和多元的检索工具,满足各类用户的信息需求。在线档案利用平台的查询条件简单、查询渠道畅通,可根据档案利用需求自行划定或调整检索范围,适用于绝大多数用户。同时,设计有"标题、条件、全文、高级"四种检索模式,支持对一次检索结果的跨模式二级检索,弱化了档案术语的专业性,提高了信息检索的准确性。

(4) 相对开放的权限体系,便于用户自行查询利用。相对开放的权限设置是提高档案利用率的有效保障。在线档案利用平台中的文书档案具有较大范围开放权限,针对具体利用者 90% 以上的相关文档均可直接查询,无需借阅。而业务档案机构的人员可直接查询档案条目信息,根据查询结果发起在线借阅审批。

(5) 较强的拓展性和针对性,满足业务管理和审计工作的现实诉求。在线档案利用平台是中国民生银行主要业务档案的统一查询入口,为满足业务管理和审计工作需要,已精准对接银行内部的各类前端系统与审计系统,如办公自动化(Office Automation,OA)系统、新风控系统、现代数据仓库(Modern Data Stack,MDS)、小微企业资源计划(Enterprise Resource Planning,ERP)系统、零售快速锁定系统(Rapid Locking System,RLS)、消息系统等。

在线档案利用平台还创新性地设计诸多功能,以此扩大档案信息利用范围,提升档案信息利用效果。这些创新功能将档案利用模拟成若干个类似于网购的小场景，对于吸引用户使用、增加用户黏度至关重要。在线档案利用平台部分功能的名称及作用见表 4-1。

表 4-1　在线档案利用平台部分功能的名称及作用

功能名称	具体作用
我的足迹	用户可查询到近期查询、浏览过的 50 条记录，方便快速查看历史记录
我的收藏	用户可在查询结果将任意一件档案加入收藏，并于我的收藏中随时查看
我的借阅	记录用户的每一次借阅记录，还可查询每次借阅的审批进度和借阅内容
我的关注	用户可在此设置某一个想关注的热词或者事件，系统将自动将最新的相关文档收集至我的关注，供用户查看
消息中心	对用户需要进行处理的相关事务给予提示，可直接跳转至综合档案系统后台相应处理模块，类似系统待办
专题列表	档案管理员可将希望员工了解、学习的文档或其他编研成果放至本栏目，推送至用户
猜你喜欢	根据用户查询记录和文档信息关联度，系统自动将可能相关的最新文档推送至用户
个人定制	用户可以根据个人偏好选择查询平台首页显示的功能模块，并对它们位置进行设置
我要吐槽	用户可以根据使用感受，提出意见和建议，项目组以此作为平台需求收集的重要途径
排行	记录各门类档案的查询排行、查询最多的用户、查询最多的单位
借阅车	用户可将查询到需要借阅的档案加入借阅车，并统一提交借阅申请进行审批，提高借阅效率

在线档案利用平台投入运行后，针对总分行相关人员进行回访，一致表示用户体验感得到明显改善，档案利用率也有极大提升，各类数据可以充分反映在线档案利用平台对银行档案利用的提升效果非常突出。2014 年，原综合档案管理系统的查询量为 2 865 次，借阅量仅有 589 次，受当时用户信息检索习惯和线上借阅不够便捷等问题的影响，仍存在纸质借阅审批并行的情况。在线档案利用平台上线后，全力推动在线查阅，2015 年查询量达 71 993 次，借阅量达 2 457 次；伴随进一步推广和移动端上线，2016 年查询量剧增为 317 713 次，借阅量则为 1 927 次（由于权限开放，用户可直接在线查阅，借阅量相对减少）。经过统计计算，在线档案利用本平台查阅一次较原系统至少快捷 15 秒，即 2015 年节省总查询时间约 300 小时，2016 年节省总查询时间约 1 324 小时。由于开放权限，2016 年较 2015 年减少借阅量 530 次，每次审批总用时至少需 10 分钟，即全年最

少节省借阅审批时间88小时。

作为中国民生银行档案信息整合和档案服务管理的重大创新,在线档案利用平台是中国民生银行主要门类业务档案的统一查询入口,其与人力系统组织树一一对应,适用于银行内部每位职员,打破了原有各业务系统诸如组织机构、人员角色难以统一、信息数据孤岛现象严重等问题,真正做到了平台内档案信息面对全员,打通了行内前、中、后台的档案信息壁垒,有利于整合各类档案信息,推动银行多门类档案信息服务。更为重要的是,通过各个系统的精准对接,能够实现业务人员和审计人员的在线检查和非现场审计,大大减少了线上检查次数,更进一步节约了档案管理成本,体现了档案部门的专业价值和业务支持作用,强化了中国民生银行的职能定位。

4.3.3 上海市"一网通办"下民生档案服务案例分析

4.3.3.1 上海"一网通办"建设背景

从2016年开始,国家陆续发布了一系列指导意见与建设指南,力图通过加强顶层设计的手段对全国各地区网上在线政务服务平台建设进行规范,推动各地构建统一、规范、多级联动的政务服务平台。2018年,上海市率先提出全面推进"一网通办",为加速该市民生档案服务工作提供了行之有效的方案。基于以上诸多背景,2020年,在上海市大数据中心的统一组织下,上海市大数据中心、上海市档案局、上海市公安局、上海市地方金融监督管理局、上海市民族和宗教事务局、上海市体育局、上海市知识产权局首批7家单位上线了"一网通办"电子文件归档管理系统,帮助各单位将"一网通办"平台办结的事项,根据归档范围进行电子文件收集,获取归档电子文件内容数据及其元数据信息。在"一网通办"平台的基础上,上海市逐渐形成了以数字化、网络化、智能化为特征的智慧档案服务体系。得益于"一网通办"电子文件归档管理系统,上海市档案局在该系统的助力下,不仅将更多资源"搬入"系统中,完成了档案信息资源数字最大化,而且打破了地区间的阻隔,实现了档案远程服务共享的新局面,成为全国各地学习的新榜样。

4.3.3.2 上海市"一网通办"下民生档案服务特点

(1)线上多渠道查档服务。利用"一网通办",公众不需要受工作人员上班时间的限制,"一网通办"平台中的服务不"打烊",查档可以上"云端"。为满足市民朋友的查档利用需求,"一网通办"汇集了各类民生档案资源,不仅涵盖了婚姻登记档案、独生子女档案,还录入了知青档案、再生育子女审批档案等 22 项民生档案。这些丰富的民生档案能切实解决民众的迫切需求,市民朋友可以通过以下两种方式获取:① PC 端。用户在 PC 端搜索上海"一网通办",随后进入平台页面,按照个人所需档案类型进行搜索即可申请查询档案。② 移动客户端。除去在 PC 端外,市民亦可通过"随申办"App、"随申办"微信小程序和支付宝小程序进行检阅,"随申办"即上海政务服务的一网通办入口。用户通过移动客户端在线申请查询,档案馆会在 2 个工作日内进行人工审核之后提供查档服务,较之 PC 端,移动客服端更加便捷,也更加受到市民朋友的青睐。

(2)跨区域查档服务。"一网通办"最大的特点在于其能够跨越地区间的阻隔,为群众提供跨区域的远程服务,这也是该平台建立的动力之一。在该平台尚未建成时,异地用户办理档案民生档案服务往往舟车劳顿,有时还不能办理成功。截至目前 31 个省级行政区已全部建成一体化在线政务服务平台的建设,并在其平台中提供档案服务。上海市通过"一网通"平台提供跨省通办服务,开通了区域内一体化政务服务,积极探索跨区域的民生档案服务工作①。用户注册并通过实名用户认证,即可办理查档申请,经档案馆工作人员审核各项信息后受理,审核同意之后送交档案。上海市各级综合档案馆为用户提供两种送交方式:① 携带身份证件就近社区受理服务中心领取;② EMS 到付:根据利用者确认的地址向利用者发送 EMS 快递寄递档案材料。具体查档流程如图 4-2 所示。按照此流程,可以跨区域查阅长三角地域和沪鲁地区的民生档案。

4.3.3.3　上海市"一网通办"下民生档案服务成效

(1)提高档案工作效率和档案服务工作能力。"一网通办"平台融入档案服务工作,推动了档案服务工作效率的提高,扩大了档案服务的影响力和覆盖范围。通过"一网通办",查档档案馆自收到用户申请查档案服务时,必须在 2 个工作日内将查档结果答复利用者和受理档案馆,提高了档案服务的工作效率。档案服务范围从婚姻登记档案扩展到常用门类的民生

---

① 温蓉玉,聂云霞,徐芯滢.区域"一网通办"下档案线上服务优化路径探析[J].北京档案,2022(4):5-9.

第4章 智慧档案信息服务平台构建的理论与实践基础

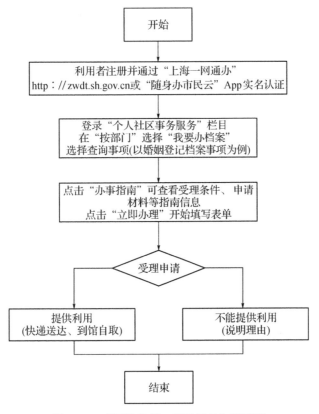

图 4-2 "异地查档、便民服务"流程图

档案,进一步再向馆藏所有民生档案扩展,目前已经提供了 22 类民生档案种类,通过不断拓展档案服务门类,推动了档案更好地服务民生。

(2) 丰富档案服务形式,推动档案服务工作人性化。档案服务形式的丰富一方面体现在"一网通办"下的民生档案服务拓宽了市民查询档案的形式,广大市民既可以通过微信小程序一键查档,还可以通过 PC 端搜索网页进行档案查找,丰富的查档形式弥补了线下查档的不足,为用户提供了多种查询选择。另一方面,该方法倒逼档案馆服务方式的变革,改变传统档案馆"重藏轻用"理念。为快速满足公众的档案文化需求,档案馆必须投入更多的精力,以需求为动力继而反向更加重视服务的质量,可谓一举多得。在档案馆重视用户需求、提供优质服务的良性循环下,档案服务工作的人本性质也将愈发凸显。档案部门与其他政府部门之间通过共享数据业务,打破信息壁垒,形成更大范围的互联互通和异地共享,使民生档案服务的远程性和共享性得到进一步强化[①]，真正做到从"群众跑腿"到"数据跑路"，满足公众不出门就可享受到"一站式"的档案信息服务，大大节省了民众查档办事的时间、精力和财力，提升群众的获得感。

（3）创新档案服务工作，推动档案事业可持续发展。近年来，提升档案治理能力成为档案事业发展的重要工作方向，提升治理能力也愈发成为档案服务工作更上一个台阶的重要突破口。"一网通办"下的档案服务依托数据共享、流程再造推动网上跨部门、跨区域的档案服务工作，在缩短办理时限、减少跑动次数上取得重大突破。加强"一网通办"平台建设工作是有效加强档案治理能力的重要抓手，通过"一网通办"连接区域间的档案服务工作，可以逐渐形成全国范围内的档案服务大网。

目前，《上海市档案条例》修订并颁布，上海市档案局也将继续贯彻《中华人民共和国档案法》和《上海市档案条例》，按照国家档案局和上海市政府的部署，利用"一网通办"平台稳步推进档案数字化转型发展，进一步拓展深化档案利用服务，推动上海档案事业的高质量发展。

---

① 张林华，蔡莉霞. 长三角"一网通办"档案服务：民生档案远程服务的新格局[J]. 浙江档案，2020（2）：33-35.

第 5 章

大数据时代智慧档案信息
服务平台的构建

5.1 智慧档案信息服务平台的总体架构

5.1.1 需求分析

智慧档案信息服务平台是在结合当前档案信息化的背景下提出来的，主要解决两方面的问题：一是档案信息智慧化管理，主要包括档案精准快速定位、数据智能统计、个性化高效服务、档案文件智能借阅；二是档案信息智慧分析，该系统可以提供智慧大数据展示、智慧档案信息大数据分析等功能，可以实现档案管理信息化后为档案管理部门提供精准决策依据。

5.1.1.1 业务需求

传统的档案管理部门信息服务业务是以增加人工的方式来实现档案业务的整体服务管理，该方式更多地依赖熟悉环境的工作人员，这种服务模式已不能适应时代发展对档案管理业务的要求。智慧档案信息服务平台以提升服务质量为宗旨，运用智能化手段做好档案资源收集归档，加快建立体系完备的档案信息管理综合数据库和集档案信息查询、管理于一体的综合服务平台，充分运用人工智能、大数据、云计算等先进技术实现档案信息服务的智慧化，满足用户对档案利用的需求。智慧档案信息服务平台以"大数据＋档案"为抓手，推进人工智能、大数据、云计算、移动互联网等新信息技术与档案工作的深度融合，全力打造智慧档案信息服务新平台，构建档案信息智能收集、科学管理、高效利用等科学管理体系，实现档案信息资源的高度智慧化管理和综合利用，从而建设出具有档案信息多平台来源、电子文件归档和接收互联网化、档案数据存储集约化、档案信息服务移动化等特点，进一步促进档案管理业务可持续发展。

在大数据时代，由于计算机科学技术的高速发展，档案信息的数据存在形式多以数字型为主，而用户的需求也从传统的 PC 端转移到移动端，档案的利用需求表现出来丰富化和个性化。档案管理部门提供档案服务的模式发生了转变，首先是由传统的档案文件保管转向档案文件的分析利用，其次是服务内容由档案实体的管理转向了档案信息的采集、处理以及

第5章 大数据时代智慧档案信息服务平台的构建

利用,在档案管理中除了服务理念要符合时代发展的需求,同时需要为用户提供完善的设施和高效的档案信息服务[①]。现阶段档案信息服务管理系统需要根据用户的实际使用反馈与档案管理业务发展情况进行优化:首先,档案利用方面,由于实体档案在利用上存在不可控因素,如利用过程存在档案的损毁等问题。其次,就档案文件资源整理方面,如果前期没有做好相应的规划,后期涉及的档案文件资源综合处理会非常复杂且耗时,随着时间的推移,档案文件的数量级别将出现显著的增长,如何更好地解决档案文件的整理工作是智慧档案系统需要解决的一项重点。

信息技术的发展为档案部门实现档案的智慧化管理提供了技术支撑,依靠物联网及大数据技术,能够很好地解决如下问题:

规范档案管理,通过建设电子档案管理平台,对馆藏数字化成果、著录信息、多媒体等电子档案进行整理、编目实现信息化管理[②]。建设虚拟档案文件柜管理系统,以物联网技术为手段,确保档案安全可追溯,强化档案安全性。

加强在线收集和服务,建设馆室一体化平台,充分利用大数据技术,实现在线业务指导、电子文件和电子档案在线接收。通过虚拟档案室、馆室共享使档案的共享、存储和管理更加灵活;社交形式和在线帮助方式提高对立档室的服务。

互联网+档案建设,通过电子阅览室,提高线下档案展示和查询服务。建设档案 App,加强档案线上服务,实现档案的在线收集和利用。

5.1.1.2 功能需求

目前档案信息管理服务平台定位及发展方向不够明确,建设起点不高,没有形成特色,档案管理部门主要提供档案相关的基础设施建设,信息化、智能化都由各部门自行建设,档案信息管理服务平台建设自成体系,业务系统封闭运行,难以实现信息资源共享。档案信息管理系统分散在不同的业务系统单元中,管理档案数据需要采用各自的业务系统账号,没有统一的用户论证平台,无法实现一个账号登录不同的业务系统进行数

---

① 金秀凤. 基于 ABP 框架的档案信息资源共享平台模型构建 [J]. 档案管理,2020(4):64-65.
② 马利涛. 档案信息资源管理平台设计与实现 [D]. 西安:西安电子科技大学,2019.

据管理，同时各系统之间没有进行联通，数据没有做到实时同步，形成信息孤岛，导致信息碎片化，没有形成统一的档案信息安全管理机制，没有有效的分析机制，系统的应用没有有效解决档案管理工作中的难题，没有大数据分析功能及应急响应机制，档案信息管理无法实现可视化表达。信息化水平低，缺乏远程、集中控制方式，维护成本高，管理被动，无法针对档案文件各类情况调整管理策略[1]。

档案信息管理服务平台需要以用户需求为导向的服务理念，积极推进了档案信息管理服务平台智能化的建设与应用[2]。随着档案信息化应用的逐步深入，现有档案信息管理无法满足用户对档案服务质量提升的迫切需求，导致现有的档案管理平台未能得到充分利用，信息化对于档案工作质量的提升效能没有得到体现，主要表现在以下几个方面：① 各系统相对独立、分散、集成度较低，各系统之间的功能没有实现打通，不同业务之间缺乏统筹协同，系统间无法实现双向数据集成，缺少通用的基础支撑软件打通底层，难以解决"信息孤岛"问题；② 数据处理不够先进，系统间数据库相互独立、类型不一，缺乏统一的标准化接口，缺少安全机制下的跨部门信息交换，与省局系统之间不能自动交换，相应的数据规范与标准也不够完善，数据孤岛现象突出，信息利用不方便，利用率低[3]；③ 业务应用效果不佳，部分应用子系统操作比较复杂，流程数据不够直观，统计分析功能零散，用户界面陈旧，没有面向用户进行优化，应用推进力度也不够，导致部分应用系统业务功能应用效果不佳，与现实工作要求已不相适应；④ 服务实战效能不够，现有系统偏重档案数据录入、信息查询和统计报告功能，注重上对下的单向管理需要，缺乏不同层级角色的定位与细分，面向基层的助推、减负功能不足，面向管理层智能分析、风险预警、决策支持等功能不强，不能适应实战应用需要。

智慧档案信息管理服务平台建设的目标是：① 建成一个互联互通、全面集成、运转高效、安全可靠的智能应用平台，体现"业务处理智能化、

---

① 戎亚芳,李成昕,刘甲军,等.基于物联网的化工园区基础设施综合管理系统建设[J].智能建筑与智慧城市,2021(4):115-116,119.
② 张立平.数字化技术在事业单位档案管理中的应用[J].兰台内外,2016(6):28.
③ 吴琼贵,司长哲,余海,等.基于大数据的智慧营区平台设计及实现[C]//第十三届全国信号和智能信息处理与应用学术会议论文集.汉中,2019.

数据分析全面化"的特征,进一步提升管控能力,推进安全防控业务应用功能的深度融合,为档案文件安全稳定提供有力的科技支撑和机制保障,确保档案信息安全可靠。② 进一步提升应用效能,推进系统整合和资源共享,发挥档案信息管理服务能力和水平。③ 通过科技手段、互联网、物联网、大数据等技术应用,实现档案信息大数据可视化分析,数据集成可视化、图表化。功能强大的报表设计平台,支持对所有前端采集数据的深度挖掘,可自定义报表类型,可对数据进行图表化显示,为档案业务管理工作人员提供决策支持。

5.1.1.3 性能需求

数据性能方面,档案信息服务平台不同于传统的平台,其存储形式主要为图片及多媒体,这就需要平台对数据类型要有全面的支持。档案信息自身的保密和安全性质,决定了其需要具有可靠的数据安全保密措施以及故障恢复能力,同时需要具有很强的容错能力、错误恢复能力、错误记录及预警能力,具备异地容灾能力。平台上线后,其支持移动客户端的接入,这就要求其支持200个用户的并发访问能力,附件和图片的上传作为该平台常用的业务功能,需提供稳定快速的传输效率,以及支持多附件、多图片并发上传和下载的能力①。对于档案信息的查询响应时间一般要求小于5秒,系统需合理地利用资源,保证前后端数据操作的效率,以及在数据响应和界面承载方面都要达到不会出现界面混乱、数据报错、应用程序崩溃及报错的问题②。

5.1.2 设计原则

5.1.2.1 可靠性

在平台设计过程中,为了确保系统的可靠性,确保每个组件仅应承担一项责任,并确保更改仅影响需要更改的组件,针对每个实体应为扩展而开放、为修改而封闭。该原则的目的是使现有组件能够适应不断变化的需求,在平台上线之前需要做充分的测试工作,以确保系统可靠运行。

---

① 吴昊. 基于安卓的 ATM 机物联网软件平台的设计与实现 [D]. 长春:吉林大学,2020.
② 康红梅,周娟. 浅析广电网络终端产品生命周期管理系统建设需求 [J]. 中国有线电视,2019(11):1191-1193.

5.1.2.2 先进性

在智慧档案信息服务平台的服务架构上采用微服务技术,该技术是一种软件开发技术,它能够适应移动客户端、Web 应用端对于统一数据操作的需求,将应用程序构造为一组松散耦合的服务。在微服务体系结构中,采用细粒度服务于轻量级的协议,满足了平台丰富应用的需求[①]。

(1) 运用微服务技术通过分解平台为多个服务方法解决了不同应用的复杂性问题。在总体需求不变的情况下,平台被分解为多个可管理的分支或服务方法。采用微服务架构模式平台的功能实现提供了模块化的解决方案,在实际的实现过程中,单个服务很容易开发、理解和维护,但是需要相关人员具有全面的系统集成知识体系。

(2) 微服务技术架构数据对接采用标准的结构,因而可以采用满足标准的开发技术来提供 API 服务。这就使得在服务开发的技术人才方面有了更多的选择空间,每个人都能做自己擅长的方面,从而保证系统保持先进性。

(3) 微服务架构模式可以独立部署每个微服务。新功能服务模块的部署不对现有功能产生影响,这种部署新模式可以加快部署速度,微服务架构模式使得持续化集成部署成为可能。

(4) 微服务架构模式实现了服务的扩展独立执行。可以根据每个服务的规模来部署满足需求的功能,对于硬件的需求做到定制化,实现了平台的集约管理[②]。

5.1.2.3 可扩展性

在智慧档案信息管理服务平台设计的过程中,为了最大限度地实现系统的价值,最大限度地满足平台业务功能的需求,需要充分考虑平台在上线之后的软硬件扩展、功能扩展、服务扩展、集成扩展等多方面的延伸,整个平台设计过程始终遵循面向数据价值、围绕系统应用、依靠业务部门、注重实效的方针。在系统设计过程中需要保证系统的可扩展性,满足用户要求不断提高的个性化的要求,便于平台框架及功能方面的升级及扩

[①] 石智. 关于新一代高速公路收费系统的软件构架技术的探讨 [J]. 产业科技创新, 2020, 2 (27): 42-43.

[②] 宋科, 王峰, 杨明川. 电信网厅业务的微服务化研究 [J]. 电信技术, 2017 (6): 19-21.

展，通过标准化且丰富的功能配置，减少定制化的功能需求，实现开发工作量减少从而降低成本。系统的可扩展性能力的提升从以下几个方面考虑：

（1）组件化结构。独立实现每个组件，并将不同的组件通过标准接口联系起来，由于功能组件的实现相对独立，可以根据用户的个性化需求来灵活配置所需功能，从而实现平台功能的灵活扩展，功能实体可使业务和开发人员根据具体使用要求增加或减少系统应用模块。

（2）标准化接口。接口设计的标准在前期采用统一规则，移动客户端、智能档案管理设备以及 Web 应用端对于档案信息数据的操作都通过标准接口完成，保证所有终端对于数据操作的一致性与实时性。

（3）开放的功能包。采用组件化结构设计与标准化接口设计以支撑可扩展体系结构，除此之外，为了方便用户个性化需求的开发，平台将通过设计开发并封装常用的二次开发应用工具包，便于外部集成平台功能能够更好地复用。

（4）分层架构设计。分层架构设计包括横向分层和纵向分割，将层与层之间相互分离，采用面向特征的设计应用，每层的应用和服务单独开发和部署，模块间涉及的交互采用标准化方式，如需要新增功能模块则分解到各层并制作成功能插件，部署到原系统只需将插件附加即可。这种方式对现有功能的影响将被降低到最小，保证了系统功能的可扩展性。将业务和可复用服务分离出来是纵向分割的主要思想，借助于分布式服务框架进行调用。

（5）部署和升级的扩展性。平台采用的系统开发技术都属于通用技术方案，平台开发完成后可运行于通用的主流硬件平台上。系统配置的升级一般情况下不会引起平台程序的修改，也不会因为环境改变需要做适配开发。

5.1.3 设计目标

智慧档案信息服务管理平台的设计目标：通过智慧档案信息管理服务平台项目建设，能有效解决目前存在的问题，提高规划档案资源的采集、运行、管理以及利用的效率，建成一个完整、专业、易扩展、易维护、安全、稳定、可靠的智慧档案信息服务管理平台，其功能涵盖档案的收集、整理、存储、利用、编研与数字资源管理的全过程管理①,如图 5-1 所示。

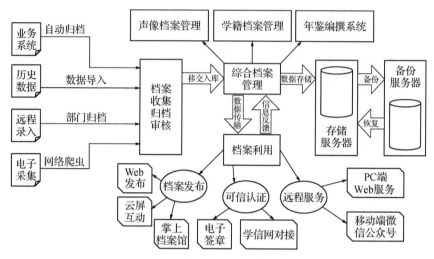

图 5-1 智慧档案信息服务平台的设计目标

根据相关档案开放性、保密性的特点,全面提供高效、安全、便捷的网络化档案查询利用服务,将现有的综合档案管理系统升级为智慧综合档案管理系统[含四性检测、电子档案封装包(Electronic records Encapsulation Package,EEP)、电子归档章、全文检索、智能识图、人脸识别检索等],成绩翻译系统升级为学籍档案管理系统(含智能成绩、证书翻译等),并研发建设声像档案管理系统、"一站式"服务利用系统(包含 PC 端和移动端线上预约借阅及线下无纸化借档)、档案利用可信认证系统(电子签章、数字证书及可信认证)等,基于同一个平台进行整合,实现统一的门户展示、统一的信息查询、统一的资源共享、统一的身份认证,实现在同一平台下享用档案资源,并依据自己的权限不同得到不同的信息资料。

5.1.4 设计介绍

5.1.4.1 可扩展性设计

智慧档案信息服务管理平台将采用先进的模块化设计,灵活调整用户

---

① 柳群英,王玉秋,操天明,等. 论高校档案信息资源数字化开发建设与利用[J]. 南京工程学院学报(社会科学版),2015,15(1):57-60.

个性化需求并对其进行适配,当需要进行功能扩充时,开发相关功能插件。部署时通过标准接口连接到系统即可,最大限度降低部署和功能新增对于应用中的平台影响。

扩展性不仅体现在底层架构的可扩展性,还体现在上层功能应用的可扩展性。系统提供数据结构、档案门类、档号设置、著录界面、数据列表、检索项、排序规则、打印目录、统计报表、系统界面等一系列信息,平台定制特性,无需开发,只需通过相关配置即可运用。

5.1.4.2 兼容性设计

除保密档案管理系统外,设计中同时考虑了平台的兼容性,为了确保外部系统方便地接入,设计中相关接口将会采用标准的 API 接口。

5.1.4.3 稳定性设计

在平台稳定性方面,设计中需要对下面的基本要求做出考虑。

整个平台需要做到不间断运行以提升用户体验;

调试稳定后平均无故障工作时间≥10 000 小时;

平台支持并发用户数>2 000 人;

系统响应时间:百万数据量带全文,检索客户端响应时间<2 秒;

系统有效工作时间多 99%;

系统恢复时间<半天;

数据导入(导出)平台的能力:每批次导入(导出)数据量能承载 5 000 以上;如果发生错误,具有错误日志记录功能并允许重新导入(导出)[①]。

5.1.4.4 可靠性设计

可靠性设计主要从硬件设计和软件设计两个方面进行。硬件上,应用系统与存储系统采用双备份策略,确保两台服务器其中一台出现故障,另一台服务器做到无缝衔接。备份方案有多种可供策略供选择,对于数据库服务器采用双机热备,在网络接口处安装两台防火墙进行双机采用热备以确保数据网络通信的通畅。软件上采用分布式的应用架构方案,使各功能模块相对独立,其中某个模块的故障不会影响整个平台的整体运行与业务

---

① 马利涛. 档案信息资源管理平台设计与实现[D]. 西安:西安电子科技大学,2019.

处理。

5.1.4.5 安全性设计

平台安全方面的设计支持在开放的网络协议和开放的系统平台上构筑不同的业务系统,采用该设计不仅提升了档案服务的质量、效率,也带来了平台安全运行方面的挑战[①]。系统的安全是方案设计需要重点考虑的部分,主要从以下3个方面考虑平台安全方面的设计:

(1)网络安全方面。主要包括对非法用户的有效阻止、对恶意网络攻击的防护以及对网络可用性的保证等,这里需要保证整个网络系统本身的安全。

(2)系统安全方面。包括系统登录的安全和系统运行的安全,需要考虑对于系统病毒的防护以及非法资源访问的防护,确保信息系统网络中主机系统(各种应用服务器系统、数据库服务器系统)的安全。

(3)业务安全方面。确保通过在网上进行的业务活动的真实性、可靠性、完整性,关键数据操作需要具有相关的日志记录,做到系统平台操作不可抵赖,以及存储、传输的信息采用加密方式以实现数据的保密性、完整性。

在网络安全上考虑到方案中有大量的用户通过互联网进行访问,在平台设计过程中考虑:服务器与网络的连接处采用防火墙进行隔离,入侵监测系统的应用可以保护平台安全;采用防病毒软件和系统认证实现系统层面的安全性;通过对敏感数据采用加密和认证技术以确保数据在传输过程中的安全,防止机密信息由于网络安全原因被泄露。管理安全制度的建立与落实同样重要,通过加强安全意识的教育,加强安全制度的落实,以明确责任,从组织上保证平台的安全运行。

5.2 智慧档案信息服务平台的构建技术路线

云计算、大数据和物联网等关键技术的迅速发展,给智慧档案信息服务平台的建设带来了契机。云计算技术将充分整合全局计算资源、存储资

---

① 刘冰. 党政机关内网办公系统的设计与实现[D]. 西安:西安电子科技大学,2009.

第5章 大数据时代智慧档案信息服务平台的构建

源,实现资源弹性统一管理、按额分配,并将平台应用系统快速部署到云服务器上,云服务器可实现资源的负载均衡与按需分配,并保证业务的高可靠性;物联网技术辅助实现档案精细化和动态化管理;大数据的发展可以支持非结构化和半结构化档案信息数据,利用其丰富的可视化报表功能可以生成辅助图表,便于档案管理者进行决策。

智慧档案信息服务平台是档案管理信息化建设的内容,在建设历程上可分为传统档案馆、数字档案馆、智慧档案馆3个阶段。智慧档案馆的功能比较完备,具有3大突出优点:一是能利用充分利用物联网、云计算技术等新技术,快速感知和处理档案信息和数据,促进档案馆功能升级;二是能使智慧记忆上升到智慧服务,快速满足用户对档案个性化的服务需求;三是能改善服务手段,提高服务质量。智慧档案信息服务平台建设在信息化快速发展的时代被提上日程,这不仅要求智慧档案不断完善和优化,而且要求档案部门适应新时代要求,加快转型升级。下文从平台构建过程中涉及的关键技术路线进行探讨,从平台原型设计、平台数据库设计、平台数据操作实现以及平台实现关键技术等方面探讨平台构建的技术路线,如图5-2所示。

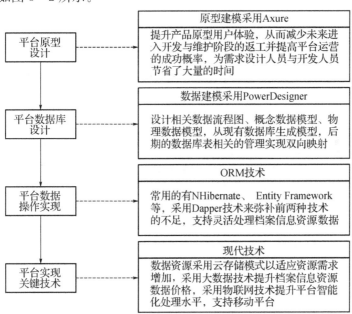

图5-2 智慧档案信息服务平台的构建技术路线

5.2.1 平台原型设计技术路线

智慧档案信息服务平台目前没有可供准确参考的平台，在实现的过程中需要不断地积累平台原始需求。为了在后续实现过程中减少重复的工作量，在前期可通过原型法，在平台前期需求分析阶段先行开发一个与需求尽可能匹配的纯页面功能版系统，然后通过用户调研以及流程优化，进行多次原型系统迭代和细化，尽可能挖掘出系统未来实现的模型。本书采用的业内广泛使用的表示层原型建模工具 Axure，是一款专业的快速的原型设计工具，可以定义需求、规格和设计功能，采用鼠标操作的方式创建带有注释的线框图，快速创建应用软件、Web 网站框架、功能实现流程图、原型主体结构、规格说明文档，自动参考输入数据编制原型 HTML 文件、需求类 Word 文档、设计类 Word 文档，能够大幅简化开发人员的前期需求过程。开发人员可通过优化原型 HTML 文件，为系统功能代码开发提供支持，使前期需求分析与后期逻辑编码有机结合。主要项目表示层编码经优化后，可直接用于后期逻辑代码的开发工作。前期通过有效的生产工具设计出符合要求的原型是成功开发平台的基础前提，开发者必须全面考虑档案管理者和用户的操作需求、功能需求、人机交互需求，形成系统原型设计的概念框架，确保系统功能设计效果与实际应用需求相符。简而言之，平台原型的构建过程主要是对系统功能框架与数据逻辑框架的设计，旨在将平台页面交互结构、数据层次结构、用户体验信息、页面效果直接描述出来。

Axure 主要负责进行平台前期的需求定义，设计相关的模块页面，它能快速创建平台原型，通过虚拟模型展现平台页面功能模块、视觉元素、人机交互形式、页面设计效果，在设计过程中将工作的重心转移到平台功能点的原型设计上。同时，Axure 还能够自动生成产品原型细节讲解文档，使传统档案业务专家与平台用户更准确掌握平台实现的可行性，使开发人员精准了解产品功能需求和基本特点，为后续的平台实现提供明确的需求，并为后期平台验收提供验收标准。Axure 产品原型中的模块功能较为完备，具有人机交互功能，能够直观描述产品功能特性。在平台进入上线运营前，通过 Axure 生产原型系统，向目标用户发出试用邀请信，自动收集用户试用反馈，根据用户体验对产品原型进行优化改进。此外，Axure

自带多种 Word 文档创建工具，开发者可根据实际需求生成不同格式的 Word 文档和原型代码，为后期前端原型开发提供参考依据。

5.2.2　平台数据库设计技术路线

采用 Power Designer 进行数据分析与建模，不仅可以用于信息系统设计和开发的不同阶段，而且可以满足管理、系统设计、开发等相关人员的需求，可以制作数据流程图、概念数据模型、物理数据模型。采用该工具可建立 5 种类型的模型，即业务流程模型（Business Process Modeling，BPM）、概念数据模型、物理数据模型、面向对象模型、自由模型。在智慧档案信息服务平台数据库设计过程中，首先要建立平台的概念数据模型，它是系统建模过程的关键阶段，通过对平台应用抽象出来的实体模型及实体间的联系进行抽象表示，描述系统数据库的整体逻辑结构。该结构独立于任何软件和数据存储结构，是后期平台实际开发与运维人员以及终端用户之间相互理解的共同语言。在概念模型建立完成后，可以通过 Power Designer 生成相应的物理数据模型，此时可以选择不同的数据库管理系统，平台业务数据库采用 MS SQL Server 2016。由概念数据模型转换为物理数据模型时首先要选择后台所使用的数据库管理系统，将概念数据模型中所建立的现实世界模型生成 SQL Server 环境下的对应结构化查询语言（Structured Query Language，SQL）脚本，利用 SQL 脚本在数据库中产生现实世界信息的存储结构，并保证数据在数据库中的完整性和一致性，数据库的生成就是如何建立物理数据模型到 SQL Server 之间的转换。数据库表结构生成之后，后期将采用实体框架核心（Entity Framework Core，EF Core）进行数据库与前端应用模型的映射，通过该技术实现从现有数据库生成模型，后期的数据库表相关的管理将采用 EF Core 结合 Power Designer，前者负责开发模型的映射，后者服务整体的表结构及表关系的管理。

5.2.3　平台数据操作实现技术路线

常规的数据操作一般采用对象关系映射（Object-Relational Mapping，ORM）技术，它的作用是在关系型数据库和业务实体对象之间做一个映射，这就可以实现档案信息数据操作需要跟 SQL 语句打交道时只需简单的操作对象的属性和方法。具体实现上可采用 Model 作为数据承载实体，在用户界面层和业务逻辑层之间数据实现面向对象（Object-Oriented，OO）形式传递。采用 ORM 技术可以隐藏数据操作的细节，使得平台的通用数据库交互变得简单易行，同时实现构造固化数据结构的简单易行。常用的 ORM 框架有 NHibernate、Entity Framework 等，采用这些框架可以满足大部分档案信息数据的操作要求。在实际的系统实现过程中，由于平台向授权用户开放，不同类型的用户对平台的使用需求也存在一定的差异，常规的 ORM 框架在实现上还是存在一定的限制，此时可以采用 Dapper 技术来弥补不足，该技术是 .NET 框架下的 ORM，它和 NHibernate 与 Entity Framework 不同，属于轻量级的，并且是半自动的。档案信息数据相关的实体类可以自定义，可以将 SQL 语句中的字段与自定义的类进行自动对象映射，同时还可以自定义映射信息，在 SQL 语句的转换过程中，可以自动将输入条件参数化，满足数据安全操作的要求。

5.2.4 平台实现关键技术路线

平台实现将采用云计算方式进行部署。云计算是一种基于互联网的计算方式，在平台实际运行过程中所需要的资源是不断增长的，前期需要的系统资源相对较少。通过这种方式，容量可以在默写情况下快速扩展或者快速收缩。云计算模式能够提供可用的、便捷的、按需的网络服务，进入云平台，通过浏览器等软件或者其他 Web 服务可以对网络、服务器、存储、应用软件及服务的需求进行动态配置，这些资源能够被快速提供，软件和数据可存储在数据中心，资源的使用可以进行监控、控制和报告，共享的软硬件资源和信息可以按需提供给计算机和其他设备。典型的云计算提供商往往提供通用的网络业务应用，通过浏览器等软件或者其他 Web 服务来访问，而软件和数据都存储在服务器上。云计算服务通常提供通用的通过浏览器访问的在线商业应用，软件和数据可存储在数据中心。

档案信息资源数据价值日益凸显，各级档案部门在档案数字化建设中不断取得成果，大数据技术的应用与未来档案现代化建设是相辅相成、相互促进的。大数据又称海量数据，数据量级超越传统理念达到前所未见的程度。随着平台运行与利用的深入，档案信息资源数据将从传统的文本信息向多媒体信息转变，数据自身所携带的信息更加全面，同时需要存储的

第5章 大数据时代智慧档案信息服务平台的构建

数据也会呈现指数级增长，面对这种超大规模的数据，平台需要更适合的、更高效的、更科学的、更被普遍应用的工具来处理。与传统数据相比，大数据的特点主要体现在数据量体量庞大、数据类型丰富繁多、数据来源广泛等方面。档案信息资源数据经过大数据技术加工与优化后具有更强的决策力，从而实现档案信息资源数据的价值提升。

平台在实现过程中，采用各种感知设备为介质，以物联网技术为手段，采用RFID技术、红外传感技术，及定位系统、激光扫描和气体传感器等，实现档案的智能化管理，将档案实体连接到互联网进行信息交换、通信、智能识别、定位、跟踪、监控和管理。智慧档案信息服务平台中的智慧赋予了平台智能的属性，从技术层面而言，就是将物联网、人工智能等现代化新兴技术应用到档案资源以及现有可提取的档案数据的管理之中，使平台具有智能感知与处置档案数据的能力，进而实现档案智慧化的管理和服务。在传统的档案实体管理中，人们主要是以手工书写的方式完成档案管理工作；通过引入物联网技术，在所有档案实体上设置一个带传感能力的电子标签，通过RFID标签对档案存储信息的标注与识别，可以快速获取档案的信息，实现对每一份档案的实时感知和检测。档案管理过程中只需扫描实体档案的RFID标签即可完成档案的溯源工作，利用物联网技术提供的接口与建立的智慧平台相连接，实现档案资源共享和档案实体快速定位，并通过智能终端对档案的出入库、盘点、排架等进行智能化管理。智慧技术的应用催生了档案智慧服务的革新，以物联网技术构建的智慧档案馆，让档案馆在服务模式上也发生了很大的转变。用户在利用档案的过程中，通过智能终端设备即可完成档案的利用。在基于物联网的智慧档案信息服务平台，用户、档案实体以及档案信息管理系统之间是相互互联的状态，相互之间可以进行更加广泛的信息交互，分析平台在为用户服务的过程中产生的有价值的数据，挖掘档案知识，对各节点的档案知识进行汇聚和融合，获得更具价值的信息，从而提升档案服务管理质量。

移动互联网正逐渐渗透到各个领域，各种应用迅猛发展，正在深刻改变信息时代的社会生活，档案便捷化服务也不例外。智慧档案信息服务平台需要适应时代的发展，在具体实现过程做到支持移动平台。相对传统互联网而言，移动互联网强调可以随时随地，并且可以在高速移动的状态中接入互联网并使用应用服务。通过移动互联网，用户可以使用手机、平板电脑等移动终端设备进行档案信息查询，档案管理人员可以通过手机进行档案业务的管理，相对于传统的台式机，移动终端小巧轻便、可随身携带，这使得用户可以在不同的场合通过授权后接入网络。移动互联网终端集成平台论证管理应用，身份信息将得到统一，保障认证客户的有效性与信息传输的安全性，从而确保了档案服务过程中的数据安全。移动互联网有别于传统互联网的典型应用是位置服务，通过识别用户在利用平台的过程中的位置信息，能够判定用户是否合法。

5.3 智慧档案信息服务平台的构建模型

随着大数据时代的来临，云计算、移动互联网等技术的成熟为档案服务信息化提供了稳定的技术支持，大数据时代，建设智慧档案信息服务平台可以使档案资源能够得到最大化的利用。平台建成后有利于面向公众开放的档案信息资源数据源经采集，过滤后将符合共享平台规则的数据存储到档案信息大数据中心，对采集到的不同来源的档案信息利用大数据技术进行数据分析提取，最终形成分析与决策建议报告，实现档案信息资源共享价值。在传统的智慧档案信息服务平台模型构建中，国内外对于Web应用程序的开发一般采用ASP.NET MVC（模型-视图-控制，Model-View-Controller）框架。虽然不同Web应用程序的业务需求千差万别，但每项业务的开发过程都重复着相似体系结构的构建，而且新的开发都需要在应用上做一些大幅度的修改，明显加重了开发人员的负担。使用ASP.NET样板文件（ASP.NET Boilerplate Project，ABP）框架进行设计和实现，能够在保留Web开发工具的使用优势前提下，提供一个开发框架的通用范式，有效避免了代码的重复，极大地简化Web开发框架的搭建流程，提高平台系统开发效率和软件品质[1]。

5.3.1 开发框架概述

智慧档案信息服务平台的框架是采用ABP开发的，ABP是一个开源的、有良好文档记录的应用程序框架，它不仅仅是一个框架，还提供了一

---

① 宋婷.基于ABP框架的汽车融资租赁系统设计及实现[D].重庆：重庆大学，2018.

个基于领域驱动设计的强大体系结构模型,并考虑了所有最佳实践。ABP 与最新的 ASP.NET Core 和 EF Core 配合使用,同时也支持 ASP.NET MVC 5 和 EF 6。ABP 框架是遵循"关注点分离"的领域驱动的经典分层架构思想进行设计的[1],主要有以下优点:

(1) 从服务器端角度来看。ABP 框架基于最新版的 ASP.Net Core 和 Web API,实现了包括实体、仓储、领域服务、应用服务、数据传输对象、工作单元等领域的驱动设计,并实现了分层架构。该框架将平台分为展现层、应用层、领域层和基础设施层,可以实现根据需求进行快速的开发,支持功能的扩展和灵活重构。并且这些模块都是可组合式的,提供一个基础且更易于使用的依赖模块注入机制,解决了过去在平台实现过程中的模块之间的互相依赖、模块之间的依赖关系难以管理等问题。ABP 框架直接支持 Entity Framework 已有的功能,可以实现代码模型向数据库迁移以及基础数据初始化功能,可以将已有的档案信息服务平台数据库很好地迁移到新的平台。ABP 框架支持多语言系统,只要通过简单的配置,设置语种以及为语种设置相关信息即可自动切换语言环境。平台涉及的数据库访问以及操作都采用调用服务的方式,框架初始生成解决方案是即为平台创建了动态 Web API 层[2]。

(2) 从客户端角度来看。ABP 框架为单页面应用(Single-Page Application)(在平台中采用 AngularJS 前端技术)和多页面应用提供项目样板,样板都是基于推特的 Bootstrap。在生成的框架代码中,包含了主流的高级前端代码库,在实现中可以方便地完成比较复杂的前端功能应用。相关的配置都有默认的方式,在调用后端服务方面也变得更容易,只需要配置相关的服务层代码并接入到平台中。对于系统需要定时发送消息以及通知方面,也有相应的集成,比如档案借阅到期提醒功能,在用户打开档案信息服务平台或者在使用的过程中,都可以根据设置的条件获得。

(3) 在平台实现的过程中,ABP 已自动实现了分层架构,减少了前期系统架构所涉及的工作量,提高代码的可重用性[2]。平台在采用 ABP 框架

---

① 金秀凤. 基于 ABP 框架的档案信息资源共享平台模型构建 [J]. 档案管理, 2020 (4): 64-65.
② 王素芳,胡必波. 基于多层架构的 ASP.NET 4 MVC 框架研究 [J]. 电脑与电信, 2015 (10): 64-66.

生产的代码是由 4 个基本层组成的分层应用模型，即展现层、应用层、领域层和基础设施层①，如图 5-3 所示。

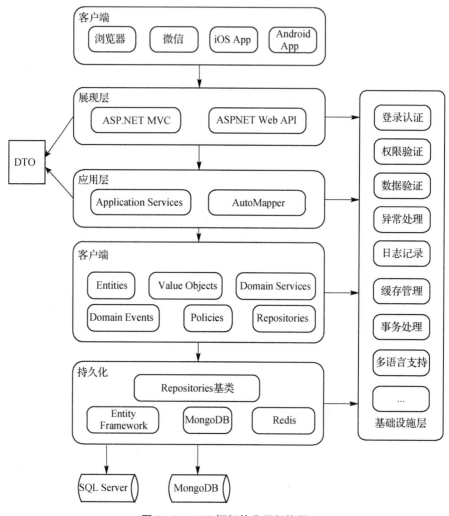

图 5-3 ABP 框架的分层架构图

展现层提供了一个面向用户的接口，使用应用层提供的服务来与用户进行交互；应用层是主要实现对外的档案信息数据的访问及操作，其介于展示层和领域层之间的桥梁，通常采用 API 提供对外服务；领域层是核心

---

① 郝树青，武彤.ABP 框架及其在 WEB 项目开发中的应用［J］.计算机技术与发展，2019，29（4）：19-23.

层,即业务对象和业务规则的所在层,也是整个应用程序的核心部分,平台具体的实现逻辑均在该层实现[1];基础设施层通过提供通用性技术来支持更高层次的基础服务,基础设施层的仓储通常采用ORM实现与数据库的交互[2],由于框架提供了底层的基础实现,这一块可以使用较少的代码方便地与数据库进行交互。此外,开发人员可以根据实际开发需求添加额外的层,如分布式服务层等[3]。

5.3.2 平台需求模型构建

智慧档案信息服务平台是面向档案管理部门与服务用户的集中平台。整个系统的构建主要包括以下需求:一个中心、三大平台。一个中心是:档案信息大数据资源中心;三个平台分别是:档案大数据管理平台、档案信息公共服务平台、档案管理业务处理平台。整个平台是以大数据档案信息管理为核心,将档案信息采集、档案信息过滤、档案信息集中处理、档案信息存储、档案信息检索、档案信息统计、大数据报表、决策支持以及行业信息发布等业务功能全部集成[4],实现档案信息管理各个环节数据互联互通,形成档案信息全生命周期管理的服务平台。平台的总体需求模型如图5-4所示。

5.3.2.1 档案信息大数据资源中心

档案信息大数据资源中心是共享平台的价值所在,重点建设内容在于档案信息资源的数据收集与对外进行数据交互,最直接有效的方式是主动抓取现有平台的档案信息数据。该方式对外部平台存储的数据要求较高,由于不同平台的数据格式不是完全一致,这样还会涉及数据格式转换与外部数据去重。另一种方式是提供平台对外的API,该API采用Json Web令牌(Json Web Token,JWT)技术,需要做好授权和身份认证以防止外部非法使用。这样外部平台如果需要将数据接入共享平台,只需要调用经

---

[1] XU L H. Research on the value-passing method between pages under ASP. NET MVC mode [J]. Applied Mechanics and Materials,2015,713/714/715:2398-2404.
[2] 陈浩. ABP框架的体系结构及模块系统分析 [J]. 电脑知识与技术,2016,12(32):45-46.
[3] 郝树青,武彤. ABP框架及其在WEB项目开发中的应用 [J]. 计算机技术与发展,2019,29(4):19-23.
[4] 张帆. 档案信息资源共享平台问题 [J]. 档案管理,2013(3):85.

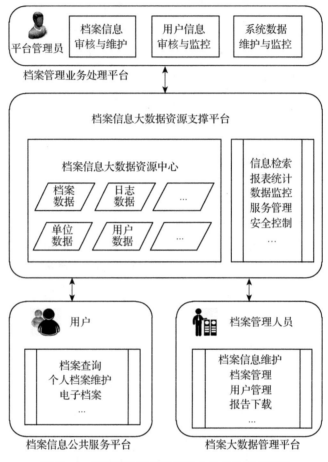

图 5-4 智慧档案信息服务平台的总体需求模型

过授权的 API 即可将数据上传到共享平台,实现了内外部不同层次的数据共享与交互。该方式将平台建设的重点放到提供丰富多样的 API 上面,数据实现的重点将转到各子平台的 API 调用上面来完成各级档案管理部门数据的交换与共享[①]。另外需要重点考虑档案信息资源的数据存储方式。由于档案信息是逐步增长的,平台上线前期需要的存储资源相对较少。随着平台运营的不断深入,存储资源的需要也将逐步增加,采用传统的存储方式将会出现要么前期投入较大,要么后期投入较大的尴尬情景。在平台上

---

① 卞咸杰. 大数据时代档案信息资源共享平台数据交互服务的研究 [J]. 浙江档案,2018 (11):15-17.

线的前期，主要存储的是迁移档案数据与录入导入的新增档案数据。随着对外 API 的接入，平台涉及的档案信息数据量级会出现爆发式增长，可以利用云存储技术，实现对档案信息大数据的动态灵活存储。随着个人信息保护法的出台，结合档案信息数据资源的特点和其自身数据的敏感性，需要对平台涉及的安全问题做事先规划设计，主要包括以下几个方面：首先是面向终端用户的档案信息服务平台，包括 Web 端与移动端，做到涉及个人信息部分未经授权自动加密处理；其次是利用平台服务资源并上传档案信息资源数据的各级档案管理部门，防止数据在传输过程中被篡改；最后是平台终端数据管理的大数据中心，需要对数据交互服务论证中涉及的检索、管理、权限控制等进行控制[1]。

5.3.2.2 档案大数据管理平台

档案大数据管理平台主要实现平台数据日常运行的各项监控，如自动提醒、用户登录、操作日志等。在平台中引入定时处理机制，利用 Hangfire 任务调度框架来实现到期触发鉴定、销毁流程，让档案处置合规高效。档案即将到期，会通过邮件与消息的方式告知档案工作人员进行处理，结合工作量审批机制，完成档案相关的后续处理工作。通知对用户行为进行严格且全面的记录，用户通过平台进行的所有行为（收集、整理、利用、检索、下载、维护等）都会被日志记录下来。日志会同时存储到数据库中以及文件系统中，相关的日志信息可以通过部署好的 Splunk 进行定位，利用 Splunk 可收集、检索和利用平台的日志信息。平台会在日志记录中添加数字签名后再次存证，确保所有操作都出自用户的真实身份与真实意愿，做到外部对于档案平台的任何操作有据可查[2]。档案信息数据接入共享大平台后，需要对归集的信息进行整理，为了档案管理部门更直观地感受到采用共享平台的优点，需要提供一个档案信息大数据看板，展示当前档案文件在库运行情况，档案管理人员通过看板可以直观地看到档案管理信息。

---

[1] 金秀凤. 基于 ABP 框架的档案信息资源共享平台模型构建［J］. 档案管理，2020（4）：64-65.
[2] 卞咸杰. 档案信息资源共享平台数据处理流程研究［J］. 档案管理，2018（6）：33-35.

5.3.2.3 档案信息公共服务平台

档案信息服务平台有部分功能是面向终端档案信息使用用户的，其为用户提供一站式档案服务。用户对于档案信息服务平台的利用需求是多样的，用户首次进入平台通过个性化引导，提供图形化的流程配置，灵活设定流转规则、操作角色等。过去的档案服务如各种档案证明，可能需要通过不同单位的档案部门来查询，这样真正存在档案需求的用户就会为了简单的证明往返于不同部门；通过档案信息服务公共平台，用户在移动设备或者电脑上进行注册，等待后台管理人员进行审核，通过审核的用户可以在档案服务平台上办理经过授权的各项业务。平台实现档案管理一条龙服务，真正让用户少跑腿、好办事、不添堵。档案信息数据资源投入使用后，对于档案管理部门来讲，将实现档案相关业务在平台上直接操作，提供多类档案检索，档案信息存储在中央数据库中，数据的录入与存储通过提供的统一的 API 进行，数据在不同平台之间的流转实现实时同步[1]。

5.3.2.4 档案管理业务处理平台

档案信息服务平台业务处理模块集成了档案管理部门的各类业务管理的综合业务需求，平台向不同的档案部门提供了标准的档案业务功能模块，使各业务系统通过统一的经过授权的 API 进行业务操作，实现了相互独立并满足档案业务数据状态实时共享，为各业务系统构建了统一的数据安全管理及应用权限管理，最终实现档案业务处理一站式服务能力。

5.3.3 平台实现模型构建

为了确保档案信息资源共享的可操作性与实现的便利性，平台采用 ABP 框架来实现，该框架是在 Github（面向开源及私有软件项目的托管平台）上的开源项目，该模型将 .NET 企业级项目的主流开发技术和最先进的架构整合起来，可以快速实现平台所需的功能。整个平台由领域层、应用层、基础设施层、Web 与展现层构成，各层之间界限分明，基于领域驱动设计的分层思想实现。智慧档案信息服务平台的整体实现模型如图 5-5 所示。

---

[1] BIAN X J, LU X M. Research on data storage of archives information resource sharing platform [J]. Academic Journal of Computing & Information Science，2018，1（1）：114-120.

第5章 大数据时代智慧档案信息服务平台的构建

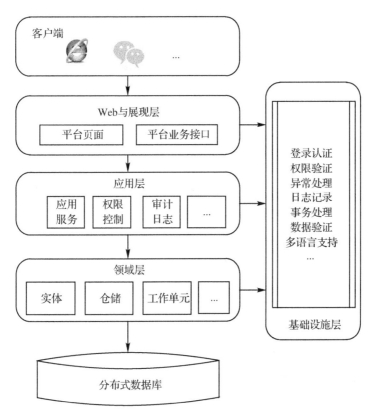

图 5-5 智慧档案信息服务平台整体实现模型

5.3.3.1 领域层实现

智慧档案信息服务平台的具体的业务领域层实现,主要包括实体、仓储、工作单元等模块,该业务层是发生业务变化最为频繁的地方,是平台实现最核心的一层。实体的构建是平台实现的基础,在实现过程中需要确保业务标识唯一,关系到基础数据结构及各表之间的关系。这部分需要实现平台的档案信息系统参数、档案信息内容结构、档案业务处理过程相关表单及审批流程、档案平台数据统计等实体的构建;同时需要考虑平台用户及权限相关实体的构建。领域对象在数据库上的操作是采用仓库实现的,仓库接口定义了和基础设施持久化层的交互契约,完成领域对应的增删改查操作,对于不同的实体会创建相对应的仓库。ABP 框架提供了通用的仓储实现,也就是对于智慧档案信息服务平台中的数据库操作,只要将实体层构建好,通过 ABP 框架可以自动实现对档案信息资源数据的操作,包括前期档案信息相关数据关系结构表的创建、档案信息基础数据的初始化以及档案信息数据的迁移等。在实际的应用中,由于智慧档案信息服务平台面向的群体数量巨大,因此档案数据的实际操作非常地频繁,这就要求数据操作的过程要保持一致性,可以将这部分功能统一为 API 相关操作,并利用工作单元解决事务性要求高的功能,在档案库存管理中可以采用该方式来实现和满足查询信息的实时性要求[1]。

5.3.3.2 应用层实现

智慧档案信息服务平台支持不同用户及角色的账户访问不同的功能,应用层的设计与实现过程主要包括应用服务、权限控制、审计日志等模块的实现。应用服务主要用于将领域层相关的业务暴露给 Web 与展现层,展现层访问以及操作档案信息资源数据必须通过应用服务实现,通过传入数据传输对象参数来调用应用服务。而应用服务通过领域对象来执行相应的业务逻辑,并且将数据传输对象返回给 Web 与展现层,将 Web 与展现层和领域层完全隔离开来。这样做最大的好处是确保终端数据操作的安全性。共享平台最大的特点就是信息共享,用户来源比较复杂,对于平台的操作权限验证就比较重要。ABP 框架提供了权限验证接口,在接口实现上加上权限控制特性标识,实现接口根据指定的权限验证方式来提供服务。权限验证是用来检查用户是否允许某些指定操作,相关的功能也是在应用层去实现的,用户输入参数的验证工作也应该在应用层实现。ABP 提供了一个基础架构让我们很容易地实现输入参数有效性验证,为了防止外部调用接口输入非法参数主体信息,可以采用 AutoMapper 技术来进行数据实体与数据传输对象之间的映射,在完成映射规则之后,AutoMapper 可以将源对象转换为目标对象,为了确保用户只能抓取到指定信息,在内容输出上采用该方式以防止档案信息被非法利用。为了确保对档案信息操作具有可追溯性,就必须对平台的操作进行记录,利用 ABP 框架中注入的 Log4net 框架,可以对共享平台的操作进行记录与追踪[2]。

---

[1] 金秀凤. 基于 ABP 框架的档案信息资源共享平台模型构建 [J]. 档案管理,2020 (4):64-65.
[2] 郭欣. 计算机配件推荐销售系统的设计与实现 [D]. 北京:北京交通大学,2017.

5.3.3.3　基础设施层实现

智慧档案信息服务平台的基础设施层是领域层、应用层、Web与展现层的基础，为其他各层提供基础类库服务。该层是实现对数据库的底层操作，并实现通用操作的处理，如日志记录、多语言切换等功能的实现。随着平台应用的深入以及平台的升级，基础数据结构的变更以及新平台业务数据的迁移会是一项重要的工作。在该层上集成ORM框架并协同工作是解决档案信息数据处理问题的不错办法，ORM是一种对象关系映射的技术，可以采用Dapper技术来实现档案信息资源数据的操作。Dapper作为一款轻量级ORM框架，在程序包管理控制台输入安装命令Install-Package Dapper就可以安装使用[①]。

5.3.3.4　Web与展现层实现

智慧档案信息服务平台的Web与展现层主要包括平台页面和平台业务接口，在构建过程中可以采用AngularJS用户界面的前端框架来实现，ABP框架在初始构建中有对应的AngularJS解决方案。用户对平台的操作习惯由过去的电脑操作向手机操作转变，平台面对的目标用户由过去单一的桌面操作系统向移动应用操作系统转变，这就要求对外展现的页面需求也要同步转变。利用该前端技术，可以创建高效、复杂、精致的单页面应用，实现一套框架、多种平台、移动端和桌面端。在页面构建上要求采用H5技术实现前端响应式设计，做到设备环境（系统平台、屏幕尺寸、屏幕定向等）自适应。在项目中构建服务模块，前台页面调用后台已实现的API，这样在其他终端可以实现数据的实时同步。在方法调用上采用异步回调处理技术，可以实现档案信息数据加载过程中页面能够友好展示。

总之，本书在对智慧档案信息服务平台现状进行研究的基础上，提出了"一个中心、三大平台"需求模型构建思路，在此基础上提出采用ABP框架实现模型快速构建智慧档案信息服务平台，并对实现的细节要点进行了阐述。在信息技术加速发展的时代，档案管理在信息技术新技术的利用上也在不断更新进步，同时新的技术也为档案智能化管理带来了新的机遇

---

① 金秀凤.基于ABP框架的档案信息资源共享平台模型构建[J].档案管理，2020（4）：64-65.

与挑战。随着人工智能技术的发展，未来的智慧档案信息服务平台从需求到实现将会变得更加人性化。智能移动设备技术的不断更新换代以及 5G 技术的逐步成熟，为大数据时代智慧档案信息服务平台的全面应用提供了更为可靠的硬件基础以及网络基础。

5.4　智慧档案信息服务平台的前端框架

随着大数据时代的到来，公众对智慧档案信息服务平台的需求越来越多样化。目前我国各级各类档案馆已经逐步建立了各种形式的档案信息资源管理平台，大量的、具有珍贵价值的档案信息资源通过数据集成方式存储在云平台中[1]。在移动设备普及后，智慧档案信息服务平台的用户对平台的需求更趋于个性化、便捷化。档案信息资源是体量大、产生和处理速度快、多样化的信息资产[2]。这种大数据正如麦肯锡全球研究院所言，具有海量的数据规模、快速的数据流转、多样的数据类型和价值密度低等四大特征[3]。对于智慧档案信息服务平台未来的大数据需求主要在于通过统一的面向用户的前端界面获取档案信息，通过统一的中央数据库进行档案信息的存储与管理，并在数据分析后向终端用户采用统一的前端界面反馈信息，同时根据用户的个性化需求，提供适应不同终端界面的信息反馈。这就要求能设计既满足传统的计算机的前端显示，还要满足当前流行的平板、手机等移动设备的前端显示。

5.4.1　智慧档案信息服务平台前端框架构建的总体原则

5.4.1.1　平台前端框架构建存在的障碍

20 世纪 90 年代起，计算机网络技术发展较快，带宽也不断提高，特别是当前移动 5G 宽带技术的成熟，带动了移动网络的体验提升。目前在

---

[1] 卞咸杰．大数据时代档案信息资源共享平台前端框架的构建［J］．档案与建设，2017（10）：11-15．
[2] 何宝宏，魏凯．大数据技术发展趋势及应用的初步经验［J］．金融电子化，2013（6）：31-34．
[3] 谢迪，栗斌，汪雪．大数据时代中小企业工业设计创新发展模式概述：以黔北地区为例［J］．产业与科技论坛，2021，20（3）：60-61．

档案信息资源共享建设和发展方向上,美国领先于世界各国,采用了主流的响应式网页设计前端框架①。随着我国档案信息化程度的提升,各级各类档案馆已经逐步建立起档案信息资源管理平台。由于各级各类档案馆在档案数字化建设发展过程中缺乏统一的规划和建设标准,且前端使用的技术分辨率支持比较弱,导致各应用系统标准各异、自成体系,技术体系千差万别,主要存在以下3个问题:

(1) 平台的浏览器兼容性差。主流的浏览器有 Internet Explorer、Firefox、Safari、Opera、Google Chrome、QQ 浏览器、百度浏览器、搜狗浏览器等,智慧档案信息服务平台在各种浏览器上的显示效果可能不一致②,因为不同浏览器使用内核及所支持的 HTML 等网页语言标准并不一样。针对智慧档案信息服务平台显示不一致问题的解决办法,就是不断地在各浏览器间调试屏幕显示效果,通过层叠样式表(Casading Style Sheet,CSS)控制以及通过脚本判断赋予不同浏览器的解析标准。如果要真正做到兼容所有浏览器,则需要做大量的手工调试,并随着浏览器版本的不断升级,还会出现新的浏览器兼容问题。

(2) 平台的设备兼容性差。智慧档案信息服务平台除了在普通计算机上进行显示,还需要在移动设备上进行数据分析与研究,移动设备包括平板和智能手机等。目前在移动设备上使用的智慧档案信息服务平台,部分功能并不能正常使用,甚至平台在部分设备上都不能打开。拟解决方案是采用开发移动客户端 App 或者为不同的设备提供不同的网页,比如专门提供一个 iOS 版本或者 Mobile 版本来解决智慧档案信息服务平台在移动设备上的使用问题。但随着系统版本的升级、移动设备的不断更新,开发 App 的方式也很难满足设备兼容的问题。

(3) 平台的系统兼容性差。目前主流的操作系统是 Windows,智慧档案信息服务平台所做的前端设计是针对该系统进行的,平台的用户绝大部分使用该操作系统。随着技术的进步,用户也会使用像 Linux、macOS、ChromeOS 等操作系统,这样非 Windows 操作系统在智慧档案信息服务平台中就不能正常使用。

---

① 毕剑,刘晓艳,张禹. 使用响应式网页设计构建图书馆移动门户网站:以云南大学图书馆为例 [J]. 现代图书情报技术,2015 (2): 97-102.
② 李淼,杜明晶,苗放. 网页设计中 Bootstrap CSS 框架的应用与拓展 [J]. 电子技术与软件工程,2013 (17): 222-223.

5.4.1.2 平台前端框架构建总体原则的要求

智慧档案信息服务平台前端框架技术的选择需要考虑以上问题的解决方案，总体原则是采用 Bootstrap 方法来设计智慧档案信息服务平台前端，解决跨浏览器兼容、跨平台设备兼容以及跨操作系统兼容的问题。

具体地讲，智慧档案信息服务平台需要适应不同设备的显示，需要遵循一些原则来确保平台前端构建完成后做到自适应。采用响应式 Web 设计的方案是平台框架构建的最重要的原则，这样智慧档案信息服务平台就可以随着屏幕大小的不同做自动切线，同时在台式机上的使用平台也可以随着浏览器的大小及分辨率的不同做自动切换。采用内容流的方式，随着屏幕尺寸越来越小，内容所占的垂直空间也越来越多，也就是说，内容会向下方延伸，如果使用像素和点进行设计，随着屏幕尺寸的变小，上面的内容会覆盖下面的内容。设计对象使用百分比，这样可以灵活可变，并且能够适应各种情况的长度单位。设置断点，这样可以让页面布局在预设的点进行变形。设置最大值和最小值，有时候内容占满整个屏幕宽度是好事，但如果相同的内容在宽屏显示器上也撑得满满的，会有不适应的情况。移动优先策略，从小屏幕入手过渡到大屏幕。智慧档案信息服务平台前端框架在以上原则前提下进行构建，能够满足流畅的用户体验。

5.4.2 智慧档案信息服务平台前端框架构建的技术方案

5.4.2.1 前端框架的比较研究

在 jQuery 以及 CSS3 不断发展的背景下，各种前端框架如雨后春笋般进入视野。不论是桌面浏览器端还是移动端都涌现出很多优秀的框架，极大丰富了开发素材，也方便了专业人员的开发。目前国外比较流行的前端框架有 Twitter 的 Bootstrap、ZURB 的 Foundation、Semantic UI、Yahoo 的 Pure 等，国内比较流行的前端框架有腾讯的 JX、阿里巴巴的 KISSY、百度的 QWrap 和 Tangram 等。为了实现智慧档案信息服务平台在不同的浏览器上正常地显示内容，同时满足在不同设备上进行档案信息资源的利用，拟采用 Bootstrap 来开发智慧档案信息服务平台的前端。Bootstrap 使用动态语言精简样式表（Leaner Style Sheets，LESS），基于 HTML5 和 CSS3 开发，在 jQuery 的基础上进行了更为个性化和人性化的完善，并兼容大部分 jQuery 插件。

5.4.2.2 前端框架拟采用的总体技术方案

随着大数据及移动互联网技术的发展，档案信息资源共享可以通过统一的界面进行入口操作[1]，用户除了可以通过传统的电脑接入智慧档案信息服务平台使用外，还能够随时随地通过移动设备接入档案信息共享平台进行研究[2]。要达到这样的目的，目前比较好的方式是采用 HTML5 技术，它通过标记符号来标记要显示的网页中的各个部分。网页文件本身是一种文本文件，在设计与开发中更加注重交互的流畅度、流程的合理性、操作的便利度、结构的清晰度、页面展现的兼容性、可维护性及同后端程序的良好连接。智慧档案信息服务平台采用结合了 HTML5 技术与 CSS3 技术的 Bootstrap 前端框架，能够做到以最小的成本解决平台前端兼容性问题。

5.4.2.3 Bootstrap 前端框架的关键技术探索

（1）采用 HTML5 技术。HTML 即超文本标记语言（Hyper Text Markup Language），在设计与开发中更加注重交互的流畅度、流程的合理性、操作的便利度、结构的清晰度、页面展现的兼容性和可维护性及同后端程序的良好连接，通过在文本文件中添加标记符，便于浏览器显示其中的内容（如文字处理、画面安排和图片显示等）。HTML5 能够很好地支持 Internet Explorer、Firefox、Safari、Opera、Google Chrome、QQ 浏览器、百度浏览器、搜狗浏览器，采用 HTML5 可以支持多设备跨平台、网页的自适应，即一次设计，普遍适用，让同一张网页自动适应不同大小的屏幕，根据屏幕宽度，自动调整布局（Layout）。

（2）采用 CSS3 技术。CSS 即层叠样式表（Cascading Style Sheet）。在网页制作时采用层叠样式表技术，可以有效地对页面的布局、字体、颜色、背景和其他效果，实现更加精确地控制。

（3）采用 jQuery 技术。jQuery 即 JavaScript 和查询（Query），它是辅助 JavaScript 开发的库，是轻量级的 JavaScript 库，兼容 CSS3，还兼容各种浏览器。

---

[1] VOIDA S，EDWARDS W K，NEWMAP M W，et al. Share and share alike：Exploring the user interface affordances of file sharing [C] // Proceedings of the SIGCHI Conference on Human Factors in Computing Systems，Montréal Québec，Canada，CAM，2006：221-230.

[2] 卞咸杰. 基于 WCF 技术的档案信息共享平台数据传输模型设计与实现 [J]. 档案管理，2016（2）：25-28.

5.4.3 智慧档案信息服务平台前端框架构建的实现路径

5.4.3.1 智慧档案信息服务平台前端框架的内容与步骤

智慧档案信息服务平台需要完成档案信息资源的采集、处理、检索及管理的框架前端的构建。平台的采集前端包括各种输入信息、上传信息；平台的处理前端包括数据库处理进度、数据处理状态信息；平台的检索前端包括各种检索要素、检索结果展示及检索结果明细信息；平台的管理前端包括登录、验证、菜单及图表相关前端。平台服务模式可采用基础设施即服务、平台即服务或软件即服务[1]。智慧档案信息服务平台前端框架综合构建如图5-6所示。

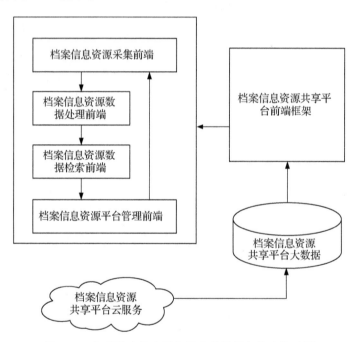

图5-6 智慧档案信息服务平台前端框架综合构建图

智慧档案信息服务平台的构建需要根据平台自身的特点，即满足平台建成后能同时满足包括PC、手机及平板等设备以及不同分辨率的浏览器进

---

[1] 牛力，韩小汀. 云计算环境下的档案信息资源整合与服务模式研究[J]. 档案学研究，2013(5)：26-29.

行使用，这就涉及前端框架的选型。通过对智慧档案信息服务平台的前端框架进行对比研究，系统最终采用 Bootstrap 框架作为平台的前端框架。选好平台的前端框架后，需要对前端框架进行压缩、校验、合并，使框架适合档案平台的使用。同时需要将平台特有的前端展示进行标准化处理，构建相关模板，将模板进行组件化开发和对平台特有的资源进行管理。智慧档案信息服务平台前端框架构建步骤如图 5-7 所示。

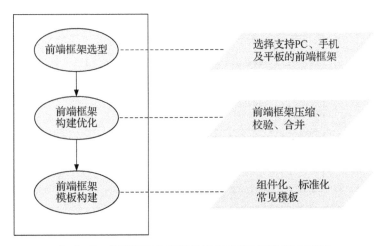

图 5-7　智慧档案信息服务平台前端框架构建步骤图

在平台上实现采用 Bootstrap 框架，主要包括最新的 Bootstrap 资源的下载与引用、平台的导航实现与平台的自适应内容的设计实现。

5.4.3.2　智慧档案信息服务平台前端框架的安装与设置

在智慧档案信息服务平台的项目中，通过 NuGet 进行查找，NuGet 是一个 Visual Studio 的扩展，在使用 Visual Studio 开发基于 .NET Framework 的应用时，NuGet 能够令在项目中添加、移除和更新引用的工作变得更加快捷方便[1]。在 NuGet 程序包管理器输入 Bootstrap 后就会出现相应的包，智慧档案信息服务平台引用的 Bootstrap 包含了 CSS 样式文件、font 文件与 JS 脚本文件，这些文件是使用 Bootstrap 前端框架的核心[2]。

---

[1]　兰萍. 基于.NET 技术动态导航菜单的设计与实现 [J]. 计算机时代，2015 (2)：42-44.
[2]　HASSAN A, ABBASI A, ZENG D. Twitter sentiment analysis: A bootstrap ensemble framework [C] //2013 International Conference on Social Computing, Alexandria, VA, USA. IEEE, 2013, 10 (1): 357-364.

智慧档案信息服务平台前端框架 Bootstrap 架构如图 5-8 所示。

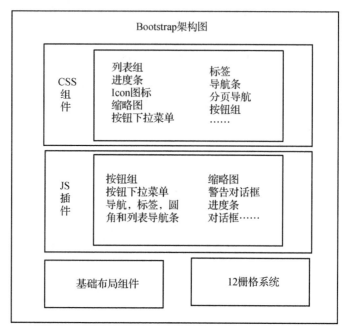

图 5-8　智慧档案信息服务平台前端框架 Bootstrap 架构图

在 Bootstrap 前端框架核心文件安装完成之后，需要将相应的文件引入平台的页面文件中，为了防止平台多次引用相同的文件，可以采用统一的共享文件进行 CSS 样式与 JS 文件的引入。

5.4.3.3　智慧档案信息服务平台前端导航的设计与实现

在完成智慧档案信息服务平台前端框架的基础设置后，需要考虑平台的整体可用性，即平台的导航。采用 Bootstrap 前端框架最大的优势是设备的自适应性强，在不同分辨率的设备上使用智慧档案信息服务平台，它所呈现的整体导航效果应该是不同的。在普通计算机浏览器上可以横向显示所有的导航菜单信息，在移动手持设备上可以竖向显示导航菜单。为了达到最佳的显示效果，可以采用三明治菜单，在正常的分辨率下该按钮菜单不会显示，只有在移动设备上才可以显示该按钮，点击按钮才可以显示下一级菜单，这样可以最大限度地去适应不同分辨率的浏览器。

通过对比图 5-9 与图 5-10 平台前端页面导航示例图，在移动平台显示上缺少了 Banner。这主要是因为考虑移动客户端显示的用户体验，减少了移动客户端平台需要加载的内容,加快前端页面的显示。

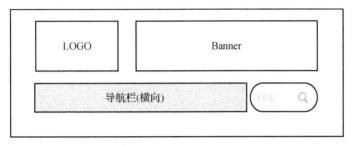

图 5-9　智慧档案信息服务平台前端页面在普通计算机上的导航示例图

图 5-10　移动客户端平台前端页面导航示例图

5.4.3.4　智慧档案信息服务平台前端内容的展示与实现

智慧档案信息服务平台的内容展示采用 Bootstrap 的栅格系统,Bootstrap 内置了一套响应式、移动设备优先的流式栅格系统,在移动设备上使用系统可以自动展示 1 列信息。随着可视化设备尺寸的增加,系统会自动分为最多12列，保持数据满屏展示过程中样式能够保持一致[①]。Bootstrap针对不同尺寸的屏幕（包括手机、平板、PC等）设置了不同的样式类，这样在平台实现时可以有更多的选择。Bootstrap框架的网格系统有四种基本的用法。

（1）列组合。列组合简单理解就是更改数字来合并列，档案信息资源管理平台的首页就是采用该方式进行前端展示的。该实现列组合方式非常简单，只涉及两个CSS两个特性：浮动与宽度百分比。在普通电脑的浏览器上会显示3个列，到移动手机客户端只有1个列会被显示，所有的列会按照从左到右的顺序依次往下排列。

（2）列偏移。如果不希望相邻的两个列紧靠在一起，但又不想使用margin或者其他的技术手段来。这个时候就可以使用列偏移（offset）功能来实现。档案信息资源管理平台的列表页就是采用该方式实现的，使用列偏移也非常简单，只需要在列元素上添加类名"col-md-offset-＊"，那么具有这个类名的列就会向右偏移。

（3）列排序。该用法实质上就是改变左右浮动，并且设置浮动的距离。在Bootstrap框架的网格系统中通过添加类名"col-md-push-＊"和"col-md-pull-＊"来实现。

（4）列的嵌套。Bootstrap框架可以在一个列中添加一个或者多个行（row）容器，然后在这个行容器中插入列。

总之，通过对目前已有的前端框架进行对比，采用传统的方式开发智慧档案信息服务平台，需要开发Web平台、Android客户端以及iOS客户端，这样的开发需要多套平台前端的设计，实现时还需要多种后台技术支持，并且很难统一不同平台的前端显示。因此，提出采用Bootstrap框架设计智慧档案信息服务平台，并结合档案信息资源共享平台实现过程研究，可以在不同的移动设备上显示平台的内容，并做到自动适应主流移动设备（包括手机、平板、PC等）及主流的浏览器。从而克服采用传统的方式开发平台存在的各种弊端，最终实现构建跨平台的智慧档案信息服务平台前端框架，真正做到一套适用跨平台的设计，减轻平台实现所需的额

[①] 周颖，陈敏莲，胡外光，等．基于微信企业号的医院舆情监测响应系统设计及应用[J]．中国数字医学，2017，12（2）：56-58，11．

外工作量，为档案信息资源的大数据研究提供保障。但是，由于目前 Bootstrap 框架前端技术对低版本的 IE 兼容存在一些问题，需要引入额外的文件，这样会导致平台加载变慢，影响用户体验。期待在未来升级版本的 Bootstrap 框架库中加入这方面的技术支持，使智慧档案信息服务平台更符合大数据时代的要求，满足用户快速、便捷、全面、准确利用档案信息的需求[①]。

5.5 智慧档案信息服务平台的接口设计

在设计接口时，有很多因素要考虑，如接口的业务定位、接口的安全性、接口的可扩展性、接口的稳定性、接口的跨域性、接口的协议规则、接口的路径规则、接口单一原则、接口过滤和接口组合等诸多因素，在接口设计中，主要遵循如下规范要求。

（1）职责原则

在设计接口时，必须明确接口的职责，即接口类型、接口应解决什么业务问题等。

（2）单一性原则

在明确接口职责的条件下，尽量做到接口单一，即一个接口只做一件事，而非两件以上。

（3）协议规范

在设计接口时，应明确接口协议，是采用 HTTP、HTTPS 还是 FTP，要根据具体情况来定。① 文件传输协议（File Transfer Protocol，FTP），是一套标准的文件传输协议，用于传输如 .txt、.csv 等文件，文件传输一般采用 FTP。② 超文本传输协议（Hypertext Transfer Protocol，HTTP），一般适用于对安全性要求比较低或没要求的业务情景。③ 超文本传输安全协议（Hypertext Transfer Protocol Secure，HTTPS），HTTPS＝HTTP＋SSL，适用于对安全性要求较高的业务情景。

---

① 卞咸杰. 大数据时代档案信息资源共享平台前端框架的构建［J］. 档案与建设，2017（10）：11-15.

(4) 路径规则

由于应用程序编辑接口（Application Programming Interface, API）获取的是一种资源，所以网址尽量为名词，而非动词。

/api/v1.0/Archive/2021

/api/v1.0/Users/2021

(5) HTTP 请求方式

接口基本访问协议：get（获取）、post（新增）、put（修改）和 delete（删除）。

get　　　　/users：列出所有用户

get　　　　/users/id：根据 id 获取用户

post　　　 /user：新增用户

put　　　　/user/id：根据用户 id 更新用户

delete　　 /user/id：根据用户 id 删除用户

(6) 域名

一般地，域名分为主域名和专有域名，主域名适合 API 长期不变或变化较少的业务，专有域名是解决具体的专有业务的。

(7) 跨域考虑

在明确域名的情况下，一定要考虑接口是否跨域，以及跨域应采用的技术手段等。

(8) API 版本

对于接口的统一资源定位系统（Uniform Resource Locator，URL），应加版本号 http：//api.demo.com/v｛d｝/，如，其中 d 表示版本号，如 v1.0、v2.0。

例子：获取产品号为 2019，版本号为 v1.0 的版本号的产品信息

/api/v1.0/Products/2019

(9) 适度过滤信息

当记录数比较多时（如 SELECT * FROM TBName），应适当添加一些条件对数据进行过滤，如 top、分页、分组、排序和 where 条件等。

下面是一些常见的参数。

limit=100：返回 100 条数据

offset=101：从第 101 条数据开始返回

page=10：指第 10 页

per_page=100：每页 100 条数据

sortby=name：排序字段

order=desc：降序

group=groupName：分组

producy_type=1：筛选条件

(10) 返回数据格式

返回数据格式，一般包括三个字段：

① 失败情况（状态码、错误码和错误描述）

{

"status"：0，//状态码 0-表示失败，1-表示成功

"error_code"："2003"，//错误码，一般在设计时定义

"error_des"："身份验证失败"//错误描述，一般在设计时定义

}

② 成功情况（标识 id，数据对象，状态码）

{

    "sid"："sh20190111"，//token id

    "users"：{

        "id"："A001"，//用户 id

        "name"："YanCheng"，//用户名

        "addr"："用户地址"

    }，

    "status"：1//状态码 0-表示失败，1-表示成功

}

(11) 安全性原则

考虑接口暴露、接口并发量、接口防攻击、接口跨域等。

(12) 可扩展性原则

在设计接口时，充分考虑接口的可扩展性。

(13) 定义 API 界限

任何 API，从权限上，可归结为匿名 API 和非匿名 API，前者不需要验证，后者需要验证。

(14) 定义 API 返回码

在 API 设计时，要定好 API 返回码，如

1——授权过期

404——未找到资源

500——内部服务器错误

600——账号被锁

5.6　智慧档案信息服务平台的数据库设计

　　智慧档案信息服务平台在数据库设计上，采用关系型数据库与非关系型数据库结合的形式。对于档案目录、档案信息摘要、用户关系权限等信息主要采用关系型数据库；对于内容数据集（档案全文数据库）、多媒体档案数据库、电子文件数据库，由于其存在形式主要为图片以及多媒体形式，这部分数据采用非关系型数据库。对于关系型数据库的设计，将抽取出来模型与关系，制定出表结构。在设计过程中有很多设计数据库的软件可供选择，常用的如 Power Designer 等，该软件可以直观地看到实体及实体间的关系设计数据库。

　　智慧档案信息服务平台存储的基础数据可以采用表结构进行存储，由二维表及其之间的联系所组成的档案信息资源数据组织，数据存储采用表结构，格式一致，易于维护。在关系型数据库选择上可以采用 Oracle、SQL Server。作为智慧档案信息服务平台的数据库基础，数据库产品的选择需要考虑系统未来扩展以及数据库产品自身的性价比[①]，在数据库的选择上遵循如下要求：

　　（1）高安全性能。档案信息资源数据不同于普通平台的数据，其数据本身带有密级属性，这就需要数据库的安全有保障。提供数据库不同安全等级的相关设置，能够控制用户对表、视图、函数以及存储过程相关操作的权限；通过网络访问控制拒绝非法数据访问与数据操作请求；数据库自动备份和数据恢复能力要做到很好的支持；数据库操作过程支持事务处理，以确保数据的完成性；数据库应具有较强的安全控制机制。

---

① 何灿. 分布式数字化档案馆的研究与实现［D］. 北京：北京交通大学，2006.

（2）良好的开放性。智慧档案信息服务平台需要满足不同的前端调用，在进行数据操作过程中需要利用各种接口去访问数据库系统。这就要求可以通过标准接口与其他应用软件相连，数据库系统能够运行于多种操作系统平台，数据库平台自身在升级的过程中具有很好的向后兼容性，同时能够提供可视化的工具以满足数据库自身的数据管理。

（3）大数据处理能力。随着平台用户操作的档案数据的不断增加，需要充分考虑随着用户访问数据与档案信息资源数据的快速增加，档案自身所需存储的信息变化（如采用多媒体形式高保真存储），能够高效地管理所存储的档案信息资源数据，在高并发数据处理过程中保证系统有较好的性能，具有良好的多用户并发控制机制，保证数据操作的一致性。

综合以上要求，智慧档案信息服务平台的数据库应具有安全性、开放性和高性能特点。在具体选择时，要立足实际，考虑到实用性与后期维护成本，可以优先考虑 SQL Server，因为该产品使用范围广，市场支持程度较高，在兼容性和售后服务方面比较优秀，在实施成本上有绝对的优势。

5.6.1 档案目录数据库建设

档案目录数据库的建设是平台实现的基础，后期的档案信息数据检索依赖于该数据库，它为高效搜索档案信息数据提供了索引支持，智慧档案信息服务平台的建设需要优先考虑该模块的建设内容。由于平台需要支持不同类型的档案管理部门，不同的档案管理部门自身已形成了独立的档案管理流程，并且已拥有各自的相对成熟的编目体系等。因此，如果要实现平台后期无缝对接现有平台的目录功能，要对现有系统兼容，那么未来的标准化必定会存在一定的困难。要有针对性地对现有的主力档案服务平台进行了解和分析，然后再根据实际工作需要制定能够兼容现有平台的建库方案。

5.6.1.1 整合现有主流档案服务平台目录信息资源

由于不同档案管理部门的档案服务平台信息化程序千差万别，采用的档案管理平台后台数据库系统也是根据自己的原始特点进行选择，档案信息数据项在字段名称与数据类型的选择上存在较大的差异。上线智慧档案信息服务平台后需要实现对现有档案目录的统一管理，需要采用统一的数据平台。这就需要提供一套智能目录映射工具，在不影响现有平台用户的认知习惯的前提下无缝切换到新的平台，这样可以提升平台切换的效率。

5.6.1.2 利用现有档案管理部门数据加快建库速度

在建库过程中应充分利用现有的档案管理平台的数据库资源，通过智能化的转换工具，充分利用自然语言识别工具，将现有平台的目录结构转化为新平台的档案目录信息。借助于智能语义转换程序不仅可以加快建库速度，而且质量高，可以避免人工操作带来的错误。

5.6.1.3 依靠人工抽查的方式完成档案目录数据库的核查

前期通过计算机人工智能技术转换建立的目录数据库，大部分已能满足建库数据库要求，但不能确保数据绝对正确，这就需要结合人工抽查的方式来完善档案目录数据库的建设。

对不符合录入条件的档案信息进行清理。由于存储技术的限制，过去的数据存储相对不规范，源头数据因此存在一定的异常，在采用人工智能处理后其信息也会失真，这就需要采用人工的方式进行数据清理或者规范。作为档案信息源头的档案目录，是未来档案检索性能提升的关键，同时影响着档案信息资源数据的操作性能，具有双面性，在提升档案信息检索性能的同时制约档案信息资源的操作性能。为了保证平台目录数据库的质量，应根据不同部门的档案信息资源的利用需求，确定相应的平台目录数据库构建规则，对目录智能转换的标准进行设计，包括必填项、可选项的数据格式的约定、档案的录入规范等，使目录数据库在自动创建过程中有确定的建立规则。在目录数据库建库过程中，自动管理程序设计与人工抽查质量的前期工作尤为重要，应注重自动转换程序的质量控制，在抽查过程中发现问题，需要对问题进行分析并调整自动转换程序算法，使自动数据转换的准确性提高。

档案目录数据库是平台档案信息资源建设的数据基础，它包含了目录的父子关系，能够体现档案信息的分类与层级关系。在设计过程中，采用符合数据库表三范式的要求进行构建，并采用索引技术，提升对于目录检索的访问效率，形成完整的档案信息资源数据目录数据体系。智慧档案目录数据库建立的方式主要有两种基本途径：一是通过传统的档案软件，分析原系统与目标系统数据结构的差异，采用自动数据迁移的方式完成档案信息的迁移；二是通过档案信息平台的自动化采集模块，包括自动识别技术，智能化处理建设档案信息目录数据库，经过必要的人工审核即可完成。

5.6.2 元数据库建设

元数据是用来描述数据的数据，用来表述档案文件的背景、内容、结构及其整个管理过程，如描述具体的档案信息资源对象，包含数据库名、数据库字符集、表名、表的大小、表的记录行数、表的字符集、表的字段、表的索引、表的描述、字段的类型、字段的精度、字段的描述等，支持档案信息资源对象进行存储位置指示、历史数据记录、数据检索和文件记录。元数据通过对档案信息资源对象进行结构化的描述，实现档案信息资源的一体化组织和对使用档案资源的精确管理，进而实现高级数据检索的目的。元数据不仅对信息对象进行描述，还能够描述资源的使用环境、管理、加工、保存和使用等方面的情况，在对海量信息进行组织、检索和发现方面，元数据起着十分重要的作用[1]。

智慧档案信息服务平台元数据由以下几部分组成：一是档案自身内容元数据，这种元数据主要是将组成各类档案的信息内容及其结构进行标记，包括题名、日期、文号、部门、档号、件号、保管期限、移交人员、接收人员、归档日期、存储位置等元数据；二是档案资源集合元数据，这种元数据是对档案或组成档案信息资源集合及其管理组织和知识组织体系进行描述，包括档案信息、内容描述、形式特征、数字化属性、电子签名元数据等；三是档案管理与服务机制元数据，这种元数据是对档案信息资源使用与管理中的资源评价、使用控制、权限管理、长期存取等方面的政策和控制机制进行描述；四是档案信息管理过程与系统元数据，这种元数据是对档案信息服务过程和档案信息系统的运行模式、工作流程、模块调用、系统控制等进行描述[2]。

通过元数据数据库可以将档案信息数据资产进行层级整理、分类，并可以通过近义词分析工具将彼此有影响的档案信息元数据关联起来，利用

---

[1] 刘必全. 数字档案元数据研究 [J]. 兰台世界，2007 (6)：16-18.
[2] 李爱华. 档案元数据研究综述 [J]. 河南广播电视大学学报，2014，27 (1)：107-109.

成熟的图表技术（如 eCharts，一款基于 JavaScript 的数据可视化图表库）来展示。档案平台用户通过图表直观地查看元数据的整体情况，对单个元数据进行逐层深入分解分析，可以查看某一档案信息元数据的影响分析图表。档案管理员通过组合筛选条件，可以快速定位档案元数据，并能直观地看到该数据的层级关系。通过元数据数据库可以对任意两个版本的档案信息元数据进行版本对比，并可查看不同版本之间的差异、档案信息属性变动等，档案信息元数据通过元数据管理工具修改完成后可以导出为 XML 版本信息，这部分信息运用版本管理工具进行管理，用户若想要恢复原来某个版本的元数据，可以通过版本管理快速还原 XML 版本信息并通过元数据管理工具导入元数据数据库。

档案信息原始数据的保存是档案信息平台可靠和可用的一项重要措施，这部分数据是关联档案最终文件最重要的中间载体，需要采用非结构化的方式进行存储与访问以提升数据处理效率。在建设过程中数据采集规范要求明确，确保平台上线后档案信息数据符合平台规范。档案信息元数据主要通过对档案信息数据的背景、结构和管理过程信息进行自动生成和关键信息人工维护而形成。

5.6.3　档案全文数据库建设

全文数据库资源是智慧档案信息服务平台数据库建设的核心[①]，并能够直接提供全文检索，在建设中应始终坚持低成本、高效率的原则。它在很大程度上决定了数据库能否满足终端档案管理用户的需要，用户对数据库的使用是否满意取决于全文数据库建设的数据质量、准确性及完整性。其中，档案信息的检索功能是最为重要的功能，平台需要将该功能放在最重要的位置以满足多元化检索方式，对于检索结果的呈现方式也需要采用人性化的设计。档案全文信息不同于普通数据，需要支持数据访问的权限控制，一方面让合法授权用户能够成功取用到所需的信息，另一方面控制非法用户获取全文数据库的能力。

档案信息资源的保密属性要求做好档案数据的安全控制，控制不好会

---

① 刘秋华．试论信息化下高校档案目录数据库的建设与共享［J］．湖北档案，2010（1）：28-30．

直接影响档案数据保密管理工作。档案全文数据库是存储、组织管理数字化档案信息的数据库系统,档案全文数据库所管理的对象不仅包括传统档案文件的数字化数据,而且包括以数字化形式直接生成的文件加上电子数字签名。对于档案全文数据库一般采用如下方式进行构建:首先对加载到全文数据库中的数据进行录入、采集、整理等处理,这个过程中可以借助智能辅助技术加快档案全文数据的采集进度,针对需要文字化处理的档案全文可以采用OCR技术,形成文本信息。其次需要将采集后形成的档案数字化成果转换成规范的格式,进行规范化命名,再进行统一标准的著录与标引,这样便于档案全文数据在后期应用过程中准确定位,实现全文检索系统提供的功能对档案数据库进行检索。最后在档案全文数据库建成后,需经常对数据库的内容进行维护,以保证档案数据库的时效性。

档案信息的内容是档案信息平台的主体,它是通过关系型数据库、文件服务器、非关系型数据库等技术方法将档案内容信息按照一定的规则组织形成档案信息全文电子数据库中心。内容信息不同于传统的结构化数据,其自身包含图片、视频等大文件,随着信息技术,特别是检索技术的发展,如何更快地定位到相关数据是该数据库建设的关键。对于由电子文件归档形成的档案信息数据,其内容数据需要建立元数据标签并与想要的元数据做映射以便于后期数据维护,做到双向验证,避免数据被非法修改。

5.6.4 多媒体档案数据库建设

随着互联网技术与存储技术的发展为档案信息资源多媒体化提供了条件,档案信息资源多媒体化后平台用户体验得到提升,档案信息资源的利用更加全面。在当代科学技术不断进步的背景下,多媒体在档案信息化方面发挥了重要作用,并潜移默化地改变着用户档案信息资源利用的习惯。在多媒体档案数据库引入档案信息服务平台后,因其单个文件存储信息量大且内容提取复杂,传统数据库技术无法满足大数据文件资源管理的需求,因此需要研究和建立能处理非结构化数据的档案多媒体数据库。

档案数据库模型的建立是多媒体档案数据库实现的关键。多媒体档案数据库作为一个独立的非结构化数据而存在,可以抽取出其中的关键信息作为数据关键字信息,在利用多媒体档案数据库时可采用关键字引导的方式自动定位到具体的多媒体档案资源。采用非结构化的存储方式可以使用硬盘或者随机存储器作为载体,这种方式读取信息的速度快,同时存储格式相对灵活,数据库部署简单。相关的数据库软件采用成熟的开源软件即可满足要求,极大降低了数据库实施成本。

多媒体档案数据库主要的对象是海量多媒体档案存储数据,因此,多媒体档案数据库的压缩是需要重点考虑的[①],如果不采用压缩技术会占用极大的存储空间。无损压缩后可以大大降低数据占用的空间量,当再次使用数据时对数据进行复原。这样,通过互联网读取数据档案信息资源也大大降低带宽资源的需求。数据存储通常采用磁带机、硬盘等存储器。

对于多媒体档案数据库,由于其自身的存取方式与普通的档案信息数据存在差别,其存在形式主要为图片、视频等大文件,这就需要其在进入平台前进行相应的格式转换,以满足平台对数据质量的要求以及网络通信对于多媒体数据质量的要求。数字档案资源应遵循《中国档案机读目录格式》(GB/T 20163—2006)、《档号编制规则》(DA/T 13—2022)标准规范要求。

5.7 智慧档案信息服务平台的性能优化

档案信息是一种重要的信息资源,其有效开发和合理利用不仅是社会技术进步的需要,而且关系到档案信息创新成果能否被充分运用到社会生产和各项活动中。智慧档案信息服务平台的构建便于档案机构向外部提供公开的各种档案信息资源[②],而大数据具有大量、高速、多样等特征,它正在以一种独特的方式和手段对海量数据集进行深入挖掘和分析[③],将互联网技术与档案信息进行创新融合将成为未来发展的必然趋势。当前互联网技术,尤其是移动互联网技术的发展,为智慧档案信息服务平台的实现提供了新的方向,其中将传统的Web平台上的资源共享与移动平台的性能

---

① 万莹. 关于多媒体数据库实现技术的探讨 [J]. 电子技术与软件工程,2015 (15):200.
② 黄小忠. 建设区域性高校档案信息资源共享平台的机制和途径研究 [J]. 山西档案,2015 (4):77-80.
③ 迈尔-舍恩伯格,库克耶合. 大数据时代:生活、工作与思维的大变革 [M]. 盛杨燕,周涛,译. 杭州:浙江人民出版社,2013.

瓶颈成为打通平台互联互通的难点。在大数据时代，针对智慧档案信息服务平台，从实际使用平台用户的体验方面入手，在数据传输、后台数据处理方式和应用服务架构等三个方面对智慧档案信息服务平台进行优化，为智慧档案信息服务平台的性能优化提供了综合的解决方案参考[①]。

5.7.1 大数据时代智慧档案信息服务平台的性能需求

大数据时代来临之前，档案信息一般采用档案网站进行发布，用户群体也仅限于普通的计算机用户，这种方式导致档案信息资源匮乏、服务方式单一、资源利用效率不高等问题[②]。大数据时代背景下，随着移动互联网技术的发展，用户除了可以通过电脑进行档案信息的检索利用外，还能够随时随地通过移动设备接入智慧档案信息服务平台进行检索利用。这就对智慧档案信息服务平台提出了性能需求。在现有的网络条件与设备配置条件下，能够运用移动设备进行档案信息的检索、上传、下载及评论等相关操作，在实际的操作过程中由于各种限制，应用会出现卡顿现象，这就对智慧档案信息服务平台在性能方面提出更高的需求。

5.7.1.1 平台能够适应现有的网络环境

智慧档案信息服务平台在大数据时代应用的最大的特点是支持移动客户端，移动设备可以支持的网络已发展到今天的 3G、4G 乃至 5G。但是，一方面，仍存在大量的只支持 2G 的移动设备，这就限制了使用移动客户端进行检索利用的效果，主要表现为数据传输速度慢；另一方面，虽然 4G 网络的速度可以满足要求，但是使用现有的平台进行检索利用需要耗费大量的流量，会给用户转向采用移动互联网进行学术研究的习惯转变带来障碍。由于以上用户实际体验及网络环境实际的限制，就需要对智慧档案信息服务平台做出实质性的优化，优化目标是优化数据网络传输及提升后端处理的效率。

5.7.1.2 平台的数据处理响应有效控制

智慧档案信息服务平台是面向终端用户的应用，平台上线应用后随着

---

① 卞咸杰. 基于 WCF 技术的档案信息共享平台数据传输模型设计与实现［J］. 档案管理，2016（2）：25－28.
② 王运彬，王小云，陈燕. 档案信息资源配置的目标定位研究［J］. 档案学研究，2012（6）：36－38.

用户量的增长，档案信息的利用量也会快速增长。用户在智慧档案信息服务平台中使用最多的是档案信息的检索与档案信息的处理，在实际的档案信息处理中需要一体化、便捷化、知识化的数字化融合服务[①]，这就要求平台的检索效率有较大提升。现实情况是对于数据量非常大的表，其检索效率随着数量的增长会变得越来越低，同时平台对档案信息的如上传、审核、编辑数字化的档案信息等操作比较频繁，在实际的档案信息处理过程中会出现数据丢失的情况，因此平台在数据处理响应方面要求系统具有满足高效检索、实时处理信息的能力。

5.7.1.3 平台的并发服务处理能力增强

随着移动互联网技术的发展，大数据智慧档案信息服务平台会出现众多终端用户同时对平台进行操作，这就会产生很多的并发数据请求，遇到该情况时系统的服务会出现死锁现象，并影响后继用户正常使用系统。智慧档案信息服务平台在优化后需要做到有效提升用户体验，做到用户同时使用平台不会出现请求得不到有效处理的情况，从而改变用户使用该平台进行检索利用的方式，实现随时随地采用移动客户端进行档案信息的实时交互。

5.7.2 数据网络传输层面优化

数据网络传输层面的优化目标主要是最大限度减少档案信息数据中间传输过程中的数据量，另外对于智慧档案信息服务平台，将超长信息上传与浏览操作产生的传输数据量压缩至最低，并使系统能够适应用户实际的网络环境。

5.7.2.1 采用JSON提升数据传输效率

对于智慧档案信息服务平台首先要解决的是传输效率问题，使用户在操作的过程中能够正常使用系统，从系统开发与实践的角度看，主要是减少平台在数据交互中传输的数据量。智慧档案信息服务平台在数据传输前会将需要传输的数据转换成JS对象简谱（JavaScript Object Notation，

---

① 王萍，王毅，赵红颖. 图书档案数字化融合服务评价模型研究 [J]. 图书情报工作，2013，57（12）：34－40.

JSON),它是一种轻量级独立于编程语言的文本型数据传输格式[①]。相对于传统的 XML 格式数据传输,JSON 数据格式比较简单,易于读写,格式都是压缩的,占用带宽小[②]。实际的平台会将需要传输的原始信息转换为 JSON 格式,到达目标后将 JSON 数据再次转换成需要操作的数据类型。JSON 数据传输具体流程如图 5-11 所示。

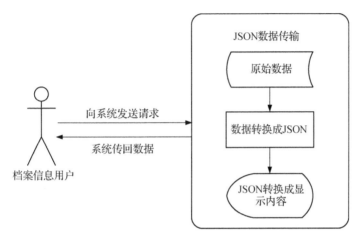

图 5-11 JSON 数据传输流程

通过 JSON 方式进行数据压缩后,由于传输的档案信息数据量减少,系统的传输效率得到提升,大大加快了用户在实际的档案信息检索过程中档案信息数据中间传输的时间,从而使用户的系统使用体验得到有效改善。

5.7.2.2 采用 GZIP 进行传输数据压缩

智慧档案信息服务平台上传与下载的档案信息量,在传输过程中需要占用大量的网络资源,因此在实际的浏览与上传档案信息过程中会出现卡顿现象。针对大信息容量的数据传输,可以采用 GZIP 的方式进行优化,该方式最早由让-卢·加伊(Jean-loup Gailly)和马克·艾德勒(Mark

---

① 孙光明,王硕. 基于 JSON 的 Ajax 数据通信快速算法 [J]. 计算机应用与软件,2015,32(1):263-266.
② 卞咸杰. 基于 WCF 技术的档案信息共享平台数据传输模型设计与实现 [J]. 档案管理,2016(2):25-28.

Adler)创建,一般对纯文本内容可压缩到原大小的40%[1],这样文件的体积就缩减很多,使传输速度相应提高。采用 GZIP 虽然可以取得较好的压缩比,但它在分析和压缩编码的过程需要进行大量的计算[2]。智慧档案信息服务平台采用.NET 提供的 GZipStream 类进行压缩与解压处理,此类在.NET Framework 2.0 版中是新增的,提供用于压缩和解压缩流的方法和属性,用户完成档案信息资源的上传下载、压缩解压过程,如图 5-12 所示。

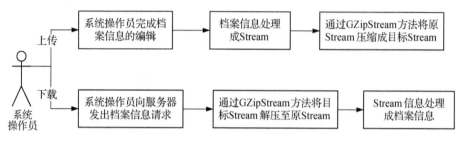

图 5-12 档案信息资源上传下载、压缩解压过程

采用 GZIP 可以大大节省服务器的网络带宽,内容压缩后可以大大地提升用户使用平台的体验。

5.7.2.3 采用 CDN 解决相关传输问题

我国目前智慧档案信息服务平台用户使用的网络环境包括电信、移动、联通等网络,如果智慧档案信息服务平台仅部署在某个网络环境下,其他网络环境的用户使用平台由于跨运营商的原因访问速度就会比较慢,这样很容易造成不同网络环境的用户使用系统的体验不同,从而导致部分非平台部署网络环境用户的流失。另外当系统在某个瞬间有大量用户同时使用系统时,仅靠一台服务器来提供服务也会出现传输性能问题。针对以上性能问题,可以采用 CDN 技术来解决相关传输问题,CDN 的全称是 Content Delivery Network,即内容分发网络[3],它是一种基于 Web 的网络体系结构,能够更加快速、有效地传送 Web 内容。其基本思路是尽可能避

---

① WEI Q T,GUAN J H,ZHOU S,et al. A new and effective approach to GML documents compression [J]. The Computer Journal,2014,57 (11):1727-1740.
② 宋刚,蒋孟奇,张云泉,等. 基于共享存储和 Gzip 的并行压缩算法研究 [J]. 计算机工程与设计,2009,30 (4):781-784.
③ PALLIS G,VAKALI A. Insight and perspectives for content delivery networks [J]. Communications of the ACM,2006,49 (1):101-106.

开互联网上有可能影响数据传输速度和稳定性的瓶颈和环节,使内容传输得更快、更稳定[①]。采用 CDN 技术的智慧档案信息服务平台数据访问与传输过程如图 5-13 所示。

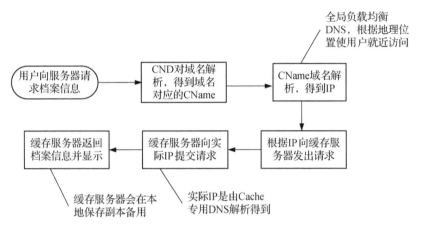

图 5-13　采用 CDN 技术的智慧档案信息服务平台数据访问与传输过程

通过以上方式对数据传输方面进行优化,数据中间传输过程可以有效减少传输的信息量,有效减少无效的数据传输,同时在网络层面减轻带宽压力。

5.7.3　数据库层面优化

数据库层面优化主要是指处理智慧档案信息服务平台数据操作指令到达数据库服务器后进行的优化,其主要目的是让数据层面的检索与操作均在数据库上进行处理,仅传入数据处理需要的信息,在处理后也仅输出用户需要的数据信息,包括采用存储过程、检索服务加索引。大表数据采用分离加分区的处理方式。

5.7.3.1　采用存储过程技术减少网络流量

在智慧档案信息服务平台用户实际的系统使用过程中,最频繁的动作是数据操作。在实际的网络中进行数据交互时如果采用大量的结构化查询语言(Structured Query Language,SQL),主要存在 2 个问题:一是随着

---

① ALZOUBI H A, LEE S, RABINOVICH M, et al. A practical architecture for an anycast CDN [J]. ACM Transactions on the Web, 2011, 5 (4): 2209-2220.

用户量的增长,数据的频繁操作会使数据库的执行效率变差;二是复杂的SQL的传输会使网络的通信量增加,使通信速率降低。

为了避免以上的性能瓶颈,智慧档案信息服务平台在实际的数据操作过程中采用存储过程技术,在使用存储过程时只需要提供存储过程名和必要的参数信息,这样在一定程度上减少网络流量、减轻网络负担。由于存储过程在创建时即在数据库服务器上进行了编译并存储在数据库中,所以智慧档案信息服务平台的数据处理采用存储过程技术运行要比单个的 SQL语句块要快。

5.7.3.2 采用索引技术提升数据检索效率

快速检索档案信息是平台用户最基本的需求。平台上线之初,由于用户数据量有限,档案信息检索效率较高;随着用户数据量的增长,用户需求的档案信息也会出现爆炸式增长,信息检索的效率会随着数据量的增长而降低。针对检索效率性能瓶颈,智慧档案信息服务平台采用了索引技术来提升数据检索效率。索引分为聚簇索引和非聚簇索引两种。聚簇索引按照数据存放的物理位置为顺序,而非聚簇索引与之不同;聚簇索引能提高多行检索的速度,而非聚簇索引对于单行的检索很快,根据数据库的功能有唯一索引、主键索引和聚集索引。智慧档案信息服务平台在实际的应用中将表的主键作为唯一索引,对于索引列是选择数据类型较小且常作为检索条件的字段作为索引字段。

5.7.3.3 采用分区表技术提高访问速度

智慧档案信息服务平台存储档案信息的表随着用户新增信息的增加会变得十分庞大,此时需要将大型表拆分为多个较小的表。表数据会按指定的规则分放到不同的文件里,把一个大的数据文件拆分为多个小文件,还可以把这些小文件放在不同的磁盘下,由多个中央处理器(Central Processing Unit,CPU)进行处理。通过使用数据分区技术可以大大提高访问速度,分区可以显著提高访问大表时的性能,并且分区的存在对应用系统是透明的[1]。对于智慧档案信息服务平台大数据量的数据表进行分区后,

---

[1] 唐世伟,许璟龙,刘万伟,等. 基于分区表的 RAC 优化技术应用[J]. 计算机系统应用,2012,21(3):190-192.

除了可以提高查询效率，还可以对历史数据进行区分存档。

5.7.4 平台服务架构层面优化

平台服务架构层面优化主要解决多用户及并发用户使用平台时调用服务的瓶颈问题。智慧档案信息服务平台终端用户使用客户端进行数据操作都离不开对服务的调用，以使用户的体验达到最佳，即用户使用系统过程中能够使用最快的方式完成一次服务调用。这部分优化的具体思路为采用Windows通信开发平台（Windows Communication Foundation，WCF）架构，并对WCF进行优化，同时对于档案信息的存储与转发采用微软消息队列（MicroSoft Message Queue，MSMQ）技术，数据库服务与应用服务采用独立布置的方式。

5.7.4.1 采用数据库连接池规避平台崩溃

智慧档案信息服务平台的终端用户包括传统的个人计算机、平板及移动终端，从系统开发与实现角度，这部分的优化需要将数据操作部分进行集中管理，所有平台涉及的基础操作均采取调用一个集中服务集群，可以采用WCF技术作为系统的整体架构。WCF是由微软开发的一系列支持数据通信的应用程序框架，在具体使用过程中，WCF自身最频繁的操作是据库的访问与操作，传统的WCF的数据处理方式是调用数据库操作类，每次调用服务需要进行一次数据库连接操作。数据库连接操作比较耗费网络，采用该方式影响了整个应用程序的伸缩性和健壮性，当同时有大量用户使用平台并进行数据库操作时，就会出现平台卡死直至退出的现象，因此需要对该模块进行优化。现有数据库连接池的参数配置都是在初始化时一次设定，连接池在运行过程中的值不会改变[①]。本系统采用的方式为将数据库连接部分用连接池技术解决，数据库连接池负责分配、管理和释放数据库连接，它允许应用程序重复使用一个现有的数据库连接，而不是再重新建立一个。连接池初始化后，智慧档案信息服务平台终端用户在实际调用WCF进行数据操作时，并非建立一个新的连接，而是从连接池中取出一个已建立的空闲连接对象，使用完毕后，用户也并非将连接关闭，而

---

① 孟培超，胡圣波，舒恒，等. 基于ADO数据库连接池优化策略[J]. 计算机工程与设计，2013，34（5）：1706-1710，1715.

是将连接放回连接池中,以供下一个请求访问使用。采用该技术后,平台在涉及数据库操作部分不会因为数据连接资源紧张而导致平台崩溃的情况出现。

5.7.4.2 采用 MSMQ 减少用户等待时间

随着智慧档案信息服务平台用户数量的增长,其并发请求会越来越多。如果采用传统的同步技术,同一操作的下一个请求的开始需要等待上一个请求的结束。现有的平台用户真实的需求是对系统性能的体验,同步方式需要长时间的等待,从而影响了系统的用户体验过程。智慧档案信息服务平台采用的 MSMQ 技术是一种利用队列机制实现部件间或者是应用程序间通信的技术,其工作原理如图 5-14 所示。

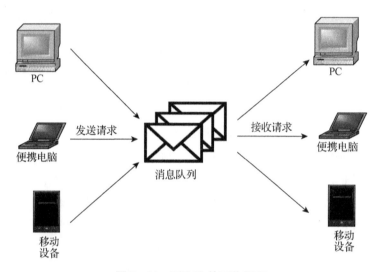

图 5-14 MSMQ 的工作原理

由图 5-14 可以看出,消息的发送者把自己想要发送的信息放入一个容器,然后把它保存到一个系统公用空间的消息队列中。采用消息队列机制,发送方不必要担心接收方是否启动,是否发生故障等因素,只要消息成功发送出去,就可以认为处理完成,本地或异地的消息接收程序再从该队列中取出发给它的消息进行处理。采用该技术可以大大减少用户的等待时间,由于采用了异步通信,无论是发送方还是接收方都不用等待对方返回成功消息,就可以执行余下的代码,大大提高了处理的能力;该技术在信息传递过程中还具有故障恢复能力。MSMQ 的消息传递机制使得通信的双方具有不同的物理平台成为可能。

5.7.4.3 采用服务集群提升平台的整体服务能力

随着移动互联网应用的广泛普及以及智慧档案信息服务平台用户数量的增长,平台完成应用程序自身与数据库方面的优化后,需要从硬件部署方面来提升智慧档案信息服务平台的性能。该部分的优化思路为采用 WCF 服务集群来提升平台的整体服务能力,同时在数据处理上采用主备数据库的架构来完善数据库服务能力以及确保数据库服务的稳定性。智慧档案信息服务平台服务器具体的部署方式如图 5-15 所示。

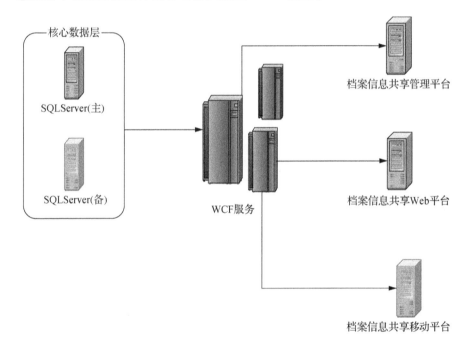

图 5-15 智慧档案信息服务平台服务器部署方式

如图 5-15 所示,在软件优化完成后,通过增加硬件资源的方式来优化平台是最有效的性能优化方式之一,该方式可以有效提升服务的分布式处理与并发处理能力。

综上,对智慧档案信息服务平台架构层面的优化包括如下方面:采用

WCF技术集中处理数据①,在服务器层面优化了服务的处理效率;在数据传输过程中,采用JSON方式进行数据传输,对于文件资料的传输经过GZIP压缩后进行传输方式,大大减少了传输过程中的信息量;所有的应用在实际的操作过程中均采用存储过程的方式,既减少了调用服务传输的信息量,又加快了数据处理的效率;在经常使用的平台档案信息检索方面,数据库层面关键字段加上了索引,从而大大提升了信息检索的效率。多层面、全方位的平台优化使系统满足了大数据时代的信息系统对性能的需求,在此基础上更是满足了终端用户对平台体验的需求,从而使平台能够真正满足用户对于智慧档案信息服务平台的性能需求,真正实现档案信息资源整合、信息发布、数据加工和提供档案信息的检索利用的一体化建设②。

---

① 卞咸杰. 基于WCF技术的跨平台档案信息资源共享平台建设的研究[J]. 档案管理,2016(4):37-41.
② 吴加琪. 构建区域档案信息资源共建共享平台的思考[J]. 北京档案,2014(8):24-27.

第 6 章
大数据时代智慧档案信息服务平台的数据运行

6.1 智慧档案信息服务平台数据处理流程

在数据信息高速扩张的时代，随着移动互联网的发展，云计算、物联网、人工智能技术的大规模运用，当前的档案信息资源的数据量正在呈指数型增长，大数据时代的到来为精准而又快速地利用档案信息资源提供了数据保障。同时，如何挖掘档案信息资源数据的价值正成为当前智慧档案信息服务平台研究的热点。档案信息资源数据不再是一种存于数据库中的静态数据信息，它已成为一种基础性的信息资源。目前，由于缺乏统一的规划和建设标准，前端使用的技术分辨率支持比较弱，导致各平台浏览器兼容性、设备兼容性和系统兼容性都比较差[1]，因此，为用户精准而又快速地提供档案信息是档案信息共享平台数据处理流程中最为关键的部分。在现有技术条件下，拟采用基于 Hadoop 技术的数据处理，最大限度地挖掘出智慧档案信息服务平台中所蕴藏的巨大档案信息使用价值[2]。

6.1.1 平台数据处理流程总体架构设计

大数据时代，智慧档案信息服务平台数据处理流程总体架构设计是平台实现的基础，在具体实现之前需要对平台的功能、流程做详细的调研分析，在确定了平台的具体功能与流程之后，对平台的总体架构进行设计。

6.1.1.1 数据处理流程总体架构设计原则

大数据时代智慧档案信息服务平台数据处理流程构建设计中最重要的就是档案信息资源数据的收集、分析与应用，平台设计的目标是能够汇集异构的智慧档案信息服务平台的档案数据，形成可以开放的档案信息资源共享中心库，为档案工作人员及有档案信息资源应用需求的普通用户提供档案研究与档案信息资源利用服务。在平台的数据处理流程设计方面，需要遵循两条原则：

（1）档案信息资源数据是平台的核心资产，数据的采集与存储应予以

---

[1] 卞咸杰．大数据时代档案信息资源共享平台前端框架的构建［J］．档案与建设，2017（10）：11－15．
[2] 卞咸杰．档案信息资源共享平台数据处理流程研究［J］．档案管理，2018（6）：33－35．

充分重视。档案信息资源数据是平台最有价值的核心内容,需要将数据的采集与存储放在重要的位置。智慧档案信息服务平台在大数据时代的应用主要是精准提供有价值的档案信息资源服务,其核心在于对海量的档案信息资源进行收集、存储与分析。平台需要持续地从不同的环境中采集数据,让有价值的档案信息资源数据不断进入平台是为用户提供高质量的档案服务的关键。档案信息资源的不断增加,对档案信息数据存储提出更高要求。数据存储是平台对外提供服务的基础,必须利用优质的数据处理基础设施来确保平台对外高效稳定的服务。

(2) 平台需求面对不断变化的需求,应确保平台设计的可扩展性。平台所使用的技术在不断更新,同时用户的需求也在不断变化。如我国目前智慧档案信息服务平台用户使用的网络运营商包括电信、移动、联通等,如果智慧档案信息服务平台仅部署在某个网络下,由于跨运营商的原因,其他网络的用户访问平台的速度就会比较慢。采用内容分发网络(Content Dilivery Network,CDN)技术来解决相关传输问题[1],能够更加快速、有效地传送 Web 内容。其基本思路是尽可能避开互联网上有可能影响数据传输速度和稳定性的瓶颈和环节,使内容传输得更快、更稳定[2]。平台要能够满足用户不断变化的需求,智慧档案信息服务平台的服务受众群体包括档案工作者、档案工作决策者、有档案利用需求的普通用户。未来数据驱动的业务特性将使得围绕数据分析的需求不断增长,这就需要平台的前期设计能够满足按需扩展用户的需求,要求平台的大数据智能学习模块可以不断更新,拥有更多的能力来满足不断变化的需求。

6.1.1.2 智慧档案信息服务平台的大数据服务总体架构

根据平台数据处理流程总体架构设计原则,结合平台的功能要点,形成如图 6-1 所示的智慧档案信息服务平台的大数据服务总体架构。

---

[1] 卞咸杰. 大数据时代档案信息资源共享平台性能优化的研究 [J]. 档案管理,2016 (6):17-20.
[2] ALZOUBI H A, LEE S, RABINOVICH M, et al. A practical architecture for an anycast CDN [J]. ACM Transactions on the Web, 2011, 5 (4):17.

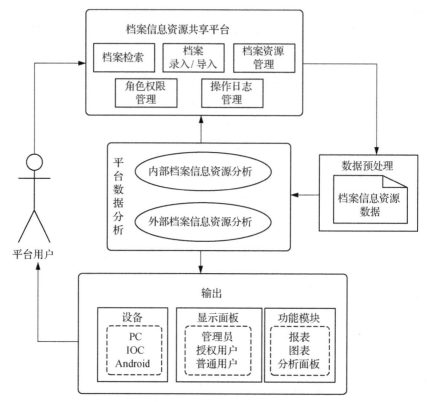

图 6-1 智慧档案信息服务平台的大数据服务总体架构图

智慧档案信息服务平台的大数据服务总体架构包含两大平台和三大角色。两大平台，即普通 Web 管理平台、移动客户端平台；三大角色，即管理员、普通用户、授权用户。平台包含档案信息资源输入模块、用户及权限角色管理模块、档案信息资源检索模块、资源管理模块、日志管理模块、报表模块。数据通过不同的途径进入系统之后，经过平台的大数据分析引擎，会输出有价值的报表汇总与数据分析图表。

6.1.2　平台数据处理流程需求

为达到智慧档案信息服务平台提高服务效率、整合数据资源、延展信息内容和满足个性化需求的构建目标[①]，平台数据处理流程的优化目标实

---

① 王琦．大数据环境下开放信息资源共享平台构建研究［J］．信息与电脑（理论版），2018（10）：12-13．

现就显得非常重要。大数据是指无法在一定时间范围内用常规软件工具进行捕捉、管理和处理的数据集合,是需要采用新的处理模式才能具有更强的决策力、洞察发现力和流程优化能力的海量的高增长率和多样化的档案信息资源资产。智慧档案信息服务平台大数据的特点包括:档案信息资源数据量大,平台访问速度要求高,档案信息资源的表现形式多样,档案信息资源具有真实与保密性。针对智慧档案信息服务平台的数据处理流程主要包括以下3个方面。

(1) 档案信息资源数据采集,搭建数据仓库。数据采集的方式有:用户通过自身平台的导入与录入;平台提供的对外接口进行数据的处理并添加到目标平台数据库;通过爬虫程序对通过授权的目标档案数据库进行档案信息资源数据抓取。这一步数据处理流程会出现很多无用的档案信息资源数据进入平台。

(2) 数据清洗及预处理。这一步是要把进入平台的数据进行简单处理,过滤掉没有价值的档案信息数据。

(3) 对档案信息数据进行加工处理,并对档案信息数据进行展现。这一步主要是将数据处理成利于平台理解的数据形式,并通过合适的用户接口 (User Interface, UI) 对外进行展示,以便档案信息资源可以被更直观地理解。

平台数据处理的总体流程如图6-2所示。

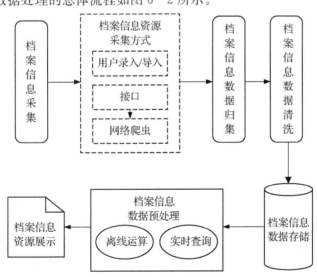

图6-2 平台数据处理的总体流程图

6.1.3 平台数据处理的实现

传统的互联网时代，档案信息资源由于存在于每个独立的局域网中而无法实现共享，信息之间存在孤岛现象。伴随着大数据技术的不断发展，智慧档案信息服务平台中的档案信息资源数据不断增加，传统的数据处理技术已不能满足数据处理需求。对于智慧档案信息服务平台中的数据处理无法采用单一技术去实现，要达到数据的高效处理必须采用一系列的数据处理技术组合，包括数据采集技术、数据预处理技术、数据存储及管理技术、数据分析及挖掘技术等。智慧档案信息服务平台在数据处理流程的实现上主要包括以下几个模块：平台档案信息检索模块、平台日志与分析模块、平台数据存储与分析模块、可视化模块以及对外开放式服务。

6.1.3.1 平台数据采集

档案信息资源数据采集是平台实现的第一个环节。它将通过传统的互联网、移动互联网数据等方式获得各种类型的结构化、半结构化及非结构化的海量数据。由于档案信息数据来源多样，加上平台同时支持 PC 端和移动客户端，会产生并发数据访问与操作，因此必须采用专门针对该平台的数据采集方法。数据采集的方法主要包括数据库采集、网络数据采集以及日志信息采集。对于数据库采集，目前主流的技术是采用关系型数据库来存储档案信息资源数据。对于网络上的档案信息资源数据采集，一般采用网络爬虫或网站公开的授权 API 等方式，从目标档案信息网站上获取档案信息数据。通过这种方法得到的档案信息数据一般是非结构化的或者半结构化的 HTML 信息，需要通过正则表达式将其中的有效档案信息数据提取出来，并以结构化的方式存储到平台所在的服务器中。对于档案日志信息数据的采集，可以采用 Flume 技术，该技术可以用于高效地收集、聚合和移动大量的日志数据，它具有基于流式数据流的简单灵活的架构。

智慧档案信息服务平台在实际的利用过程中，会产生若干与用户行为相关的数据，这些数据对于后期平台的优化至关重要，这就需要一个强大的日志分析功能。设计的架构需要能够满足学习日志的收集与分析功能，针对 Web 环境中的学习环境服务器提供普适的学习分析数据汇聚接口，采用 Hadoop Pig 进行大规模日志收集与分析。该模块主要包括数据汇聚、分析和报表三大模块，在数据汇聚模块中应用服务器接收来自不同模块的档案信息资源数据，将接收数据过程中以及档案信息资源利用过程中产生的日志信息发送给代理节点，然后通过代理节点将日志发送给 Hadoop 集群进行分析，并将结果存储到 HBase 数据库，从而为用户提供日志查询与利用服务。平台日志与分析模块的实现如图 6-3 所示。

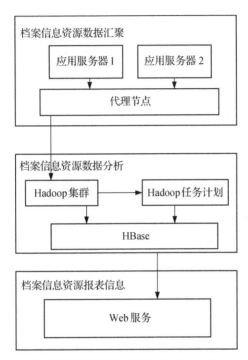

图 6-3　智慧档案信息服务平台日志与分析模块实现图

6.1.3.2　平台数据预处理

通过智慧档案信息服务平台采集流程采集到的数据是不规则的，甚至部分档案信息数据是无效的。为了获取高质量的档案信息数据，就必须在数据准备阶段提高档案信息数据的质量。在平台的预处理阶段需要将无规则的档案信息数据转化为系统识别的结构化数据类型，有效的档案信息资源数据是后期数据分析的基础。档案信息资源数据预处理主要包括：数据清理、数据集成及数据转换三个方面[1]。数据清理主要包含干扰数据处理

---

① 衣连明.云计算在证券行业应用的关键驱动因素研究：基于A证券公司的案例分析［D］.北京：北京邮电大学，2012.

与不一致数据处理,对于数据清理可以采用抽取-转换-加载(Extract-Transform-Load,ETL)相关的工具,如 Informatica、Datastage、OWB(Oracle Warehouse Builder)、微软数据传输服务(Data Transmission Service,DTS)等等;数据集成是将来自不同平台的数据合并、存放到一个一致的数据存储库中,解决档案信息资源数据冗余与冲突的问题,对于数据集成,可以通过建立源档案信息资源数据的集中库,通过百度自然学习语言模块来分析其中的问题点,不断积累知识库的内容以达到根据学习的知识库自动剔除冗余数据与冲突数据;数据转换主要是将档案信息资源数据名称及格式进行统一,同时需要将收集到的信息进行组合、分割或计算,以便确保抽取到的数据的一致性。

6.1.3.3 平台数据存储及管理

智慧档案信息服务平台需要建立适合平台大数据的管理的数据库,以便于数据的管理与调用,目前常见的数据存储技术有 Hadoop 与 MPP 两种[1]。Hadoop 实现了一个分布式文件系统(Hadoop Distributed File System,HDFS)。HDFS 有高容错性的特点,并且设计用来部署在低廉(low-cost)的硬件上;而且它提供高吞吐量(high throughput)来访问应用程序的数据,适合那些有着超大数据集(large data set)的应用程序。Hadoop 适用于海量数据、离线数据和负载数据[2]。MPP(Massively Parallel Processor)即大规模并行处理,在数据库非共享集群中,每个节点都有独立的磁盘存储系统和内存系统,业务数据根据数据库模型和应用特点划分到各个节点上,每台数据节点通过专用网络或者商业通用网络互相连接,彼此协同计算,作为整体提供数据库服务[3]。非共享数据库集群有完全的可伸缩性、高可用性、优秀的性价比、便于资源共享等优势。

智慧档案信息服务平台数据检索模块由三部分组成。一是档案信息资源数据的存储与统计分析,这是平台实现检索功能的数据基础,这部分采用 Hive 技术实现;二是实际检索信息的统计分析与计算,这部分通过

---

[1] 杨璇. 海量旅游统计数据可视化的研究与应用[D]. 武汉:武汉邮电科学研究院,2018.
[2] 王永康. Azure 云平台对 Twitter 推文关键字实时大数据分析[J]. 电脑编程技巧与维护,2015(12):68-72.
[3] 沈滢,张倩. 大数据关键技术专利态势研究[J]. 电信网技术,2017(3):43-49.

MapReduce 来实现；三是 HDFS 服务实际的数据存储。具体的检索模块实现如图 6-4 所示。

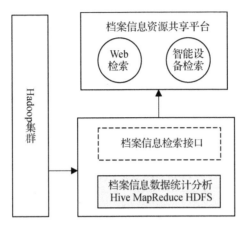

图 6-4 智慧档案信息服务平台档案信息检索模块实现图

6.1.3.4 平台数据分析及挖掘

档案信息资源数据分析与挖掘的主要目的是把收集到的无规律的档案信息数据进行提炼，以找出潜在、有用的信息和所研究对象的内在规律的过程，主要从可视化分析、预测性分析、数据质量管理等方面进行着重分析。对于档案信息资源的可视化分析，主要是借助图形化手段，让需要表现的信息更加清晰。这里借助第三方图表分析插件进行数据展示，这样可以让平台的数据信息简单明了、清晰直观。对于档案信息的预测性分析，应该是该平台最有价值的功能，包括档案信息资源统计分析、档案信息资源分析、优化、智能学习，通过平台的预测分析可以为平台提供有价值的建议信息。档案信息资源数据质量管理是指对数据从计划、获取、存储、共享、维护、应用、消亡的生命周期的每个阶段里可能引发的各类数据质量问题，进行识别、度量、监控、预警等一系列管理活动，并通过改善和提高组织的管理水平使得数据质量获得进一步提高[①]。

总之，大数据时代是建立在互联网、物联网等现代网络渠道广泛收集大量数据资源基础上的数据存储、价值提炼、智能处理和展示的信息时

---

① 张凯，潘建宏，徐峰，等．数据资产管理与监测技术的处理及分析［J］．科技经济导刊，2018，26（7）：39-40．

代，智慧档案信息服务平台通过系统的接口开发技术将物联网、云计算技术融合其中，使平台对外服务具有感知与处置档案信息能力，并为外部提供档案信息服务的一种新模式。目前，使用 Hadoop 技术来搭建大数据平台已经比较成熟，但 Hadoop 不适合大量的档案信息资源小文件数据的存储，对于多用户写入文件、修改档案信息资源文件，Hadoop 技术也不是很适合。因此，基于 Hadoop 技术的数据处理模型，能更好地满足智慧档案信息服务平台的高性能检索与实时档案信息维护需求，但在智慧档案信息服务平台数据处理流程上，仍需要根据技术的发展及时提升与优化。

6.2 智慧档案信息服务平台数据采集系统

随着网络和信息技术的不断普及，人类产生的数据量正在呈指数级增长，以大数据、物联网、人工智能、5G 为核心特征的信息化变革正风靡全球。档案信息资源的记录方式由传统的文本类型向文本与图像、声音、视频等多媒体并存转变，档案信息数据的来源更加广泛、数量更加庞大。数据采集作为档案数据分析与研究的基础，其质量对智慧档案信息服务平台数据分析与研究具有重要意义。2015 年 8 月，国务院印发《促进大数据发展行动纲要》，系统部署大数据发展工作。2016 年 3 月，《中华人民共和国国民经济和社会发展第十三个五年规划纲要》发布，提出：把大数据作为基础性战略资源，全面实施促进大数据发展行动，加快推动数据资源共享开放和开发应用，助力产业转型升级和社会治理创新；加快政府数据开放共享、促进大数据产业健康发展成为大数据战略的重要部分。为推进大数据战略，全国各地纷纷成立大数据产业相关的数据管理部门[1]。"十二五"期间，我国初步建成以局域网、政务网、因特网为平台，以档案信息管理系统为支撑，以档案目录中心、基础数据库、档案利用平台、档案网站信息发布为基础的档案信息化体系[2]。大数据时代，数据的来源和生产

---

[1] 徐拥军，张臻，任琼辉.国家大数据战略背景下档案部门与数据管理部门的职能关系 [J]. 图书情报工作，2019, 63 (18)：5-13.
[2] 卞咸杰.大数据时代档案信息资源共享平台数据交互服务的研究 [J]. 浙江档案，2018 (11)：15-17.

机制发生了巨大变化,数据的意义急剧放大①,其中档案信息数据的采集是平台实现档案信息大数据应用的基础。

在大数据背景下,由于档案信息数据源具有更复杂的多样性,数据采集的形式也变得更加复杂而多样。在数据采集阶段,增量档案信息数据同步,尤其针对那种可变(即可删除、可修改)的档案信息数据源处理更加困难。现阶段档案信息数据采集要解决上述问题可以采用的方式主要包括:一是放弃同步,采用直连形式;二是放弃增量同步,选用全量同步;三是编写定期Job,扫描档案信息数据源以获得待处理数据并进行增量同步。

现有的采集增量档案信息数据存在缺陷,为了提升智慧档案信息服务平台的数据处理性能,需要定期将超过时间期限的历史数据进行清除,如果希望保留档案信息历史数据以备数据挖掘与分析,就会影响数据采集的效率。对于多媒体档案信息数据源,根据某种识别算法,识别并提取多媒体文件的特征信息,并将其转换为业务场景需要的数据模型,这种情况会导致档案信息数据提取的耗时相对较长,也需要较多的内存资源。由于档案信息本身的涉密特性,加上硬件基础设施和大数据应用方面的投入限制,当前在档案信息资源共享应用方面还有一定的缺陷,对于档案信息数据采集更需要加大研发投入②。

6.2.1　智慧档案信息服务平台数据采集系统框架总设计

6.2.1.1　平台数据采集系统设计目标

智慧档案信息服务平台从数据源抽取出所需的数据,经过数据清洗,最终按照预先定义好的数据模型,将数据加载到智慧档案信息服务平台数据仓库中去③,对数据仓库中的档案信息资源数据进行分析和处理。数据采集作为智慧档案信息服务平台大数据运用最重要的阶段,通过传统的互联网、移动互联网数据等方式获得各种类型的结构化、半结构化及非结构

---

① 于英香. 从数据与信息关系演化看档案数据概念的发展 [J]. 情报杂志,2018,37 (11):150-155.
② VARDAKOSTA I, SARANTOS K. Geospatial data collection policies, technology and open source in websites of academic libraries worldwide [J]. The Journal of Academic Librarianship, 2016, 42 (4): 319-328.
③ 韩名豪. 基于Hadoop的新闻事件数据查询与分析 [D]. 北京:北京邮电大学,2018.

化的档案信息资源数据①。由于采集的档案信息资源数据种类错综复杂，需要进行数据分析，从数据原始格式中提取出有用的档案信息资源数据。由于数据源头的采集有不准确的现象，需要对这些数据进行过滤、剔除，并要对数据结构进行语义分析，与目标数据结构进行比较，找出数据源与数据结构的映射关系，从而实现数据进入智慧档案信息服务平台预定的数据库。

6.2.1.2 平台数据采集系统框架构建

相对于传统的纸质档案信息采集，现代互联网方式采集档案信息数据资源响应速度更快，并节省大量的人工时间②。数据采集系统在整个数据共享系统中扮演着重要的角色，数据采集系统技术架构可从物理层、逻辑处理层和网络层三个层次着手③，功能模块的构建应从档案信息的采集、审核、管理、共享和安全控制等方面去考虑，其中档案信息采集模块的任务是负责主动采集系统外部信息。采集的方法有两种，一种是自动采集，一种是手工采集。这两种方法都是将在局域网、内部网和互联网上检索到的档案信息资源，纳入共享平台的数据库中去④。由于档案信息资源数据源具有多样性，数据采集的形式也变得更加复杂而多样，智慧档案信息服务平台大数据采集过程的主要特点是并发数高，即多个用户来进行访问和操作服务器⑤，如在高考时学生高考成绩集中入库，其并发的访问量在峰值时达到上百万。这就要检查平台的访问人数是否超过平台设计的极限值。如果超过设计的极限值，那么唯一的方案就是提出升级平台的空间，以适应更多的人来访问平台；如果没有超过平台设计的极限值，就需要检查平台是否有占用 CPU 较高的可执行文本网页（一般指 ASP、JavaScript、PHP、CGI 等网页），优化程序结构，优化程序执行语句。因此，智慧档案信息服务平台在设计数据采集架构时既要考虑数据采集的准确性，又要

---

① 南淑萍，张博，李力. 基于决策树的数据挖掘技术在医疗设备成本绩效分析中的应用研究 [J]. 长沙大学学报，2014，28（5）：64-66.
② TELLA A. Electronic and paper based data collection methods in library and information science research [J]. New Library World，2015，116（9/10）：588-609.
③ 程秀峰，肖兵，夏立新. 知识融合视角下用户行为数据采集与共享机制研究 [J]. 情报科学，2020，38（1）：30-35.
④ 王烁. 大数据时代档案信息资源共享平台建设研究 [J]. 图书情报导刊，2016，1（12）：117-121.
⑤ 郑志新. 大数据时代电子商务产业数据管理与共享机制 [J]. 信息技术与信息化，2016（6）：98-103.

考虑数据采集的实时性与性能。对于档案形式为图片或者视频形式的数据，需要在数据提取阶段加载数据后根据某种识别算法，识别并提取多媒体中的特征信息，并将其转换为业务场景需要的数据模型。平台数据采集流程的整体框架如图6-5所示。

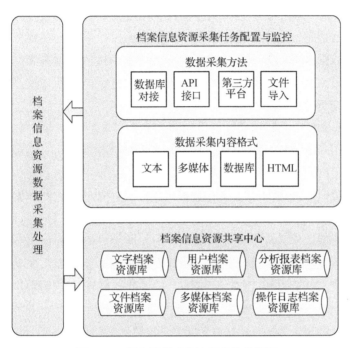

图6-5 平台数据采集流程的整体框架

6.2.1.3 平台数据采集系统的技术选型

档案信息数据采集系统是大数据档案研究的必要部分。由各种诊断系统、辅助系统和其他设备生成的信号通过各种数据数字化仪后被收集，最后以某种格式存储在磁盘上，以进行永久存储[1]。档案信息资源数据采集是平台进行大数据应用的基石，主要分为两部分，一部分是通过爬虫等系统采集的数据，一部分是现有的数字化数据[2]。对于其中的数字化的数据，

---

[1] ZHENG W, WANG Y, ZHANG M, et al. A full stack data acquisition, archive and access solution for J-TEXT based on web technologies [J]. Fusion Engineering and Design, 2020, 155: 111450.

[2] 杨迪, 陈雪萍, 冯宇, 等. 基于企业海量电子文件的数据采集模型 [J]. 电子技术与软件工程, 2018 (22): 175.

传统的档案信息资源数据采集一般采用人工的方式进行输入或者通过Excel等导入工具进行导入。从现有条件来看，档案信息资源数据采集来源并不复杂，数据存储、管理和分析数据量也相对较小，采用关系型数据库基本满足档案信息资源平台的数据处理需求。而进入大数据时代，档案信息资源数据的来源比较广泛，包括从移动互联网平台到其他需要介入共享平台的不同类型档案信息资源服务平台，数据类型也扩展到与多媒体相关的数据，这样数据采集的方式需要转变。下文从系统接口数据采集、开放数据库数据采集、第三方平台数据采集和数据提取自然语言处理模型四种数据采集方式进行分析。

（1）系统接口数据采集。智慧档案信息服务平台系统接口数据采集方式是指采用开发API的方式进行档案信息资源数据调用，有两种模式：一种是共享平台提供API并提供授权，需要接入共享平台的档案信息资源服务平台通过调用授权的API进行数据写入；另一种是现有的档案信息资源服务平台提供API，共享平台通过主动调用API拉取档案信息资源数据。系统接口数据采集的优点是数据可靠性与实时性较高，数据采集的质量也很高，缺点在于前期的分析与后期的开发维护成本比较高，如果平台的功能发生变化，需要做相应修改和变动，这样就间接导致交付周期变长。

（2）开放数据库数据采集。如果档案信息资源平台采用的是相同类型的数据库，比如SQL Server，开放数据库是智慧档案信息服务平台数据采集最便捷的方法。如果需要共享的平台在相同的服务器上，只要用户名设置得没有问题，就可以直接相互访问；如果两个系统的数据库不在一个服务器上，建议采用连接服务器的形式处理，这种形式需要对数据库的访问进行外围服务器的配置。开放数据库方式可以直接从目标数据库中获取需要的数据，此方法准确性高，实时性也能得到保证，是最直接、最便捷的一种方式。

（3）第三方平台数据采集。随着智慧档案信息服务平台的大数据越来越庞大，可以借助于第三方平台进行档案信息资源数据采集，常见的第三方平台有Apache Flume、Scribe等。Apache Flume是一个分布式、可靠、可用的服务平台，用于高效地收集、聚合和移动大量的日志数据，具有基于流式数据流的简单灵活的架构[1]，其可靠性机制、故障转移机制和恢复机制，使Flume具有强大的容错能力。Scribe是Facebook开源的日志采集系统。

---

[1] 卞咸杰.档案信息资源共享平台数据处理流程研究［J］.档案管理，2018（6）：33-35.

(4) 数据提取自然语言处理 (Natural Language Processing, NLP) 模型。在档案信息资源大数据采集技术中，有一个非常重要的环节就是数据转换操作，将处理后的档案信息资源数据转换成不同的数据形式，由不同的数据分析系统进行处理和分析。由于数据来源的多样性，不同类型的数据在不同的平台中所表达的含义不一定是完全一致的，为了能够顺利实现源头数据进入指定目标库，就需要借助自然语言学习系统进行语义分析。自然语言处理能够支持文本实体抽取、文本分类、关键短语抽取、情感分析、关系抽取等算法能力，用户无需拥有丰富的算法背景，仅需标注或上传适量文档数据，即可通过平台快速创建算法模型并使用。采用自然语言处理模型提取档案信息数据流程如图 6-6 所示。

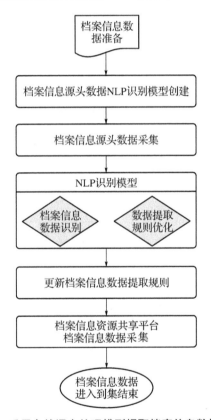

图 6-6 采用自然语言处理模型提取档案信息数据流程图

6.2.2 智慧档案信息服务平台数据采集系统功能设计

数据采集是将各种各类档案信息数据传输到智慧档案信息服务平台大

数据系统的第一步。这个步骤最为关键，它是智慧档案信息服务平台构建的重要基础，直接决定了在一个给定的时间段内大数据系统能够处理数据流量的水平和能力。平台数据采集流程实现主要包括如下步骤：档案信息资源数据解析、档案信息资源数据清洗与数据去重、档案信息资源数据关系映射与档案信息资源数据转换。

6.2.2.1 数据解析

档案信息资源数据的多样性，使得平台在采集数据过程中的转换变得极为复杂，从而增加了后续平台数据处理的成本，因此，平台运营管理者如果能够提供所需的档案信息资源数据格式示例，将会极大提升平台数据的采集效率[①]。档案信息资源数据解析是数据采集流程的第一步，在拿到待采集的档案信息资源后需要对其进行解析，因为档案信息资源数据的来源可能会不一样，其自身的格式也有可能是不一样的，比如数据的格式有HTML、XML/JSON和其他格式的文件，对于不同类型的文件需要相应的解析器去对其进行处理，需要提取出真正的档案信息数据。平台数据解析流程如图6-7所示。

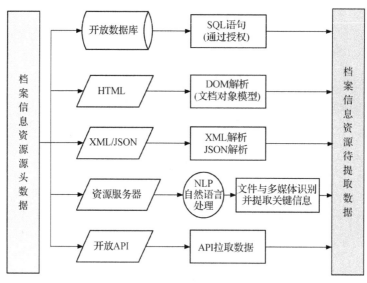

图6-7 平台数据解析流程图

---

① CLIFTON-SPRING J，JAMES J，VUJIĆ S. Freedom of Information (FOI) as a data collection tool for social scientists [J]. PLoS One, 2020, 15 (2)：e0228392.

6.2.2.2 数据清洗与去重

由于平台部署要求的特殊性，数据采集系统设计时需要灵活考虑端到端系统中传感器数据的存储和信号处理发生在哪里，应该允许任何地方的档案信息原始数据处理，包括移动设备、独立的数据采集基础设施[①]。档案信息资源数据在解析后，得到的数据是不能够直接使用的，需要进行过滤，即去掉无关的信息，尽量保持所有数据源的抽取程序版本一致，确保一次处理的数据是一个大批量的数据，而不是零碎的数据，即按一条一条的记录来处理。在数据清洗之后，来自不同平台的数据可能会有重复，这就需要对得到的批量档案信息进行去重处理。具体的档案信息资源数据清洗与去重流程如图6-8所示。

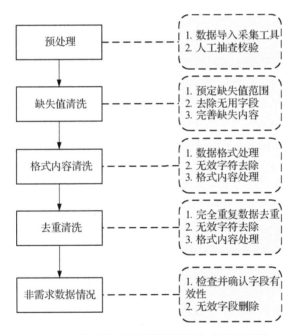

图6-8 档案信息资源数据清洗与去重流程图

数据清洗与去重可以采用五个步骤完成，包括：预处理、缺失值清

---

① KIPF A, BRUNETTE W, KELLERSTRASS J, et al. A proposed integrated data collection, analysis and sharing platform for impact evaluation [J]. Development Engineering, 2016, 1: 36-44.

洗、格式内容清洗、去重清洗、非需求数据清洗。其中预处理阶段主要将数据导入处理工具，并采用人工抽查；缺失值清洗阶段需要确定缺失值范围，将不需要的字段去除，并将缺失内容补充完整；格式内容清洗阶段会遇到多样化的数据格式和内容，格式内容问题是比较细节的问题，这时需要将格式内容处理成和元数据的描述一致；去重清洗阶段需要将重复的数据剔除，防止档案信息资源数据重复进入共享平台；非需求数据清洗阶段就是删除不需要的字段，但在实际的运用中，需要特别小心，防止将需要进入共享平台的字段误删。

6.2.2.3 数据关系映射与转换

为了帮助提高档案信息的检索性能，数据存储的设计结构将采集到的档案信息数据集存储为紧凑型数据集合，以便将档案信息数据与元数据标题一起存储[①]。在等到待进入目标智慧档案信息服务平台的数据之后，需要对待进入共享平台的数据进行数据关系映射，每条档案信息数据应该进入的目标表与目标字段在未映射之前是不确定的。这里通过百度的自然语言处理平台可以将源档案信息资源数据的标签信息与目标智慧档案信息服务平台的数据结构进行比较分析，自然语言处理系统可以根据异构平台的信息分析出语义的相似度，这样就可以自动将采集到的档案信息资源数据汇集起来并准确地进入目标平台的数据库。在大数据采集的过程中，将日常使用的映射关系写到知识库中，以便后面的数据采集可以利用现有的知识库。在档案信息资源数据都准备好之后，为了能够正确地进入共享平台数据库，需要对待采集的数据进行数据转换，这里的数据转换主要是针对数据格式进行的转换。档案信息资源数据采集数据关系映射与转换流程如图6-9所示。

---

① FARRELL B, BENGTSON J. Scientist and data architect collaborate to curate and archive an inner ear electrophysiology data collection [J]. PLoS One, 2019, 14 (10)：e0223984.

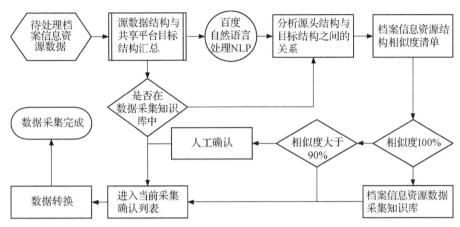

图 6-9　档案信息资源数据采集数据关系映射与转换流程图

6.2.3　智慧档案信息服务平台数据采集系统应用效果分析

与传统数据采集模型不同,自然语言处理模型可以更准确且更智能地提取档案信息数据,它是智慧档案信息服务平台基础模块。智能化的数据采集处理可以对采集到的目标数据信息进行深入挖掘,找出数据信息的潜在价值,将具有潜在价值的数据与其他数据分隔开,便于平台管理人员对其进行操作。

6.2.3.1　档案信息数据采集容错处理能力提高

源头档案信息数据与目标档案信息数据不可避免会产生误差,在智慧档案信息服务平台数据采集的过程中,由于利用了自然语言处理技术的学习能力,相对于传统的人工采集与非智能化采集流程,新模型数据采集的信息容错率更低,能够有效提高数据信息采集过程中的采集精度。同时系统中还应用了容错技术,可以甄别出采集到的错误信息,利用历史学习经验数据,对采集到的档案信息数据进行后续的正确处理,从而提升数据信息的处理效果[1]。

6.2.3.2　采集档案信息数据的效率更高

档案信息数据的采集主要看两个方面的效果,即采集的档案信息数据是否更加全面以及数据维度是否满足不同的分析目标。通过自然语言处理

---

[1] 杨迪,陈雪萍,冯宇,等. 基于企业海量电子文件的数据采集模型[J]. 电子技术与软件工程,2018(22):175.

技术的应用，平台可以自动生成更加全面的档案信息应用数据，包括用户行为相关参数，这些具有分析价值的数据可以支撑平台的大数据应用。优化后的数据采集系统采用的数据流程更加流畅，原始的档案信息资源数据通过采集系统加以处理，将形成对用户更加有价值的档案信息资源报告及丰富的可视化程度更高的图表信息。档案信息资源数据采集优化控制如图6-10所示。

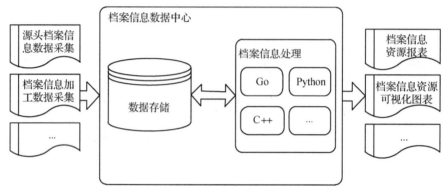

图 6-10　档案信息资源数据采集优化控制图

智慧档案信息服务平台，在服务器、Web客户端、移动客户端等不同平台之间进行数据处理，通过对数据网络传输层面、数据库层面和平台服务架构层面等进行优化处理，最大限度地减少了档案信息数据中间传输过程中的数据量，解决了多用户及并发用户使用平台时调用服务的瓶颈问题[①]。在此基础上，采用适合智慧档案信息服务平台相关的数据采集架构，在具体的数据采集过程中，引入百度的自然语言处理系统，能有效地提升了档案信息数据采集的准确性。通过对档案专业数据的不断优化，形成档案信息资源数据知识库，为智慧档案信息服务平台的数据采集积累宝贵的知识财富，从而有利于促进智慧档案信息服务平台良性运行与发展。

6.3　智慧档案信息服务平台数据存储系统

在大数据背景下，随着物联网、互联网、"互联网＋"、人工智能和5G

---

① 卞咸杰. 大数据时代档案信息资源共享平台性能优化的研究［J］. 档案管理，2016（6）：17-20.

技术的发展，档案管理信息化、数字化、智能化建设也得到了前所未有的高度重视。档案管理部门通过共享平台进行统一存储并对外提供档案信息资源访问数据[1]，使迅速发展的档案数据行为呼应当前"让数据多跑路"的政策要求。大数据时代的档案管理，数据成为信息化发展新阶段的主要标志[2]，数据管理已成为现代档案管理的一项重要内容，档案数据化也成为档案界新的关注点。存储方案的优化、空间的增容、满足用户不断增长的个性化需求已成为档案信息资源共享研究的重点。为改变传统的档案信息数据存储方式难以承受数据并发访问的压力，在硬件上，使用新硬件或新技术加快数据访问，以更小的硬件设备存储更大容量的档案信息，如仅几毫米的空间存储能容纳 TB 级的数据，为档案信息资源数据存储的实现提供有力的硬件支撑；在软件上，针对不同存储方式提出相应优化方案以提高系统性能，本书提出采用 HDFS 结合 Redis 实现智慧档案信息服务平台数据存储系统。

6.3.1 智慧档案信息服务平台数据存储需求

大数据时代，日益增长的档案信息资源对数据存储提出了更高的要求[3]，在档案信息资源数据多媒体化存储的趋势下，传统的文本类型的数据将被更加真实反映档案信息的图片、声音以及视频格式的档案信息数据取代。大数据处理包括了大量结构化、半结构化和非结构化混合数据[4]，这样对档案信息资源数据存储的读写性能提出更高要求，并要求存储系统在高效性、可用性、安全性、可控性和可扩展性等方面要提供更好的支持，这样才能满足智慧档案信息服务平台海量数据存储管理与大数据快速访问的需求。

---

[1] 이용주, 정은미, 이수형. 링크드 데이터를 위한 대용량 RDF 데이터 저장 및 응용 플랫폼 개발 [C]// 2018년 한국컴퓨터종합학술대회논문집. 서울：한국정보과학회，2018，6：253-255.
[2] 徐拥军，张臻，任琼辉. 国家大数据战略背景下档案部门与数据管理部门的职能关系 [J]. 图书情报工作，2019，63（18）：5-13.
[3] 卞咸杰. 档案信息资源共享平台数据处理流程研究 [J]. 档案管理，2018（6）：33-35.
[4] CHANG C H, JIANG F C, YANG C T, et al. On construction of a big data warehouse accessing platform for campus power usages [J]. Journal of Parallel and Distributed Computing, 2019，133：40-50.

6.3.1.1 档案信息数据存储可扩展性需求

据中国信息通信研究院发布的《大数据白皮书（2019）》显示，全球数据量正在无限制地扩展和增加，2025年将达到163 ZB[①]。数据增长的主要驱动力是移动互联网技术及移动设备的运用，如移动设备不仅要收集信息资源数据，还要收集与用户活动相关的数据。智慧档案信息服务平台的可扩展性就是指以可能显著增加存储资源的方式支持不断增长的档案信息资源数据量。大数据时代，数据出现指数级增长，这对智慧档案信息服务平台的存储系统提出了新的要求。首先，要求平台的存储系统能够动态地支持档案信息数据不同的容量要求，随着平台上线时间的推移及用户的增长，数据增长得非常快，有助于有效利用存储系统，在实际的利用过程中应能够按需分配资源。其次，数据存储系统需要有效地管理档案信息资源数据，存储资源需要根据当前的档案信息数据量级按需分配与动态增加。再次，有效利用存储系统配额管理功能，提高现有存储系统的利用效率。

6.3.1.2 档案信息数据存储类别复杂性需求

随着信息技术的发展，传统的结构化档案信息资源数据已不能满足智慧档案信息服务平台的应用需求，现有的档案信息资源数据出现了半结构化和非结构化数据，新类型数据的检索与挖掘需要新的信息化技术来支撑。前置需要对档案信息数据进行必要的过滤，一方面，档案信息部门目前对可用的高价值、高质量的非结构化数据进行保护和挖掘，给未来平台的应用发展空间带来了可以想象的空间，同时向存储数据的有效利用提出了挑战。另一方面，档案信息数据是档案管理者和使用者的重要数据基础，档案信息数据的综合利用是档案信息人数据建设的核心，非结构化数据进行集中存储与处理对平台提出了更高的要求，未来的档案信息资源数据存储面临的是复杂数据类型的存储与应用问题，从复杂的数据类型到共享平台数据的存储管理是一项复杂的科学挑战[②]。

---

① 邹光盛. 推进海峡两岸大数据产业合作的思考[J]. 海峡科学，2020（1）：54-56.
② CHEN Y A, TRIPATHI L P, MIZUGUCHI K. An integrative data analysis platform for gene set analysis and knowledge discovery in a data warehouse framework [J]. Database, 2016, 2016, baw009.

6.3.1.3 档案信息数据存储安全性需求

档案信息数据本身的安全性要求相当高，为防止档案信息资源数据被泄露、窃取、滥用，需要对共享平台的档案信息资源数据实现安全处置，即数据脱敏、数据加密和数据利用跟踪[1]。在考虑数据存储安全时，档案信息数据如何存放是首先要考虑的问题，将数据存储在本地计算机上对数据安全保护是有利的，因为它可以使档案利用人员快速访问数据，但是在尝试与跨部门共享数据时就会遇到障碍，并且还要求计算机的所有者完全负责数据保存[2]。随着云计算和大数据技术落地，大数据信息存储的安全性又一次被重视，智慧档案信息服务平台同样面临着大数据时代的挑战。

6.3.1.4 档案信息数据存储可靠性需求

由于智慧档案信息服务平台数据存储系统自身硬件的原因，硬盘磁盘组件是平台存储系统中出故障概率比较高的构件之一，由于外部干扰风险相对难以预见，特别是故障和不可预测的读写硬件行为，不经常访问的数据存储在其上的物理介质非常容易丢失和损坏[3]。在实际的数据存储系统利用过程中，一旦出现硬盘磁盘组件故障，对平台的数据存储系统会产生服务中断的影响，具体的恢复也存在很多不确定性。

6.3.2 智慧档案信息服务平台存储系统架构设计

大数据时代，智慧档案信息服务平台数据存储系统架构设计需要综合考虑未来的可靠性与可扩展性，从数据安全存储与高效的角度可以考虑分布式异构存储策略模式，使数据分布在合适的存储介质上，从而加快档案信息数据的访问性能。智慧档案信息服务平台存储服务将采用 Web API 的方式进行处理，存储系统采用可扩展的分布式文件系统[4]。在具体的数据

---

[1] 程秀峰，肖兵，夏立新. 知识融合视角下用户行为数据采集与共享机制研究 [J]. 情报科学，2020，38（1）：30-35.

[2] BLUMZON C F I, PĂNESCU A T. Data storage [M] //BESPALOV A, MICHEL M C, STECKLER T. Good Research Practice in Non-Clinical Pharmacology and Biomedicine. Berlin, Heidelberg: Springer, 2019: 277-297.

[3] ARSLAN S S, PENG J, GOKER T. A data-assisted reliability model for carrier-assisted cold data storage systems [J]. Reliability Engineering & System Safety, 2020, 196: 106708.

[4] KRÄMER M. GeoRocket: A scalable and cloud-based data store for big geospatial files [J]. SoftwareX, 2020, 11: 100409.

存储系统实现中,需要综合考虑硬件和软件在档案信息存储中的作用,部分存储功能通过硬件更易于实现,如存储介质的冗余备份、海量数据存储等。

6.3.2.1 数据存储系统的总体架构

智慧档案信息服务平台要达到档案管理信息化和档案安全高效化的要求,满足包括 PC、手机及平板等设备以及不同分辨率显示器的使用[1]。必须加强三大管理中心建设:一是智慧档案信息服务平台综合管理中心建设;二是智慧档案信息服务平台存储服务中心建设;三是智慧档案信息服务平台数据交互管理中心建设[2]。其中存储服务中心建设是智慧档案信息服务平台的基础建设,主体架构存储处理的核心逻辑层采用智慧档案信息服务平台存储服务接口模式,该接口作为外部数据存储操作指令的传入与内部存储数据处理后返回的中间桥梁,可以避免外部应用对数据存储系统的直接操作,接口调用加上授权控制确保了平台存储系统数据操作的安全。存储系统由两大部分组成:一部分是数据存储服务的核心部分,由数据访问层、数据层、数据存储处理中心组成;另一部分是辅助系统,负责智慧档案信息服务平台的监控、运维,主要由平台运行监控系统、数据备份系统、运维管理系统组成[3]。平台数据存储系统的总体架构如图 6-11 所示。

6.3.2.2 数据存储系统的技术选型

传统的大数据存储一般采用关系型数据库,如 Oracle、SQL Server。采用关系型数据库存储,在前期的设计中需要满足一定的数据范式,数据存储的表结构需要进行预先定义。档案信息资源数据更多地以如图片、文件、视频等多媒体的形式存在,一旦数据量级达到一定的级别,存储数据的读取性能将变得较差。现在的大数据存储较多地采用分布式文档存储数据库,常见的有 MongoDB,它是一种非关系型数据库。在性能方面,

---

[1] 卞咸杰. 大数据时代档案信息资源共享平台前端框架的构建[J]. 档案与建设,2017(10):11-15.
[2] 卞咸杰. 大数据时代档案信息资源共享平台数据交互服务的研究[J]. 浙江档案,2018(11):15-17.
[3] BIAN X J, LU X. Research on data storage of archives information resource sharing platform [J]. Academic Journal of Computing & Information Science, 2018(1):114-120.

第6章 大数据时代智慧档案信息服务平台的数据运行

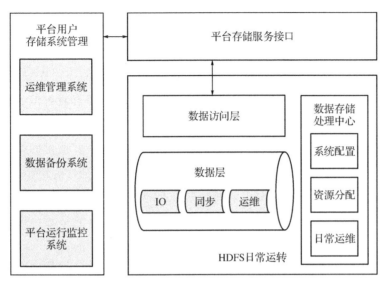

图 6-11 平台数据存储系统的总体架构图

MongoDB 存储技术利用内存资源用作缓存来换取卓越的性能，并且会自动选择速度最快的索引来进行查询，从而提升档案信息数据的读写性能；在可扩展性方面，MongoDB 支持横向扩展，可以方便地将数据拆分至不同的服务器中，并提供自动路由技术使数据请求自动定位到正确的服务器；在数据存储使用方面，MongoDB 采用的是面向文档设计，因此数据的获取方式非常灵活。MongoDB 数据存储也存在一些缺点：档案信息资源数据的信息一致性要求高，这就要求数据存储处理过程支持事务，而 MongoDB 需要在外部软件层面进行事务支撑控制，其工具支持方面需要进一步完善。当前大数据存储采用列式数据库，常见的如 HBase，这种类型的数据库是面向大数据环境下数据仓库的数据分析而产生的，适合于批量档案信息资源数据处理和信息检索。为了弥补列式数据库在数据检索方面的不足，一般会采用键值数据库作为大数据存储系统的存储方案的补充。

智慧档案信息服务平台数据存储采用 Hadoop 分布式文件系统（HDFS），HDFS 是受 Google 文件系统（Google File System，GFS）启发而开发的一个分布式、可扩展的存储系统，最初是作为 Apache Nutch 搜索引擎项目的基础架构而开发[①]，它是 Apache Hadoop Core 项目的一部

---

① 李鹏飞，邵维专. 深度学习在 SDN 中的应用研究 [J]. 计算机技术与发展，2019，29 (1)：1-5.

分。HDFS 为 HBase 提供了高可靠性的底层存储支持，为了解决单台服务存储所面临的空间、性能等瓶颈，以及可用性、扩展性等方面的问题，通过把数据分散存储在多台存储设备上，为大规模的存储应用提供高可靠、高性能的存储服务。被设计成分布式文件系统的 HDFS 和现有的分布式文件系统有很多共同点，海量的档案信息数据都存储在该系统中，HDFS 和其他的分布式文件系统相比，具有高度容错性和能在比较廉价的服务器上进行部署的明显优势[1]，能够提供实时且易于使用的大数据分析和可视化环境[2]。HDFS 将存储应用移动到数据附近的接口，在档案信息资源数据达到海量级别的时候，外来的请求离操作的实际数据非常靠近，这样就能有效降低网络阻塞的影响，提高系统数据的吞吐量。

利用缓存技术可以大幅提升存储数据的读取效率[3]，智慧档案信息服务平台读取数据则采用 Redis 缓存技术，Redis 是键值存储类型的数据库，可以缓存智慧档案信息服务平台高频访问的大数据信息。基于内存存储的特性，Redis 存取速度特别快，它为索引提供了有效的数据结构，以加快查询操作和响应的速度，为多个数据结构提供支持使其成为频繁访问档案信息资源数据的主要选择。

6.3.2.3　平台数据存储系统的模块整体设计

智慧档案信息服务平台数据存储系统在实际的构建过程中重点关注存储资源利用率、不间断工作时间、低延迟性、主存性能和大数据管理算法的科学性等方面。平台数据存储系统的模块设计主要从保障数据可靠性、使用性及安全性几个方面考虑，数据可靠性是数据存储的核心问题，也是数据有效的基本保障。在数据使用性方面，需要支持网络附属存储（Network Attached Storage，NAS）、存储区域网络（Storage Area Network，SAN）等，并提供接口供外部处理，确保系统具有广泛的扩展性、适应性

---

[1] 马志程，杨鹏，王宝会. 面向大数据的数据管理平台架构研究与应用 [J]. 网络新媒体技术，2015，4（4）：22-27.
[2] YANG C T, CHEN C J, TSAN Y T, et al. An implementation of real-time air quality and influenza-like illness data storage and processing platform [J]. Computers in Human Behavior, 2019, 100: 266-274.
[3] NOZIK A. Data forge: Modular platform for data storage and analysis [J]. EPJ Web of Conferences, 2018, 177: 05003.

和兼容性。在保障数据安全性方面,需要考虑访问授权认证、内外网访问隔离等管理功能。综合以上存储系统设计的基本要求,智慧档案信息服务平台的存储系统设计包括数据访问与存储层、配置运维中心、备份监控管理系统的设计。

(1)平台数据存储系统的数据访问与存储层。智慧档案信息服务平台数据存储系统的数据访问与存储层主要负责档案信息数据的新增、修改、删除以及查询业务。为了保证档案信息数据信息的完整性,需要对数据存储操作提供事务管理功能,即针对每次请求产生的关联操作,必须一次性完成。否则,关联操作全部回滚并给出数据处理失败的标志。除此之外,需要考虑档案信息数据的并发问题,随着智慧档案信息服务平台用户的不断增加,对数据存储并发处理需要制定一个策略[①],即在修改更新时需要二次检查当前读取的数据是否被更新,如果被修改则本次更新失败。数据访问层实现了两大功能,一是对数据访问接入层进行负载均衡;二是把访问数据的请求转发到数据所在的存储层设备。数据存储层的目的就是存储数据,存储介质可以支持内存或固态硬盘(Solid State Disk,SSD)。在数据存储层的实现中需要提供一个同步模块,同步模块是实现不同服务之间的数据同步;读写服务用来处理用户的读写请求;运维工具用于切换服务器、重启服务器、维护服务器等运维操作。平台数据存储系统数据访问与存储层模块如图6-12所示。

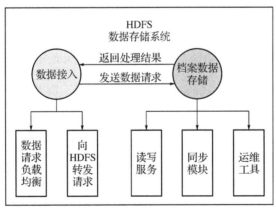

图6-12 平台数据存储系统访问与存储层模块图

---

① 金秀凤. 大数据时代档案信息资源共享平台数据处理的优化[J]. 档案管理,2018(6):29-32.

(2) 平台数据存储系统的配置运维中心。智慧档案信息服务平台数据存储系统的配置运维涉及三个方面，即配置中心、配额中心和运维中心。配置中心涉及存储系统模块的全局资源配置，并将配置好的资源下发到指定用户，该中心只针对超级管理员角色开放，为了保证系统安全，需要对进入该模块的用户进行双重验证，并实时备份与记录操作日志以便后期跟踪；配额中心则对智慧档案信息服务平台不同业务模块的容量、流量、CPU等资源进行配额管理，该模块主要针对平台用户所拥有的资源能力进行控制，并根据用户及数据的变化做出及时的调整；平台的数据日常处理工作由运维中心负责，该模块的主要功能是执行数据存储中心的运维命令，平台运维管理系统的使用者是系统运维人员，可以方便地进行数据业务管理和运维操作，并能查看系统运行状况和业务运营数据。随着自动化与人工智能技术的发展，未来的日常运维将会由AI机器人自动完成。平台数据存储系统配置运维中心模块如图6-13所示。

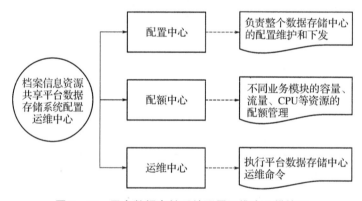

图6-13 平台数据存储系统配置运维中心模块图

(3) 平台数据存储系统的备份监控管理系统。智慧档案信息服务平台数据存储系统的备份监控管理系统主要包括备份系统、日志与任务中心和监控系统三个部分。备份系统负责数据备份与恢复，支持档案信息数据全量备份与增量备份需求，并全面兼容不同类型的档案信息资源数据，实现系统数据有效保护，支持同区域异地容灾备份；日志中心会记录所有用户系统操作日志，该中心所涉及的数据需要设置成保护模式，异常操作日志不可以删除；任务中心通常作为定期任务的方式出现，主要管理和调度档案信息资源数据备份与恢复任务的执行；监控系统对平台的关键信息和运行状况进行上报和分析,对异常情况进行监控和告警。日常上报是对平台的运行状态进行上报;补充上报是对日常上报信息的一个修饰,上报更多维度的信息。平台存储系统备份监控管理系统模块如图 6-14 所示。

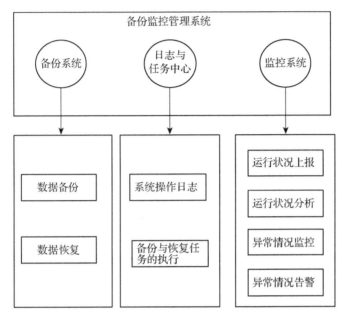

图 6-14　平台存储系统备份监控管理系统模块图

6.3.3　智慧档案信息服务平台存储系统性能测试

6.3.3.1　测试环境搭建

性能测试硬件环境是由处于同一局域网内的两台 HP DL388Gen10 HPE 2U 机架式服务器构成,操作系统环境则采用主流的 Windows Server 2016,通过 Visual Studio 2019 新建一个测试项目,主要包括数据存储效率对比分析。

6.3.3.2　测试方法及关键代码

在测试服务器上开启互联网信息服务(Internet Information Services,IIS)服务并运行使用 C#开发的文件读写 Web API,使用另一台配置相同的服务器在局域网内远程访问此 Web API。为保证测试数据的准确性,每种数据量级的测试采用三次重复测试,取平均值作为测试结果数据。

具体测试核心代码如下:

```
//定义程序开始时间
DateTime startTime=System.DateTime.Now；
//从测试页面中取 API 调用次数
int executeTimes=int.Parse（txtTimes.Text）；
//WebAPI 数据读取与写入测试
for (int start=0； start＜executeTimes； start++)
{
    //调用档案信息数据读取数据程序 ArchivesData 读写文件
  ReadorWrite 读写方式
    ReadOrWriteArchivesData（ArchivesData，ReadOrWrite)
}
//运行时间
TimeSpan difTime=DateTime.Now-startTime；
```

6.3.3.3 测试过程

（1）数据读取测试过程。提前分别将 5 000 万个文件大小分别为 2 KB、20 KB 与 200 KB 的档案信息数据写入待测试的存储系统，在另一台服务器上，批量调用读取共享平台的档案信息数据 Web API，调用的级别在 100 条、1 000 条、10 000 条，对读取到重复数据的概率做随机处理，观察 MongoDB、HDFS、HDFS+Redis 三种方式数据读取效率并进行对比。

（2）数据写入测试过程。从提前准备好待写入的 2 KB、20 KB 与 200 KB 档案信息数据文件进行写入测试，记录数据写入过程中性能的变化，以测试 MongoDB、HDFS、HDFS+Redis 三种方式档案信息数据写入的性能变化。

6.3.3.4 测试结果与分析

按照上面设定的测试条件及过程，不同条件下由运行代码自动化测试的结果（以毫秒为单位）如表 6-1 所示。

表6-1 智慧档案信息服务平台数据存储系统读写性能测试结果

读写方式	存储方案	数据大小/KB	并发数1/×100条	并发数2/×1 000条	并发数3/×10 000条
读取	MongoDB	2	6	54	702
		20	53	613	6 398
		200	481	7 400	79 555
	HDFS	2	5	56	675
		20	51	654	5 645
		200	498	7 358	68 341
	HDFS+Redis	2	5	55	453
		20	49	576	2 654
		200	467	3 762	36 430
写入	MongoDB	2	5	61	811
		20	60	847	7 023
		200	569	9 993	75 876
	HDFS	2	6	60	765
		20	64	830	6 928
		200	574	9 024	74 536
	HDFS+Redis	2	6	61	739
		20	52	794	6 609
		200	593	10 045	75 768

从表6-1中的数据结果来分析，采用MongoDB与HDFS单一的存储方案，在并发数和数据大小比较小的情况下，在数据读取与写入性能上相差不大，当数据大小与并发数达到一定数量级时，HDFS存储方案比MongoDB存储方案更优。在服务稳定运行的基础上，采用HDFS技术存储架构的档案信息资源存储系统写入数据与结合Redis技术写入数据相比，性能与效率相差不大；在读取档案信息资源方面，随着读取档案信息资源数据的数据文件以及并发数的增大，采用Redis缓存技术后的数据存储管理系统数据读取命中率提升，其性能明显优于未采用Redis缓存技术的数据存储系统。

总之，在大数据时代，档案的传统形态使得档案价值难以挖掘，智慧档案信息服务平台数据已成为档案信息服务基础性战略资源[1]。平台最重要的基础就是存储系统，良好的存储系统是实现后续数据挖掘、检索的重要前提。本书从平台的数据存储系统构建需求入手，在比较常用的大数据存储系统技术后，选择 HDFS 作为智慧档案信息服务平台的数据存储系统，并采用 Redis 作为档案信息数据读取的缓存机制。通过对平台每个模块的存储系统设计[2]，最终实现档案信息资源数据的存储与档案信息资源存储数据的访问。虽然该平台的数据存储系统具有一定的扩展性，能够适应未来平台的大数据压力，但随着档案信息资源数据复杂性与数据量的增加，为保证高效存储与访问档案信息资源数据，存储系统的建设还需要进一步优化与布置。目前只是从技术层面探索数据高效访问与存储的实践方案，具体投入生产及数据运营环节时还需要做大量的工作，可能面临诸多的未知问题与风险。随着大数据与信息技术的进步与成熟，以及硬件存储设备容量与性能的提升，档案信息资源大数据存储的功能实现会更加成熟。

6.4 智慧档案信息服务平台数据传输系统

2000 年，《全国档案事业发展"十五"计划》明确提出"组织各级国家档案馆建立区域性档案资料目录中心，实现档案信息资源共享"。2002年，《全国档案信息化建设实施纲要》进一步提出"在逐步推进地区性馆际互联的基础上，不断促进全国范围内的档案信息资源共享"。自此 20 多年来，我国档案信息资源共享建设有了一定的进展，许多省市档案部门在践行中取得了成功的经验。如浙江省湖州市、丽水市、海宁市、宁波市等多个城市开展了区域性档案信息资源整合共享平台的构建[3]；南京市档案局以建设以"南京市文档目录数据中心"和"南京档案"网站为龙头的网站群，为全市档案信息资源整合和利用搭建统一的平台；四川省、江苏省

---

[1] 雷洁，赵瑞雪，李思经，等．知识图谱驱动的科研档案大数据管理系统构建研究[J]．数字图书馆论坛，2020（2）：19-27．
[2] 唐诗倩．媒体素材管理系统的设计与实现[D]．西安：西安电子科技大学，2017．
[3] 段雪茹．大数据环境下档案信息资源整合分析及提升策略[D]．沈阳：辽宁大学，2017：30．

高校档案研究会（理事会）分别推动本省高校档案信息资源的共享[①]。"十二五"期间，我国通过建立档案目录（检索）中心，加强档案信息资源数字化建设，实行网络共享，初步建成以局域网、政务网、因特网为平台，以档案信息管理系统为支撑，以档案目录中心、基础数据库、档案利用平台、档案网站信息发布为基础的档案信息化体系。

但是，目前智慧档案信息服务平台的数据共享范围主要局限于系统内部和区域性、行业性范围内，数据交互在服务器系统内部实现，在不同类型的设备上很难做到数据的实时同步。不同平台间的档案信息孤岛特征仍然突出，如果要实现数据在移动设备上的共享就需要开发相应的平台，否则档案信息数据无法实时同步。在平台建设过程中，不同建设单位由于资金、技术等原因，建设成的智慧档案信息服务平台在前期的功能、数据库及程序设计上的水平参差不齐，造成了不同平台间的档案信息数据很难实现无缝交互。而跨平台档案信息数据交互将更方便地将不同类型的用户联系起来，使档案服务延伸到利用大数据技术对档案信息进行挖掘和二次开发，更加注重档案信息的分析、发现与预测，为档案用户创造更多档案信息利用的价值。智慧档案信息服务平台数据交互的建设，可以较好地解决了信息互联互通和信息共享利用的问题，有效地消除了信息孤岛现象[②]。

6.4.1 智慧档案信息服务平台数据传输系统建设的特点、目标需求

6.4.1.1 智慧档案信息服务平台数据传输系统建设的特点

大数据时代，档案信息资源的质量和数量大幅度地提升，资源的数字化、网络化、自动化程度也会越来越高，异构平台的档案信息资源数据交互成为档案信息资源建设的重要发展方向，信息的表现形式呈现出文本信息资源、超文本信息资源、多媒体信息资源、超媒体信息资源和自媒体等并存的局面。智慧档案信息服务平台建设呈现出智能化、共享与互联互通和均衡化的特点。

[①] 卞咸杰，卞钰. 试析高校档案信息资源共享的发展轨迹[J]. 档案管理，2018（3）：61-62.
[②] 卞咸杰. 大数据时代档案信息资源共享平台数据交互服务的研究[J]. 浙江档案，2018（11）：15-17.

（1）智能化。档案信息资源是非常重要的知识资源，是人类劳动成果的结晶，从传统的纸质形式到现代的电子介质形式，所记录与表达的形式越来越丰富，海量的档案信息资源数据处理将从传统的人工辅助计算机处理转向智能应用自动处理。

（2）共享与互联互通。在档案信息资源智能化开发以后，为了能够将现有的档案信息充分开发利用，就必须对其进行有效配置和合理共享，这样才能创造出档案信息资源的最大价值。在大数据时代，数据共享（如实时交通路况、实时天气预报等等）为我们带来了各种便利，未来档案信息资源平台也应该能够实现可共享与互联互通。

（3）均衡化。由于不同地域的经济发展状况、人才拥有状况不尽相同，造成了档案信息资源收集与利用的不均衡，在实现平台信息共享之后，可以有效地缩小不同平台之间的数据信息差距瓶颈，从而达到档案信息资源服务的均衡发展。

6.4.1.2 智慧档案信息服务平台数据传输系统建设目标需求

档案信息化应用系统在设计开发之初，局限在本单位、本部门自身业务需求的实现，缺乏整体的统一规划、统一标准，导致现有的各智慧档案信息服务平台存在三大缺陷：一是智慧档案信息服务平台的数据共享范围主要局限于系统内部或区域性、行业性范围内。目前平台的设计与档案信息数据存在的方式不完全相同，不同机构系统之间的数据很难做到数据共享，这种情况下很难实现档案信息数据的无缝交互。二是智慧档案信息服务平台的数据交互在不同类型的设备上很难做到数据的实时同步，各应用系统的信息不能畅通地注入档案信息资源库中。如果要实现数据在移动设备上的共享就需要开发相应的平台，这样就出现了平台数据在不同设备上的处理出现不同步的现象。

因此，智慧档案信息服务平台建设的目标要实现《全国档案事业发展"十三五"规划纲要》提出的档案利用便捷化、档案管理信息化和档案安全高效化的要求，必须加强三大管理中心的建设：一是智慧档案信息服务平台综合管理中心，这部分主要包括平台角色管理、平台用户管理、平台角色权限管理、档案信息资源导入与录入、档案信息资源检索、档案信息资源智能分析；二是智慧档案信息服务平台存储服务中心，这部分主要包括档案信息资源文件存储、档案信息资源结构化数据存储；三是智慧档案信息服务平台数据交互管理中心，这部分主要包括数据交互服务检索模块、数据交互服务管理模块（档案信息资源新增、删除、修改）、数据交互服务权限控制模块、数据交互服务服务管理模块。智慧档案信息服务平台具体的功能模块如图6-15所示。

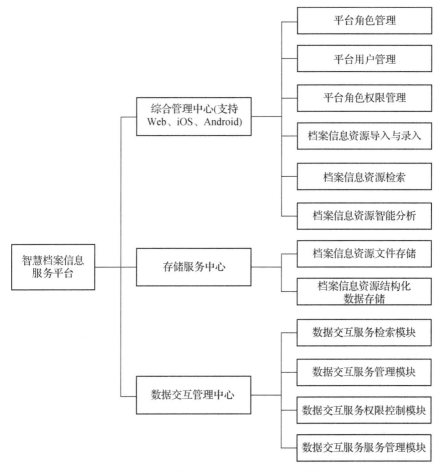

图6-15 智慧档案信息服务平台功能模块图

6.4.2 智慧档案信息服务平台数据传输系统的技术选型

随着移动互联网、云计算技术的快速发展，社会、企业和个人每天产生的数据以指数级的速度增长，整个社会迈入大数据时代。在此背景下，

智慧档案信息服务平台构建研究

《全国档案事业发展"十三五"规划纲要》提出要"加快档案信息资源共享服务平台建设""建立开放档案信息资源社会化共享服务平台"。对此，构建基于大数据技术的智慧档案信息服务平台，成为国内外档案界共同面对的新课题。平台的开发不仅要适应现有的网络环境，而且还要使数据处理响应得到有效控制。从技术层面上讲，实现智慧档案信息服务平台的跨平台数据交互是智慧档案信息服务平台的实现关键。

智慧档案信息服务平台数据传输需要实现在不同设备之间的信息实时交互，目前可采用的数据交互技术方案主要有以下3种：Web Service、WCF、Web API。智慧档案信息服务平台各系统或多或少存在异构性，跨平台操作对耦合程度要求高，使数据难以畅通流传。根据智慧档案信息服务平台逐步向移动化方向发展的特点，采用 Web API 数据交互技术解决这一问题。Web API 可用于构建传统的 PC 与移动客户端之间档案信息资源数据交互的服务，从技术特点来看，Web API 利用 HTTP 协议的各个方面来表达服务，可以服务于不同的客户端、操作系统及浏览器。智慧档案信息服务平台数据交互服务能力如图 6-16 所示。

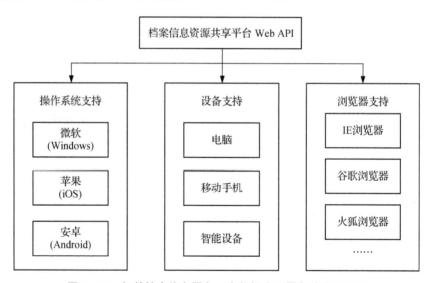

图 6-16　智慧档案信息服务平台数据交互服务能力展示图

Web API 是采用统一资源标识符（Uniform Resource Identifier，URI）标识资源，它使用标准的 HTTP 方法，由于 Web API 采用了统一的接口，对于 Web 来说，针对资源的操作通过 HTTP 方法来体现，使 Web API 针对增删改查的操作只能接受具有对应 HTTP 方法的请求，另外 Web API 支持多种资源表示方式。

智慧档案信息服务平台主体功能包含档案信息的搜集、查询、维护及数据统计分析，相应在数据交互上就需要有档案信息增删改等操作的档案信息维护服务、档案信息查询服务、档案信息分析服务。用户在档案信息利用上，可以使用传统的电脑，也可以使用手持设备如智能手机、Pad 等。对于档案信息服务平台而言，不管采用何种方式，都不能对档案信息数据库进行直接操作，所有的数据操作必须经过 Web API 数据交互技术构建的服务，这样确保每一次服务调用都是统一的，并确保数据操作的一致性。档案信息服务数据交互的具体流程如图 6-17 所示。

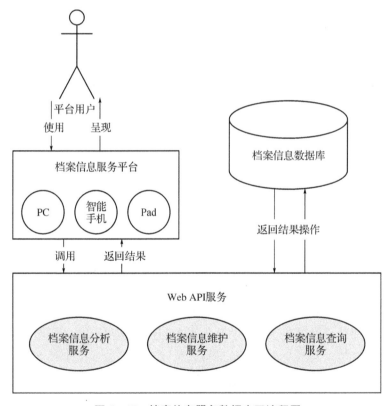

图 6-17　档案信息服务数据交互流程图

6.4.3 智慧档案信息服务平台数据传输系统的建设策略

智慧档案信息服务平台需要满足在不同设备之间的数据交互，需要一个统一的服务格式，不管是普通的个人计算机调用档案信息服务请求，还是移动设备调用档案信息服务请求，都需要被 Web API 识别并利用。因为用户存在多样性，来源复杂，这就要求在 Web API 提供数据交互服务的同时，必须确保使用 Web API 的用户都是合法的，以保证档案数据的安全。随着平台部署后用户的不断增长，增量的档案数据也不断加入平台中，档案信息将会出现爆发式增长，数据交互的性能需求也将成为平台迫切需要解决的痛点。

6.4.3.1 智慧档案信息服务平台数据传输系统建设的目标定位

智慧档案信息服务平台建设最终要达到档案利用便捷化、档案管理信息化和档案安全高效化，克服档案信息载体、馆藏类别、操作系统、浏览器和支持设备的差异等限制，打破档案信息孤岛的格局，成为档案信息资源的综合管理中心、存储服务中心和数据交互管理中心，智慧档案信息服务平台数据传输系统的目标定位体现在以下几方面。

（1）实现智慧档案信息服务平台数据高度集成。档案信息服务不再局限于单位内部，而是通过数据交互技术将档案信息资源归类汇总，为业务系统与数字档案馆之间提供一个统一的数据交换通道，使数据交换更加准确、便捷、高效和通畅，不仅能集成已有系统，而且也能使未来新建系统能融合到整体架构中，与数字档案馆系统进行数据交换和信息共享，从而提供更加全面的档案信息服务。

（2）实现档案信息资源的智能化管理与应用。通过智慧档案信息服务平台数据交互，可以有效地订阅其他平台的档案信息资源，同时也可以将自身的档案信息资源发布到其他平台，这样可以有效地减少档案信息资源的重复操作，从而达到对档案信息资源的智能化管理与应用，有效减少手工录入，大大提升档案部门的工作效率，进一步将档案部门工作人员从烦琐的事务性工作中解放出来。

（3）实现档案信息资源的开放与共享。互联互通后的智慧档案信息服务平台可以满足对各种异构、同构平台、数据源及各类应用间的数据交换需求,利用大数据技术对档案信息资源进行智能分析,抽取有价值的档案信息并对其进行加工,形成对用户而言有价值的分析报告,从而为用户做出更好的决策提供参考。

6.4.3.2 智慧档案信息服务平台数据传输系统建设的总体架构

智慧档案信息服务平台采用 N 层架构的方式,包括数据库层、数据访问层、业务逻辑层、Web API 服务接口层、应用层等。由于采用了统一的数据交互形式,Web API 服务接口层是实现跨平台应用的关键,任何平台的档案信息数据操作均需要调用 Web API 服务接口而不能直接对数据库进行操作。对于应用层,如果采用传统的开发模式,需要开发相应 App 应用、Web 应用、微信小程序等,因为应用所处的平台有差别,开发的技术要求不完全相同,对此可采用 Web API 数据交互技术构建的服务框架结合响应式页面的方式,这样平台的实现比较容易,一次实现就可以让智慧档案信息服务平台在不同的设备上使用,升级维护成本也可以降低很多。智慧档案信息服务平台数据传输系统流向关系总体架构如图 6-18 所示。

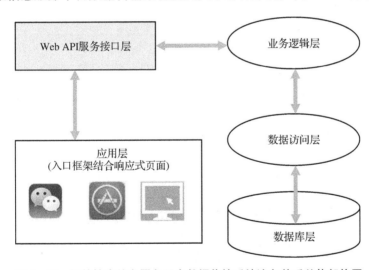

图 6-18 智慧档案信息服务平台数据传输系统流向关系总体架构图

6.4.3.3 智慧档案信息服务平台数据传输系统的框架搭建

大数据时代,动态性与交互性并存致使数据实时精准管控难,越来越多的档案信息以非结构化或半结构化的形式存储,使得现有的平台不适应半结构化数据的分析处理。为此,智慧档案信息服务平台前端框架采用

Bootstrap 设计，可以在不同的移动设备上显示平台的内容，做到自动适应手机、平板、PC 等主流移动设备及浏览器[①]。例如，档案信息数据交互服务的应用服务器环境为 Windows Server 2008，Web 服务器部署采用 IIS，数据库服务器采用 Microsoft SQL Server 2008，开发工具采用微软的 Visual Studio 2015。新建的项目类型为 Web API，在项目构建后需要三个 Web API 子项目，分别实现档案信息维护、查询、分析等数据交互服务。档案信息维护数据交互服务包括信息的新增与修改、多媒体类型数据交互处理、档案类型数据交互处理等；档案信息查询数据交互服务主要处理档案信息查询条件的选择、查询结果返回服务，该服务需要支持动态的结果集，即针对不同的档案的相关信息（如人员信息、内容信息等），查询处理的数据格式应该是不同的返回格式，以支持数据交互服务使用者的不同需求；档案信息分析数据交互服务主要是档案信息分析服务，通过对平台档案数据进行分析利用形成相应的价值，平台的数据交互服务会自动分析数据交互行为，并定期将分析的结果分发至相关档案用户。智慧档案信息服务平台数据传输系统框架如图 6-19 所示。

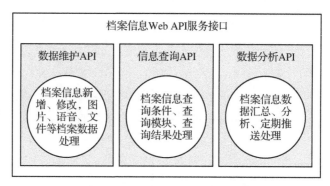

图 6-19 智慧档案信息服务平台数据传输系统框架图

6.4.3.4 智慧档案信息服务平台数据传输系统的安全控制

大数据时代，档案信息资源的数量与日俱增，载体日益丰富，档案信息资源的利用也不断增加，智慧档案信息服务平台的安全出现了安全限制高且无序的现象，极大地增加了信息安全管理的复杂性、交织性、动态性

---

① 卞咸杰. 大数据时代档案信息资源共享平台前端框架的构建 [J]. 档案与建设，2017（10）：11-15.

和综合性，使信息安全实践面临前所未有的挑战。智慧档案信息服务平台数据交互 Web API 服务设计初期就需要考虑平台服务调用的安全隐患，使 Web API 服务在调用时能够正确验证用户的身份及相应的来源，防止 Web API 服务在调用数据时篡改地址参数，防止 Web API 服务被恶意攻击。

为此，智慧档案信息服务平台数据交互 Web API 服务设计采用令牌＋签名认证的方式以保证请求的安全性，具体方法为：首先，实现智慧档案信息服务平台认证服务，该服务也是 Web API，任何用户要使用平台数据首先需要通过该认证服务并得到对应的令牌；其次，用户根据认证通过的令牌信息以及请求的参数和服务器端提供的签名算法计算出签名后再去访问指定的 Web API；再次，智慧档案信息服务平台服务器端每次接收到请求会获取对应用户的令牌和请求参数，服务器端就会做出反应，对计算签名和客户端签名进行比对，验证通过则正常访问相应的 Web API，验证失败则显示具体的失败信息。

采用令牌＋签名认证可以确保服务的使用者的合法性。在平台正常运行的过程中，也会遇到恶意的攻击者，他们会篡改地址参数、恶意攻击，这样会对服务器的安全及性能造成影响。可以采用日志系统应对，遇到异常服务使用情况，及时记录相应的数据源头信息，以便对攻击源头进行控制，这样可以确保正常用户进行智慧档案信息服务平台的数据交互。

6.4.3.5 智慧档案信息服务平台数据传输系统的性能处置

Web API 作为档案信息数据请求的一种服务，在用户并发请求不断增加以及请求的档案信息数据量变大的情况下，提升其性能是实现档案信息数据交互的关键点。平台从三个方面提升数据交互服务的性能：首先是采用 JS 对象标记（JavaScript Object Notation，JSON）进行数据传输[①]，每次请求都涉及原始档案数据转换成 JSON 格式数据，转换技术采用的是微软提供的 JSON.NET；其次是对 Web API 传输的数据进行压缩，对需要传输的字符串信息、数据流信息、文件等内容进行压缩，压缩的方法可采用微软提供的 GZipStream 类；再次是使用缓存技术，将无变化的档案信息数据设置缓存过期时间，在某一段时间内不会去重新请求从服务器获取

---

① 张沪寅，屈乾松，胡瑞芸. 基于 JSON 的数据交换模型 [J]. 计算机工程与设计，2015，36（12）：3380－3384.

数据，直接在本地浏览器缓存中获取，这也是提升数据交互性能的重要方式；最后是采用异步方法，对于部分功能会在某个时间段出现并发现象，比如系统上线时用户注册并发，解决类似这样的问题需要用到异步方法，这样用户就不需要长时间在前台页面等待后台操作完成。

总之，大数据时代的到来，公众对档案信息资源的需求越来越多样化，呈现在用户面前的档案信息已经由传统的纸质档案向多媒体档案转变[1]，尤其是档案 App 的发展呈现出服务功能逐渐拓展、服务资源更加集成、提供利用更加人性化的趋势[2]。了解并实时关注、分享更多的档案信息服务成为用户的迫切需求。在档案信息化初期，档案信息在计算机系统中主要以文字、图片等形式存在，档案信息的利用仅限于内部的使用，数据的流通也仅限于存放档案信息的相关设备。随着互联网技术、数据库技术的发展，档案信息的表现形式逐步丰富，音频、视频等档案信息也成为档案信息平台处理的对象，数据的流通扩展至互联网，只要有网络并且通过授权均被允许使用档案平台的相关服务。移动互联网成为信息时代发展的主流，智慧档案信息服务平台在实现形式上趋向于云端化、移动化、智能化，这就要求档案信息能够在不同的设备间互联互通，只要联网的智能设备理论上均可以使用档案服务。在档案信息平台数据和平台用户不断增长的情况下，采用 Web API 技术方案构建档案信息数据交互服务平台，能够满足档案信息网站程序、App 程序（iOS、Android）、桌面应用程序以及目前热门的微信小程序等的数据交互需求，并支持更广泛的客户端（包括浏览器、手机和平板电脑等移动设备）的数据交互，真正满足档案信息数据交互服务跨平台需求。

6.5 智慧档案信息服务平台数据挖掘模型

随着大数据技术的发展与完善，数据价值在信息化时代吸引了越来越多的关注。行业大数据的研究应运而生，过去档案管理部门各自的档案信

---

[1] 胡树煜，孙士宏，金丹. 大数据时代档案信息资源共享平台建设研究［J］. 兰台世界（中旬），2015（35）：134-135.

[2] 赵彦昌，陈海霞. "互联网+"环境下档案 APP 发展的三大趋势探析［J］. 北京档案，2018（2）：9-12.

息数据互不连通，没有形成信息共享的机制，相互之间有着巨大的关联价值却不能得到充分利用[①]。档案信息数字化存储处理及共享平台的投入应用，可以使数字档案资源在数量上和质量上得到很大的提升，档案数据共享与档案大数据成为学界和业界研究的新方向[②]，通过对档案信息数据进行深度的挖掘，档案信息资源的潜在价值可以得到了充分利用[③]。信息化时代，档案管理水平的提升以及用户对档案服务要求的不断提高，使得相关高层级的共享平台建设也逐渐完善。档案信息服务平台投入应用之后，档案信息资源数据不仅能存储现有的信息，还会存储外部授权用户采集的价值档案数据。目前对档案信息资源数据的应用主要集中在档案信息数据的维护与检索方面，数据挖掘的过程不仅仅是表层对数据的数值分析，更是基于内容的深层语义知识发现[④]。为将现有的档案信息数据利用效率最大化，数据挖掘的作用就会显现出来。从数据流挖掘的角度来看，大数据档案信息资源数据挖掘处理是一个巨大的挑战[⑤]。通过档案信息数据研究，找出有价值的信息成为智慧档案信息服务平台上线后需重点研究的内容。档案信息资源数据挖掘模型的建立与实现，可以为智慧档案信息服务平台建设提供参考[⑥⑦]。

6.5.1 数据挖掘相关的概念

智慧档案信息服务平台中的数据可以是结构化的，如关系型数据库中的数据，也可以是半结构化的，如文本、图形和图像数据，甚至是分布在

[①] 罗俊，于水，杨维，等. 实时大数据挖掘系统的设计与实现 [J]. 计算机应用与软件，2020，37 (3)：57 - 60，122.
[②] 谭美琴，郑川. 档案数据挖掘文献统计分析 [J]. 资源信息与工程，2019，34 (4)：166 - 168.
[③] 倪一君. 大数据技术与档案数据挖掘分析 [J]. 办公室业务，2019 (5)：21，24.
[④] 王萍，牟冬梅，石琳，等. 领域知识融合驱动下的数据挖掘模型构建与优化 [J]. 情报理论与实践，2018，41 (9)：114 - 117，153.
[⑤] VALBUENA S J, CARDONA S A, FERNÁNDEZ A. Minería de datos sobre streams de redes sociales, una herramienta al servicio de la Bibliotecología [J]. Información, cultura y Sociedad, 2015, 33：63 - 74.
[⑥] 卞咸杰. 大数据时代档案信息资源共享平台数据挖掘模型的研究与实现 [J]. 档案管理，2020 (4)：21 - 24.
[⑦] 金秀凤. 大数据时代档案信息资源共享平台数据处理的优化 [J]. 档案管理，2018 (6)：29 - 32.

网络的非结构化数据[①]。数据挖掘技术是指从大量的、不完全的、有噪声的、模糊的、随机的实际应用数据中，提取隐含在其中的、人们事先不知道的、潜在有用的信息和知识的过程[②]。数据挖掘技术包括统计分析、序列模式发现、数据挖掘等[③]。对于智慧档案信息服务平台而言，数据挖掘包含预测任务和描述任务两大类任务[④]。首先，需要根据现有的档案信息资源数据特点，建立数据分类，将该分类作为预测目标数据的参考，分类任务完成后，需要通过回归方式，来预测连续的目标参考数据；其次，需要将档案信息数据中如趋势、轨迹等联系的方式进行标准化描述，数据挖掘任务的细化通常是探查性的工作，一般需要经过后继数据处理来验证和解释前期数据挖掘的结果。深入理解数据挖掘的概念还需要弄清楚档案信息资源数据分析与数据挖掘的区别及联系。

6.5.1.1 数据分析

随着信息技术的发展，数学与计算机科学的结合产生了数据分析分支。档案信息资源数据的分析是指采用合适的统计分析方法对收集来的档案信息资源数据进行自动化分析，将采集到的数据加以汇总并得出统计报告信息，以求最大化地利用现有的档案信息大数据，发挥共享平台大数据的作用。档案信息资源数据分析是为了提取有用信息和形成结论而对数据加以详细研究和概括总结的过程。传统的 Excel 自带的数据分析功能基本可以满足数据统计与数据分析的要求，该工具最终可以产生直方图、相关系数、协方差、各种概率分布、抽样与动态模拟、总体均值判断等内容。现代的数据分析一般借用数据库强大的数据分析功能，Microsoft SQL Server、Oracle 等中大型数据库自带的数据分析工具，同时还可以根据需要配置数据报告。

---

① 杨尊琦. 大数据导论 [M]. 北京：机械工业出版社，2018.
② 王竞秋. 数字·数据·知识：档案资源开发利用形式的拓展与整合 [D]. 南昌：南昌大学，2019.
③ DUWAIRI R, HADEEL A. An enhanced CBAR algorithm for improving recommendation systems accuracy [J]. Simulation Modelling Practice and Theory，2016，60：54－68.
④ 栾立娟，卢健，刘佳. 数据挖掘技术在档案管理系统中的应用 [J]. 计算机光盘软件与应用，2015（1）：35－36.

6.5.1.2 数据挖掘

随着大数据技术及人工智能技术的成熟，对数据的利用需求日益增长，数据挖掘研究在此背景下成为热门的方向，它是指从大量数据中挖掘出有用的信息的研究。大数据的出现给传统的简单的数据挖掘算法提出挑战[1]，档案信息资源的数据挖掘成为当下热门的话题。所谓档案信息资源数据挖掘是指从档案信息共享平台大数据中发掘未知且不确定的并有潜在价值的信息的创造性决策支持过程。该过程依赖数据库技术、人工智能技术、数理统计、模式识别、可视化技术等相关现代化科技[2]，在数据挖掘的过程中将由传统的半自动化转向高度全自动化地分析档案信息资源数据，通过设定的策略进行推理，从中挖掘出潜在的有价值数据，帮助档案服务部门做出前瞻性决策。数据挖掘的对象不限源头数据类型，这对于多媒体化的档案信息资源特别有利，传统的档案信息资源一般采用结构化存储方式，因为其存在形式主要为文本格式，随着硬件设备配置的提升以及现代互联网技术的发展，档案信息资源的存在形式是多种形态并存，它可以是文本、图像、视频或结构化记录[3]，如列表和表格，此类数据中也可以包含非结构化数据的数据源。

6.5.1.3 数据挖掘中常见的分析方法

（1）基于历史的主引导记录（Memory-Based Reasoning，MBR）分析方法。该方法最主要的特点是用已知的档案信息数据来预测未来档案信息趋势数据，历史经验值与相似数据趋势是该方法运用的前提。

（2）决策树分析法。在档案信息资源数据归类与预测上有着极强的能力，该方法是以一连串的问题的形式表示出来，经由不断询问问题，在该过程中不断优化流程，最终能引导出预定的数据信息。

（3）神经网络分析法。该方法将一串待学习的档案信息资源数据提交

---

[1] 谢光. 基于 Map Reduce 的云数据挖掘模型的设计与实现 [J]. 网络安全技术与应用，2017 (6)：62-63，71.
[2] 郑斐，郭彦宏，郝俊勤，等. 数据挖掘技术如何在图书馆建设中体现价值 [J]. 图书情报工作，2013，57 (S1)：263-264，212.
[3] EZZIKOURI H, FAKIR M, DAOUI C, et al. Extracting knowledge from web data [J]. Journal of Information Technology Research，2014，7 (4)：27-41.

给神经网络,使其归纳出有一定区分度的格式。若得到的是新的档案信息资源数据,神经网络即可以利用过去学习的成果并进行智能归纳后,推导出有价值的数据参考,自动学习推理的技能属于人工智能领域的一个分支,通过不断的数据学习,未来可以根据新提交的档案信息资源数据自动给出预测结果。

（4）连接分析法。该方法是以数学领域中的图形理论为基础,由不同数据的关系发展出的一种模式。该方法的核心是数据关系,由人与人、物与物或是人与物的关系可以发展出相当多的智能化应用,未来可以做出对档案服务能力提升更多的挖掘研究。

6.5.2 智慧档案信息服务平台数据挖掘模型的建立

6.5.2.1 数据挖掘模型的确立

为了充分发挥智慧档案信息服务平台的优势,需要结合用户的实际需求建立完整的处理框架体系[①]。在共享平台数据挖掘模型建立之前,首先确认数据挖掘模型建立的目标,其次定义完善档案服务中涉及的档案信息资源数据的业务问题,然后根据问题来确定如何解决问题,将广泛的问题目标具体化与细化。在档案信息资源数据挖掘模型建立过程中,解决确定目标平台用户、为目标用户设定可行的行为模式、确定常用的用户操作习惯、列出数据利用过程中的高频利用信息等需求,分析高频数据访问特点,为特定档案信息资源数据建立访问特殊通道,加强数据利用效率。智慧档案信息服务平台数据挖掘模型确立过程如图6-20所示。

在此过程中,通过中间模型来翻译输入数据变量与目标变量的关系这一步非常重要,对数据挖掘对象和任务的理解程度需要正确且深入。如果这个问题没有被准确理解就无法把档案信息资源数据转化为挖掘任务。在实施数据挖掘任务之前,还需要明确如何使用档案信息资源数据挖掘结果以及确定交付结果的方式。

---

① 刘斌.档案信息管理系统中的计算机数据挖掘技术探讨[J].信息与电脑(理论版),2018(3):138-139,142.

第 6 章 大数据时代智慧档案信息服务平台的数据运行

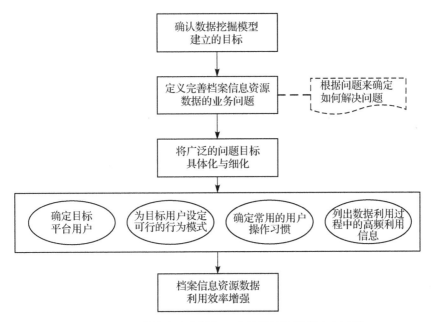

图 6-20　智慧档案信息服务平台数据挖掘模型确立过程

6.5.2.2　档案信息资源数据选择

档案信息资源数据存储点首先在共享平台所关联的大数据平台上，平台数据的大幅增加对平台自身来说是一项具有挑战性的任务[①]，存储在仓库中的档案信息资源大数据在进入系统之前已经被清洗和核实过，共享平台会通过数据整合技术将不同的数据资源进行整合。数据在实际的整合过程中，会遇到相同名称但是表示不同含义的信息点的情况，这中间有一个数据迁移的过程，通过建立数据交互接口表，数据之间的信息互通将通过接口表信息完成信息翻译。随着档案信息资源数据的不断增加，待分析的数据处于不变的状态，这样对于数据实现决策支持更加有利。智慧档案信息服务平台数据选择与整理流程如图 6-21 所示。

在建模构建期间，需要准备足够的档案信息资源数据并注意数据库之间的平衡，这样会使数据研究更加便捷。特定数据在数据集合中的存在会产生更大的价值。数据挖掘的本质是使用过去的数据预测未来的趋势，针对档案信息资源的数据挖掘，时间上较新的信息对数据挖掘更加有价值，

---

① SINGH H K, SINGH B. A classification algorithm to improve the design of websites [J]. Journal of Software Engineering and Applications，2012，5（7）：492-499.

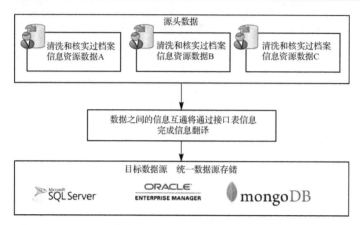

图 6-21 智慧档案信息服务平台数据选择与整理流程

时间太过靠前的数据,由于其信息本身的附加属性信息较少,需要对这部分数据进行深加工,这样才能发挥更久历史的档案信息资源数据的价值。在档案信息资源数据挖掘设计时,需要精心设计变量参数,这样数据挖掘的价值才能更好地被预测。

6.5.2.3 档案信息资源数据源创建

在数据用于构建模型之前,数据探索方面需要得到足够的重视,不能等后续使用时才发现档案信息资源的数据质量问题,在具体的数据源创建过程中,可以遵循以下步骤执行:

检查档案信息资源数据分布情况,在数据库的初步探索阶段,可以借助于可视化的工具。现存的可视化工具如 Excel 为待挖掘的档案信息数据提供了强大的汇总分析支持。取得档案信息资源数据源中的数据文件后,需要对其中的内容进行剖析,剖析的过程中可能会产生不一致问题或定义问题的警告,需要对问题数据进行分析并解决警告,这样可以避免后继分析产生不必要的麻烦。

经过档案信息资源数据存储的值与描述进行比较与二次确认,并对档案信息资源大数据进行观察,将它们与现有文件中的变量描述进行比较,可以发现有问题的数据描述。确定档案信息资源存储的数据与所要描述的数据一致性是非常重要的,每条记录的字段定义信息要明确,这样才不会导致后续数据挖掘过程中的数据源头不一致错误。对存在问题的档案信息资源数据进行讨论研究,档案信息资源数据不同于普通业务系统的数据,其信息的真实性与准确性要求非常高,如果存储的系统中的数据看上去有存疑,需要记录下来。待问题数据积累到一定数量后进行沟通讨论,研究出问题源头,在今后的数据创建过程中避免问题的产生,这项工作需要耐心和细心,对档案信息数据挖掘的成果尤为重要①。

6.5.3 智慧档案信息服务平台数据挖掘模型的实现

6.5.3.1 数据挖掘模型功能模块

智慧档案信息服务平台数据挖掘模型功能模块主要由档案信息资源的数据采集模块、存储模块、数据分类模块、数据分析模块等组成。数据采集模块包含后台管理数据采集与用户行为数据采集,数据共享后会定期从公共接口进行数据交互,新产生的数据被收集到智慧档案信息服务平台中。存储模块对用户档案信息资源大数据进行存储,该模块会定期将存储到平台的档案信息资源数据进行备份,并自动处理历史数据与当前操作数据分离,以提升数据挖掘模块的数据操作性能。数据分类模块通过利用智慧档案信息服务平台获取的原始数据,采用智能策略对档案信息资源数据进行归纳与分离,该模块是待挖掘源头数据最终达到预定目标的关键,良好的分类可以更好地发现有价值的结果。数据分析模块是对分好类的数据进行智能化提取价值关键词,该模块是档案信息资源数据挖掘的价值所在,该模块通过减少对非关键数据的分析来提升数据挖掘效率。智慧档案信息平台数据挖掘模型具体的功能模块如图6-22所示。

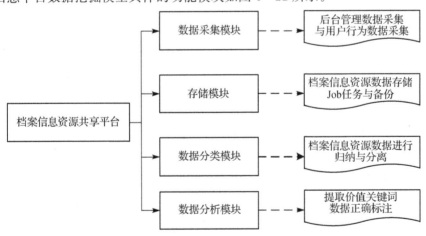

图6-22 智慧档案信息服务平台数据挖掘模型功能模块

---

① 王萍,牟冬梅,石琳,等. 领域知识融合驱动下的数据挖掘模型构建与优化[J]. 情报理论与实践,2018,41(9):114-117,153.

6.5.3.2　数据挖掘模型处理流程

智慧档案信息服务平台数据挖掘模型处理流程包括数据准备、数据预处理、数据挖掘、评价等过程[①]。数据准备是根据用户的不同需求获取智慧档案信息服务平台上的基础信息。数据预处理阶段是将第一阶段收集的大量不完善、模糊和冗余的数据进行预处理并转换成准确有效的数据，在此流程中与数据挖掘相关的数据和属性才可以被使用，该流程中使用了数据挖掘算法，为数据挖掘奠定了基础。数据挖掘阶段可分为三个部分，即确定挖掘知识类型，确定算法，根据算法进行数据的实际挖掘。评价阶段主要是预测结果进行验证，不合格结果可按以上三步重新挖掘，直到预测结果符合要求，同时应删除对挖掘结果的多余知识。智慧档案信息服务平台数据挖掘模型的详细处理流程如图6-23所示。

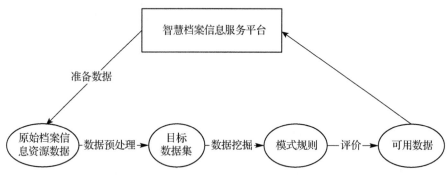

图6-23　智慧档案信息服务平台数据挖掘模型处理流程

6.5.3.3　数据挖掘模型样本准备

与以往的标准统计分析不同，超出正常范围的数据需要被舍弃以便于数据统计。在档案信息数据挖掘的过程中，以往的非正常范围数据可能正是数据挖掘的关键。在数据挖掘的样本准备过程中，需要重视这部分数据并对其进行研究。知识发现算法需通过档案信息资源原始数据来进行学习，如果没有足够数量的档案信息资源大数据模型的例子，数据挖掘模型将无法得出期望的预测模型。在这种情况下，利用边缘样本来丰富样本模型集，可以提高特定预测结果的成功的概率。档案信息资源数据挖掘模型

---

① YU C Y, SHAN J. The application of web data mining technology in E-commerce [J]. Advanced Materials Research，2014，1044/1045：1503-1506.

的建立需要一个较长的时序，基于较短时间建立的模型存在风险，其最终得到的数据学习知识不能真实反映数据趋势信息。在实际的时序应用中需要结合模型集中的多个时序信息以消除因时间推进带来的趋势分析影响。

6.5.3.4 预测模型创建

智慧档案信息服务平台数据挖掘模型用来预测时，需要明确模型集所占用的时间长度，同时需要将具体的时间段明确下来，预测模型就是要利用过去设定的模型来解释最近的输出。预测模型部署到正式环境后，能够通过自我学习，运用不断更新的数据预测未来。数据预测模型创建时，通过模型预测的短期信息是不能作为未来预测模型的基础输入数据，如果在远期数据预测中需要用到近期的预测信息，可行的方案是在模型集合中跳过近期预测数据输入。

6.5.3.5 剖析模型集创建

智慧档案信息服务平台数据模型集与预测模型较为相似，其不同点在于剖析模型集目标的时间帧与输入的时间帧是重叠的。该差别对建模工作有非常大的反应，因为输入可能使目标模式出现偏差，严格选择剖析模型的输入才能避免该问题的产生。当目标变量的时间帧与输入变量的时间帧一致时，那么该模型是一个剖析模型，并且这个输入可能会引入无固定的挖掘模式，而这些模式可能会混淆数据挖掘技术。

数据挖掘技术是云计算、物联网、移动互联网、智慧城市等新技术、新模式发展的必然产物，也必将对智慧档案信息服务平台的建设起到一定的作用[1]。智慧档案信息服务平台数据挖掘模型的研究与实现，为后续档案信息资源管理与档案服务工作的进一步优化奠定坚实基础。数据挖掘模型的构建为实现档案信息数字化全面发展的目标提供了更有效的方案，档案信息资源数据挖掘模型作为档案信息化、档案服务人性化的重要决策来源与决策支撑，对现代化的档案管理非常重要，下一步可通过细化档案信息资源数据挖掘用户个性化功能模块，使系统用户获得高质量的个性化服务。

---

[1] 李刚，付金华．大数据时代下数据的管理、开发与安全研究［M］．北京：中国国际广播出版社，2017．

6.6　智慧档案信息服务平台数据处理的优化

大数据时代是建立在以科技发达、信息流通、人们之间的交流越来越密切及现代网络渠道广泛收集大量数据资源为基础的数据存储、价值提炼、智能处理和展示的信息时代[1]。大数据时代智慧档案信息服务平台将云计算与物联网技术等高科技时代的产物融合其中，使平台对外服务具有智能感知与自动处理的能力，它将是未来档案信息服务的趋势。随着大数据技术与移动互联网技术的不断完善，档案信息资源数据来源也将突破传统的电脑端模式，智慧档案信息服务平台的档案信息资源将接受授权用户的数据，平台的外部用户数据及相应的外部用户的操作将出现显著增长。如何对海量的档案信息资源数据进行有效的管理成为当前档案信息化迫切需要解决的问题[2]。要让智慧档案信息服务平台快速响应用户请求并处理并发用户数据操作请求，不借助缓存技术服务器很难支撑平台对性能方面的要求。通过对现有的技术进行研究，可以采用 Redis 缓存技术来解决智慧档案信息服务平台数据处理性能问题[3]。

6.6.1　智慧档案信息服务平台数据处理性能需求

智慧档案信息服务平台的构建需要根据平台自身的特点，即平台建成后同时满足包括普通电脑、移动电子设备的使用[4]，考虑平台的自适应能力，优化档案管理流程，并对其数据处理进行优化以满足用不断增长的用户利用需求。智慧档案信息服务平台的建设作为档案信息化的重要内容，在建设的前期规划设计阶段就需要得到重视，物联网、移动互联网、云计

---

[1] 曹筠慧，管先海，孙洋洋. 基于大数据时代的档案价值及其开发利用探究 [J]. 档案管理，2017 (1)：27-29.
[2] 卞咸杰. 大数据时代档案信息资源共享平台性能优化的研究 [J]. 档案管理，2016 (6)：17-20.
[3] 曾超宇，李金香. Redis 在高速缓存系统中的应用 [J]. 微型机与应用，2013，32 (12)：11-13.
[4] 卞咸杰. 大数据时代档案信息资源共享平台前端框架的构建 [J]. 档案与建设，2017 (10)：11-15.

算技术以及大数据技术的成熟,为平台的建设提供了技术支持,建成后的平台将为档案信息资源集中管理、档案部门优化服务、档案管理工作顺利开展提供体系框架。同时,档案信息资源能够实现互联互通,打破过去的数据壁垒,并与其他业务进行有效集成,平台性能优化实践为档案信息资源高效管理和档案信息服务实现多元化。对于平台的数据处理进行优化有助于提高智慧档案信息服务平台的投入利用的效率,提高智慧档案信息服务平台建设质量。

智慧档案信息服务平台数据处理性能需求主要包括性能、可靠性及稳定性三个方面[1]。在性能方面,要支持档案数据操作的外部高并发请求。智慧档案信息服务平台面向的是互联网用户,在平台得到普及推广之后,特别在移动互联网普及的今天,用户利用档案平台的场景会越来越多。面对用户操作平台的高并发请求,平台前期的数据处理并发请求要达到一千人的请求吞吐量。在可靠性方面,平台需要满足用户并发的需求,在平台的新功能投入使用、档案检索开放等关键时间点,会有并发用户同时操作同一个功能的情况,这就造成了一定的并发请求,此时需要利用锁机制避免产生脏数据,在平台前期的并发性能指标上需要满足一百以上的并发数据处理请求。在稳定性方面,平台持续稳定工作是智慧档案信息服务平台用户所需的最基本的要求,平台数据处理在稳定性能指标上需要满足小于万分之一的出错率。

6.6.2 智慧档案信息服务平台数据处理优化技术选择

大数据时代智慧档案信息服务平台数据处理优化主要从以下两个方面考虑:一是优化前端页面,使平台的功能页面加载得更快,对用户的档案信息检索操作响应得更及时。这就要求在前端样式与JavaScript做预加载,必要时采用内容分发网络(Content Delivery Network,CDN)技术,为平台用户提供更好的使用体验。二是优化档案数据操作。随着智慧档案信息服务平台用户的增加及平台本身的信息量增加,仅仅对前端页面与数据库

---

[1] 闫中威,孙大嵬.B/S模式在线考试系统性能优化及实现[J].计算机系统应用,2016,25(10):81-85.

进行优化不能满足平台未来的性能要求。通常采用缓存技术，将常用的变化少的信息放到缓存中，当用户访问到对应信息时从缓存服务器中直接读取，从而加快资源读取速度。此方法需要在智慧档案信息服务平台中部署专用的缓存服务。

6.6.2.1 智慧档案信息服务平台缓存部署

过去由于档案信息化程度不高，平台涉及用户的数量少，主要面向内部用户，自身存储信息也很有限，因此平台的性能对于用户使用平台的影响很小，正常情况下平台将应用服务器、数据库服务器和文件服务器等所有的资源都部署在同一台服务器上。随着大数据、5G以及互联网技术的发展，平台面向的用户范围逐步由内部用户转向外部用户，用户的增加导致访问档案信息服务平台的速度越来越慢；同时平台存储的档案信息资源由原来单一的文字转变成以图片、声音、视频等多媒体形式为主的数据。此时应将应用程序和数据库分离，独立部署应用服务器、数据服务器和文件库服务器。平台的业务逻辑由专门的应用服务器负责，通过服务器分离部署技术可以使档案信息服务平台的处理能力得到提升。随着应用移动化、档案文件管理智能化，档案信息服务平台的应用范围已不局限于传统的个人电脑，用户对档案信息服务的要求越来越高，外部的用户量也有了量的突破，档案信息服务平台的性能问题直接影响平台对外服务的质量。此时缓存技术应运而生，缓存是分布式系统中的重要组件，其最重要的功能就是提高性能。数据库缓存的数据基本上都存储在内存中，相比正常的数据读写的速度，缓存的数据访问可以实现快速返回，主要解决高并发、大数据场景下热点数据访问的性能问题。对于智慧档案信息服务平台采用部署缓存的方式来解决平台的数据处理问题，初期缓存可以考虑与应用服务器共用一台服务器，将热点信息存储在缓存中，该部署方式会出现和应用程序争用内存的情况，远程分布式的缓存部署方案是资源允许的情况下可以考虑的方案之一。智慧档案信息服务平台缓存应用部署如图6-24所示。

第6章 大数据时代智慧档案信息服务平台的数据运行

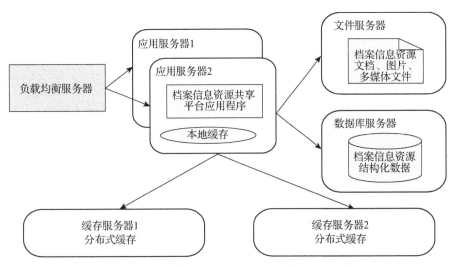

图 6-24 智慧档案信息服务平台缓存应用部署

6.6.2.2 智慧档案信息服务平台缓存技术选择

智慧档案信息服务平台为了适应大数据应用,需要采用分布式缓存技术,缓存将部署在独立的服务器上,目前主流的分布式数据缓存框架有 Ehcache 和 Redis。Ehcache 有很多缓存的分支,可以提供页面缓存模块,但最核心的模块还是它的数据缓存部分。比如,当 Ehcache 和 ORM 数据框架进行整合时,能将查询出的对象集合放入内存中,下次如果再查询相同的信息,会直接从内存中返回这个所需的数据集,不需要再进行数据库的查询。同时,该框架可以配置缓存的刷新模式,如只读、受限读写、可读写等 3 种模式。只读模式表示缓存是不刷新的,除非重新启动服务器;受限读写模式表示刷新是不及时的,数据刷新的时间间隔可以配置;可读写模式表示在数据发生变化时缓存都会发生刷新,可以根据需要进行灵活配置。Redis 是一个开源的使用 ANSIC 语言编写、支持网络、可基于内存亦可持久化的日志型的 Key-Value 数据库(支持列表、集合、哈希等众多数据结构),并提供多种语言的 API。Redis 只支持单线程读写复用网络模型,数据存储采用现场申请内存的方式进行,会周期性地把更新的数据写入磁盘或者把修改操作写入追加的记录文件。Redis 支持主从同步,数据可以从主服务器向任意数量的从服务器上同步。Redis 除了缓存之外,还提供了额外的聚合计算功能①。

因此，在 Ehcache、Redis 两种缓存技术中，Redis 更适合作为平台性能提升的缓存技术。其主要原因如下：第一，Redis 支持更丰富的 Key-Value 数据类型，智慧档案信息服务平台需要缓存的档案信息类型比较丰富，简单字符串不能满足平台数据缓存需求；第二，在数据存储上，Ehcache 全部存储在内存上，服务重新启动会丢失缓存信息，做不到数据持久化，而 Redis 会将部分数据存储在硬盘上，这样就能做到持久化，该特性对平台非常重要，用户对平台的操作不会因为例外而发生信息丢失；第三，档案信息从传统的文字信息向图片、文件等多媒体信息转变，这对缓存存储信息的大小有一定的要求，Redis 的 Value 存储最大可以达到 1 GB。

6.6.3 智慧档案信息服务平台数据处理优化实现及效果分析

在技术选型确定之后，要从以下几个方面实现智慧档案信息服务平台的数据处理优化：硬件设备上，采用高速缓存技术；前端实现上，最大限度使用用户浏览器缓存，对于常用的资源访问采用 CDN 技术；后端实现上，一方面数据库中采用存储过程，数据库设计采用适当的冗余结构设计以便于档案信息统计，另一方面采用 Redis 缓存技术以确保智慧档案信息服务平台的高并发请求。

6.6.3.1 前端数据处理优化

智慧档案信息服务平台面向用户的前端主要包括档案信息检索页面、档案信息管理维护页面、用户管理页面，其中对于检索页面的使用最为频繁，该功能直接面向用户，这样就可以有针对性地对该功能数据处理进行优化。优化的方式将 CSS、JavaScript 进行压缩存储以及功能页面中的图片进行合并，这样用户一次请求就可以完成 CSS、JavaScript 以及页面样式图片的获取。对智慧档案信息服务平台而言，像 CSS、JavaScript 以及图标这些静态资源文件更新的频率都比较低，可以考虑将这些文件缓存在浏览器中，下次相同的页面在有资源请求时就可以直接读取浏览器缓存，这样就可以大大提升平台的访问效率。平台在前端技术使用了适应普通个

---

① ESCRIVA R, WONG B, SIRER E G. HyperDex: A distributed, searchable key-value store [J]. ACM SIGCOMM Computer Communication Review, 2012, 42 (4): 25-36.

人电脑与移动设备的 JavaScript、CSS 技术，相应的资源文件访问可以采用 CDN 技术①，浏览器请求大文件资源时，将从 CDN 直接返回给用户设备，由于资源访问的路径采用最短路径，这样平台的访问速度将大大加快，同时减轻了智慧档案信息服务平台的服务器负载压力。智慧档案信息服务平台前端数据处理优化方式汇总如图 6-25 所示。

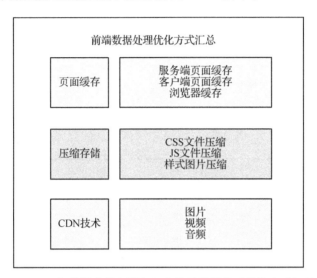

图 6-25 智慧档案信息服务平台前端数据处理优化方式汇总

6.6.3.2 后台数据库数据处理优化

智慧档案信息服务平台对外服务使用最为频繁的是档案检索功能，在前端优化后需要对其中涉及的后端数据库检索模块进行优化。优化主要采用以下方式：

首先是减少档案检索功能中数据来回访问的数据量，尽量将档案检索的前置条件设置详细并一次性提交到后台进行数据检索，数据库检索成功后将用户需要的结果返回给用户。通过该方式可以极大提升系统检索的性能，最大限度减少数据访问量，同时因为返回的数据更加精准，网络的压力也会大大减轻。

其次是采用存储过程技术。如果在档案检索过程中涉及复杂的数据提

---

① HOURS H, BIERSACK E, LOISEAU P, et al. A study of the impact of DNS resolves on CDN performance using a causal approach [J]. Computer Networks, 2016, 109: 200-210.

取过程，则将过程数据处理逻辑封装到存储过程里面，这样就能避免通过网络来回进行数据交互，档案数据通过存储过程处理后统一返回用户请求信息。由于存储过程采用参数的方式传入检索请求信息，在提升检索性能的同时还可以避免平台结构化查询语言（Structured Query Language, SQL）依赖注入漏洞。

最后是充分利用索引技术。在档案信息最频繁使用的检索点使用的相关列上创建索引，可以极大地提升检索性能[①]，因为加索引在提升检索性能的同时会降低平台档案信息的修改、新增与删除功能的性能，这里可以采用将档案信息检索所需要的主体信息放在历史表中，这样可以满足由于信息变动带来的其他功能的性能问题。

智慧档案信息服务平台后台数据库数据处理优化方式如图 6-26 所示。

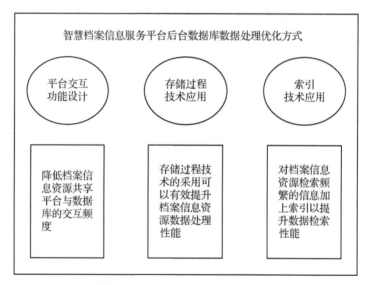

图 6-26　智慧档案信息服务平台后台数据库数据处理优化方式

6.6.3.3　Redis 缓存技术数据处理优化实现

如果智慧档案信息服务平台面向用户的信息都从数据库中读取，平台在使用量达到一定的用户量级之后，就会存在极大的性能问题。为了缓解数据库的压力，可以将不经常变化并且访问频繁的用户请求档案信息放入

---

① 高玉平. 海量图书检索信息的快速查询系统优化设计研究［J］. 现代电子技术，2017，40（6）：5-9.

Redis 缓存。这样在档案信息检索请求发起后，首先判断 Redis 缓存中是否存在用户请求的档案信息，如果存在就直接从 Redis 缓存中读取档案信息，这种情况下会大幅提升平台检索性能；如果 Redis 缓存中不存在用户请求的档案信息，将从数据库中读取档案信息相关数据，同时需要将读取到的档案信息写入 Redis 缓存，这样在下次用户再发起同样的请求系统时就可直接读取 Redis 缓存而不需要访问数据库。智慧档案信息服务平台 Redis 缓存请求实现流程如图 6-27 所示。

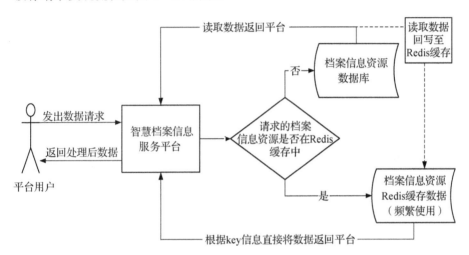

图 6-27 智慧档案信息服务平台 Redis 缓存请求实现流程

Redis 缓存可以在客户端使用，为了使该技术能够在智慧档案信息服务平台项目中运用，需要在解决方案中加入 Redis 操作动态链接库（Dynamic Link Library，DLL）文件。DLL 文件同样可以从 GitHub 平台下载。DLL 文件添加至引用后，需要将配置 Redis 操作参数写入配置文件，在配置中需要注意 Redis 的端口信息为 Redis 服务中显示的端口，默认端口号为 6739。配置相关信息完成后，需要写一个通用 Redis 缓存管理器类来实现获取 Redis 客户端实例，添加档案信息实体集合到缓存中，添加字符文本类型档案信息，获取字符文本类型档案信息，根据键名获取档案信息列表、所有档案信息以及指定条件类型档案信息列表，删除指定键缓存信息，清空缓存信息。在之后的实践中有需要使用缓存的地方直接调用通用 Redis 缓存管理器即可。

6.6.3.4 智慧档案信息服务平台数据处理缓存技术优化效果分析

准备 1 000 万条档案信息数据,档案信息数据中包含基本数据类型,如字符类型、时间类型、GUID 类型,文档信息单独存储,与专门存放文档信息的表关联,档案信息日志数据中同样包含 1 000 条。准备用户信息 100 万条,平台操作请求采用 10 的 N 次方进行递增加压,请求的数据条数同样采用 10 的 N 次方进行递增加压。测试设备操作系统为 Windows 10,CPU 型号为英特尔酷睿 i5-7200U,内存容量为 8 GB,硬盘为固态硬盘,测试结果如图 6-28 所示。

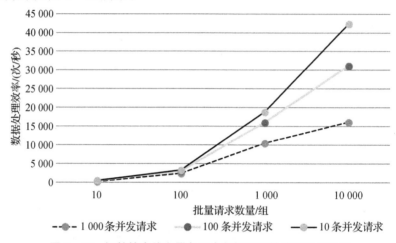

图 6-28 智慧档案信息服务平台数据处理性能测试结果图

通过测试结果不难发现,随着档案信息批量请求数量的增加,平台每秒钟可以支持的请求数也越来越高,同时 Redis 缓存技术对于并发连接的支持也很好,随着档案信息检索功能使用率与使用用户的不断增加,采用该技术后可以有效提升平台的数据处理效率。

总之,智慧档案信息服务平台不仅要适应档案服务综合管理平台、Web 平台和移动平台,还要可扩展到移动平台大体系[①]。通过对智慧档案信息服务平台的数据处理进行优化和研究,最终通过采用用户使用的浏览器层面、CDN 等相关前端技术,充分利用存储过程、索引等后端数据库检索技术,并在后端数据访问优化采用了 Redis 缓存技术,从而实现了智慧

---

① 卞咸杰. 基于 WCF 技术的跨平台档案信息资源共享平台建设的研究[J]. 档案管理,2016(4):37-41.

第6章 大数据时代智慧档案信息服务平台的数据运行

档案信息服务平台的数据高效访问。本书研究仍有值得改进与探讨之处，比如使用缓存技术可以显著提升系统的性能，但对于平台数据的实时性产生一定的影响，档案信息在缓存期间，原始数据库被修改了，这时终端用户读取到的信息实际上还是数据被修改前的档案信息，这就需要对档案信息需要缓存的信息做出评估，进而确定缓存设置的过期时间问题，另外采用 Redis 缓存技术还需要考虑数据命中率问题，如何提升档案信息访问在 Redis 中的命中概率也将成为未来研究的方向[①]。

---

① RAI P, LAL A. Google PageRank algorithm: Markov chain model and hidden Markov model [J]. International Journal of Computer Applications, 2016, 138 (9): 9-13.

第 7 章
大数据时代智慧档案信息服务平台的创新利用

7.1 智慧档案信息服务平台智能检索

7.1.1 平台档案智能检索概述

云计算以及互联网的应用有利于智慧档案信息服务平台的建设，在云平台下用户可以随时随地查阅档案信息。物联网技术让档案的内容以及位置进行匹配，可以被轻松识别、读取。大数据时代，大数据技术在智慧档案信息服务平台中的应用更有利于对档案资源进行分析和挖掘，让传统档案知识化，更有利于提高档案利用率。

档案信息智能检索是智慧档案信息服务平台对外服务的主要形式，用户通过关键词检索、语义检索、全文检索等方式进行档案信息查询并获取相应的数据，使得在档案信息大数据中，平台根据用户的需求在特定时间与限制条件下找出所需的档案信息资源。随着存储技术的提升，存储档案信息资源数据在数据存储空间和数据存取速度上得到了很大的提升，多媒体档案数据也将成为未来档案数据存储的主要形式，这就要求平台支持对多媒体档案数据的智能检索，支持多种检索模式满足用户不同的检索要求。可通过关键字进行声像全库模糊查询，也可通过自定义查询条件进行高级查询。人工智能技术的进步，要求平台同时具备图像识别功能，可通过直接查询图片查找类似的声像档案数据。

7.1.2 基本检索

智慧档案信息服务平台在智能检索前端页面查询选项上要求系统支持多种档案查询模式，可以根据档案条目进行检索，也可以直接针对档案电子文件进行全文检索；支持按照收集库、审核库、保管库进行跨库检索；支持用户自定义检索条件进行多条件组合检索；等。关键词检索是智能检索比较核心的功能，需要对所有数据的关键词支持检索，包括结构化数据和非结构化数据，并且支持对于多个关键词的组合检索，关键词之间的关系支持与或非与括号，实现关键词灵活组合，同时要防止平台关键字被注入到数据库。

7.1.3 语义检索

智慧档案信息服务平台需要支持语义检索，基于语义的档案智能检索关键技术包括文本提取、自动分词技术、构建档案语义信息模型、语义标注与语义查询技术等。该技术首先将档案实体通过智能识别工具转换成文本信息，并提取关键词形成语义字典库，其次运用词典分词算法按照一定的策略将待匹配的字符串与词典进行匹配，若找到则识别了该词。在用户请求档案查询时，平台根据用户的用档特征判断其所处的行业或职业特点，并将与此相关的信息优先向用户推荐、展示等，以确保档案信息用户的意图精准地被平台智能识别。在用户对同一检索信息使用不同的关键词来检索时，平台可以解决语义表达差异的问题。在与档案信息用户的交互过程中，平台通过智能提示引导档案信息用户表达出真正的查档需求，使用户的档案信息需求能够真正地被平台所理解，尽快获取到档案信息数据。

7.1.4 个性化智能检索

对于全库检索模块不需要指定任何条件，只需要在智慧档案信息服务平台的检索页面输入相关的检索信息，平台就会在选定的数据库里进行自动匹配信息，匹配结果在第一时间迅速地反馈给档案用户。用户不需要了解检索的过程和详情，并且平台会支持在上一次档案信息检索的范围内再次查询，以缩小检索的范围，增加检索的查准率和查全率。平台可为档案用户提供权限范围内的档案信息查询、浏览、下载及打印等服务，针对档案目录进行查询，可检索项目包括题名、责任者、时间、保管期限、密级等。

7.1.5 高级检索

平台支持用户自定义高级检索以实现档案信息用户提出的具体信息查询。在智慧档案信息服务平台的检索模块中，平台会提供一个查询表达式，帮助档案信息用户实现查询表达式的定义。此外，全文检索方面将充分利用检索引擎，实现档案信息的智能检索目标。平台支持DOC、XLS、PPT、PDF、txt、TIFF等文件类型的全文检索，通过扫描数据库中的词语并建立一个索引，标出该词语在文章中出现的次数和位置，在档案信息数据查询过程中优先通过查找索引以提升检索性能，并将查询的结果反馈给用户。根据检索项提供多条件组合查询、渐进查询、逻辑查询等，如在多条件组合查询中，可根据题名、责任者、时间、文号、密级、保管期限等元素进行检索,并能对平台内的档案信息常用检索路径进行优化,满足用户对检索目标的高查全率、高查准率的要求。

7.1.6 检索内容展示

智慧档案信息服务平台的检索模块的功能比较齐全,可以根据用户的级别,如管理员、高级用户、普通用户的不同权限,分别授权对查找到的档案原文进行申请浏览、下载、打印、添加水印等系列操作。对多媒体档案信息的检索也很方便,在平台上采用流媒体播放器进行播放,或者申请下载异质存储。通过与传输加密、浏览防扩散、打印防扩散等技术的集成来保证档案数据的稳定性、安全性、可操作性。可以借助于 AgGrid 框架来实现档案信息智能检索页面,它是一个功能齐全、可定制度高的 JavaScript 数据网格,在处理大量复杂的档案信息资源数据方面具有良好的表现。该框架可以同时满足档案信息查询结果的表格和图表展示,在智能检索页面中看到的内容都是可配置的,并且能够做到自动记忆以满足不同用户的个性化档案信息查询需求。

7.2 智慧档案信息服务平台智能编研

7.2.1 平台档案智能编研概述

档案管理人员在工作过程中,时常需要借助已有档案信息资源来进行归集整理形成系统的分类档案材料,并通过编研手段,对特定的档案信息资源数据进行统计分析,形成有价值的档案汇编成果。传统的档案编研时代,以人工为主,即使依托计算机辅助编研,工作效率也很低[①],编研成果的形成需要大量的人力资源与时间资源。智能编研是借助人工智能技术与大数据技术,从现有的档案信息资源数据中,根据用户的编研需求,智能挖掘出相应的档案信息数据,并按照预设的格式形成材料的过程。档案信息智慧编研需要包括档案目录编研及档案电子文件编研(年鉴、大事记、重大活动、专题认证)等,主要功能包括但不限于辅助选题、档案查找、信息筛

---

① 兰鹤翔.浅谈智能化档案编研系统[J].黑龙江科技信息,2016(22):275.

选、文献加工、辅文撰写、审核与校对,以及编研成果发布与管理。

7.2.2 平台档案智能编研过程

对于智能编研需要经历确定编研关键词、档案信息资源大数据筛选、内容智能编辑、编研成果形成几个阶段,如图7-1所示。

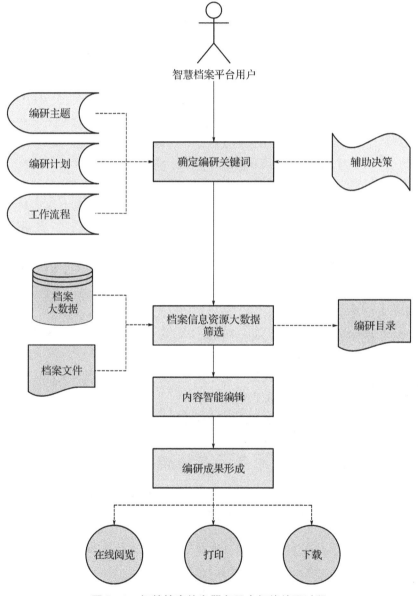

图 7-1 智慧档案信息服务平台智能编研过程

(1) 确定编研关键词。根据已经确立的档案编研主题，对档案编研计划制定、工作流程定制和业务过程管理进行分析并研究与其相关的关键词。关键词的确立，客观上以《中国档案主题词表》为依据，主观上与档案编研人员业务素质有关，关键词的选择将直接影响编研成果水平的高低。在编研关键词确立阶段支持选题辅助决策功能，支持根据选题自动给出建议关键词、辅助用户确定关键词。

(2) 档案信息资源大数据筛选。根据关键词，对档案信息数据库进行匹配过滤，搜索所有包含关键词的档案文件，支持根据选题检索或自动推荐编研所需档案资料，支持评述性材料、查考性材料、检索性材料的筛选。为了提高档案信息的查全率与查准率，可以考虑采用全文检索方式进行搜索，搜索的结果形成与编研主题相关的档案文件目录。提供跨档案类型组织专题功能，组织专题根据专题的内容从海量档案文件或照片库中选择与主题有关的档案或照片。提供专题分类维护、专题维护、调取档案、专题发布功能。

(3) 内容智能编辑。可以利用档案编研编辑器，对文件进行编辑，支持评述性材料、查考性材料、检索性材料的撰写。提供跨档案类型组织专题功能，组织专题根据专题的内容从海量档案文件或照片库中选择与主题有关的档案或照片。提供专题分类维护、专题维护、调取档案、专题发布功能。拷贝与编研主题相关的信息，直接粘贴到所需的编研成果文件中(如年鉴、大事记、专题汇编等)，可以直接在编研成果文件上根据需要进行内容修改，提供编研成果的多次审校功能，记录审校意见、时间和责任人等相关信息[①]。

(4) 编研成果形成。支持在线阅览、打印、下载。编研后的文件可导出生成离线压缩包，压缩包含目录附件及离线 HTML 文件，可直接打开 HTML 文件进行目录及附件的一键检索，提供展板、期刊、文件、声像档案的编研，包括编研任务的创建、编研计划上传、编研过程所需档案、编研成果的电子书展示、编研成果 PDF 模式、音频视频等展示。

7.3　智慧档案信息服务平台可信认证

7.3.1　档案可信认证服务概述

2005 年 4 月 1 日《中华人民共和国电子签名法》正式施行，电子签名

---

① 兰鹤翔. 浅谈智能化档案编研系统 [J]. 黑龙江科技信息, 2016 (22): 275.

取得合法地位,对电子商务发展起到巨大的推动作用,也对可信认证起到促进和保障作用。目前,可信认证在档案行业得到了一定程度的推广和应用,2018年,教育部学位中心就开始提供学历学位认证服务,认证方式主要采取依靠权威机构的背书,虽然增加了学位证书的伪造难度,但也出现认证流程复杂低效、成本损耗较高等问题[1]。2019年12月,宁波市鄞州区档案馆接入"浙江省可信身份认证平台",在浙江省首家启用"可信认证＋人脸识别"系统,这种创新的档案利用方式是将可信认证服务嵌入自助查档终端中,仍需要通过手动输入用户的身份证号、姓名等相关信息,办理身份验证等手续,最终根据认证结果直接选择自助办理或转人工服务[2]。

《"十四五"全国档案事业发展规划》在档案信息化建设方面特别提出要完善档案信息化发展保障机制。档案工作由于其特殊性,在智慧化转型过程中面临不少问题和挑战,档案业务的开展需要不断提升。档案馆是档案事业的主体和档案信息资源的集散地,数字档案势在必行。但是,数字档案的易篡改、篡改无痕等特点,对数字档案原始性、完整性保护提出了更多挑战。在办理档案服务的全过程中,数字档案资源真实性、完整性、可用性、安全性需要得到真实性验证[3],确保其在流通过程中安全可信,实现数字档案资源可信验证。一方面需要确认档案服务对象的身份信息;另一方面需要实现提供的电子文件具有法律效力,从电子文件"形成、流转、归档"到电子档案"移交、保管、利用"等全流程电子化管理需要有电子印章技术的支持,在确认电子文件签署主体真实身份的同时,防止用户抵赖,并通过电子签章的验证功能,有效防止电子文档被篡改或伪造的情况发生,确保公文收发、流转文档信息的真实性、完整性和不可篡改。智慧档案信息服务平台支持电子签章加盖功能,查到所需档案后点击签章即可对电子文件进行电子签章,实现可信认证服务,如图7-2所示。

---

[1] 周春天,王利朋,贾志娟,等.基于区块链的学历证书可信认证系统[J].计算机时代,2021(2):34-37.
[2] 罗锋.档案可信认证应用场景探索:以鄞州"可信认证＋人脸识别"系统为例[J].浙江档案,2020(11):42-43.
[3] 姚颖超.爱立示:无钥签名为数据安全保驾护航[J].宁波通讯,2019(23):42.

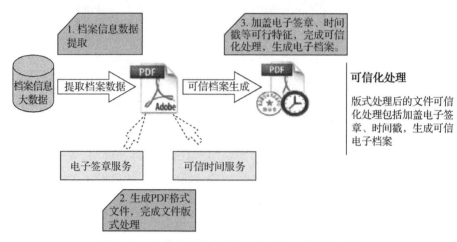

图 7-2　智慧档案信息服务平台实现可信认证过程

7.3.2　档案可信认证服务的总体架构

智慧档案信息服务平台可信认证的总体架构如图 7-3 所示，主要由档案利用系统数据库、CA 数字证书受理系统、数字签名认证系统三大部分组成。

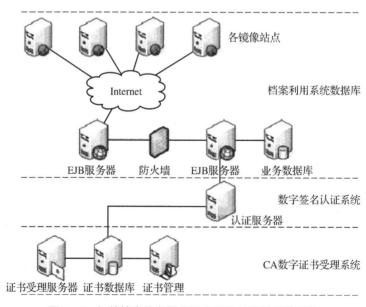

图 7-3　智慧档案信息服务平台可信认证的总体架构

7.3.2.1 档案利用系统数据库

智慧档案信息服务平台系统包括了两大数据库：一是业务数据库，二是证书数据库。在此基础上，证书数据库可以按需新增，而不是原有的业务数据库；该方法仅需进行升级，以达到数字签名的验证要求。根据证书数据库的数据，用户数据通过数据库批量导入用户的数字证书；证书信息内容包含但不局限于使用者证书及证书资讯、证书状态。用户与证书的关联数据，反映了档案用户信息和证书的对应。

在档案数据库中，数据以用户数据、档案业务数据和签名数据为主。在这里，用户数据是指用户的个人信息，档案业务数据和签名数据是指在档案利用服务中加入对应的签名域和数字证书的序列号。

7.3.2.2 CA 数字证书受理系统

数字证书是互联网通信中标志通信各方身份信息的一串数字，是加在数字身份证上的签名或电子印章，由证书授权（Certificate Authority，CA）机构签名颁发的识别身份的数字文件，该签名具有一定的权威性和严肃性，第三者不能伪造和篡改证书。目前 X.509 V3 数字证书，其信息主要有证书的版本号、序列号、颁发者的名字和唯一标识符、持有者的名字和唯一标识符、有效起止日期、持有者的公钥、扩展项以及颁发者的签名。其中，数字证书的扩展项具有较强的通用性和灵活性[1]，它是根据数字证书的不同应用而由证书的颁发者具体定义的。数字证书由相对权威的授权机构审核颁发，其权威性不言而喻，既可用来向系统或者系统的其他实体证明自己的身份，又起到公钥分发的作用[2]。

7.3.2.3 数字签名认证系统

数字签名认证系统由客户端浏览器签名控件、签名认证服务器和签名验证管理系统等组成，基于 CA 数字证书，为异构系统提供真实身份认证和核验服务，确保操作者身份可信、操作防抵赖。数字签名认证系统为组织提供具有法律效力的电子印章，满足各类业务文件在线签署需求，打通

---

[1] 王媛. 基于 PKI 的网上报税系统安全模块的研究与实现 [D]. 西安：西安电子科技大学，2011.
[2] 谢巧玲. 基于动态口令的双向身份认证识别系统的设计与实现 [D]. 西安：西北大学，2008.

业务全程数字化"最后一公里"。

7.3.3 平台档案可信认证服务的流程

可信认证含无纸化查档接待及电子文件查档功能，系统可通过微信、支付宝提供的人脸识别技术及第三方电子签名技术实现无纸化查档接待功能，同时具备兼职档案员查档申请、审批等功能。档案借阅包含实体档案借阅与电子档案借阅两种借阅方式，两种方式都需要实现网上预约申请。实体档案借阅通过二维码库房管理模块扫描方式替代原始的手工借阅登记工作，并可通过人脸识别技术自动识别借档人身份，通过手写板签名方式代替传统的档案借阅登记表签名，实现借阅单的电子永久保管，方便借阅利用统计工作；电子档案借阅需要设置权限控制，可以由管理员审核批准借阅方下载或浏览权限。

7.3.4 平台档案可信认证服务的审批

平台具备查档预约功能，以权限管理为基础，人性化设定审批流程，可以控制每个审批环节的流转、执行用户组与权限；支持对部分符合条件的档案设定不同的审批流程；支持将审批信息通过短信、邮件的形式发送至干系人。

7.4 智慧档案信息服务平台智能分析

7.4.1 智慧档案信息服务平台的架构

智慧档案信息服务平台架构包括业务架构、应用架构、安全架构、实现架构与测试架构几个方面，针对智慧档案信息服务平台前期挖掘的用户需求，选择合适的应用架构，确保平台未来的可扩展性与性能需求。智慧档案信息服务平台架构如图7-4所示。

第7章 大数据时代智慧档案信息服务平台的创新利用

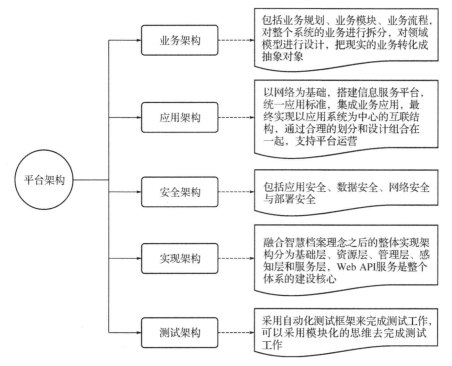

图 7-4 智慧档案信息服务平台架构

7.4.1.1 业务架构

业务架构在智慧档案信息服务平台前期工作中需要被重视，包括业务规划、业务模块、业务流程，对整个系统的业务进行拆分，对领域模型进行设计，把现实的业务转化成抽象对象。它涉及至少一个组织，是按某一共同的目标、通过信息交换实现的一系列过程，其中每个过程都有明确的目的，并延续一段时间[1]。设计好业务架构要考虑比较多的方面，要做到业务彼此隔离、业务与技术隔离，从业务架构中能够分析出平台业务流转过程、平台业务涉及的用户以及平台的服务能力。在业务架构设计过程中，首先要确定目标用户，这是从组织和目标中推导出来的，考虑业务的受益方是谁、为什么要做这个业务、受益的群体是谁，有了明确的受益群体就有推动实现平台的动力。其次要确定平台业务流程，这是从过程推导出来的，并且这个业务流程是固定的。这里的业务流程是大的流程，每个

---

[1] 凌峰，柏林．由流程分类界定企业管理流程概念的尝试［J］．河北企业，2015（5）：6-8．

流程都会再往下分解成子流程，如档案查询业务。它会有一系列子流程，如档案查询涉及的内容审批、档案查询用户权限等。在业务架构的流程中最重要的是识别出业务流程和业务流程中包含的业务要素，换个角度来看就是业务要素与业务要素之间的关系。

业务架构有两个显著的特性：首先是业务具有流动性，其实这是业务生命周期的体现，从产生、拥有、使用可以看出业务的流动，这是横向的；其次是业务具有层次性，这是纵向的。对于业务架构，需要站在业务的角度，分析业务与业务之间的关联性，如档案管理业务，它就涉及用户群体确定、档案保密、档案借阅审批流程等，思考系统之间的交互和依赖关系，以及依赖系统要提供的哪些能力。从整体上考虑整个业务的运转并逐层分解，平台业务由几个主要的流程组成的，每个流程又能往下继续分解出细的流程。我们的目的不是分解，而是通过分解可以找出业务要素，此时要经过一定的抽象才能形成平台目标的领域对象，因为分解找到的业务要素很多是可以合并归类的，这样就大大减少了业务要素，也降低了理解的复杂度。

7.4.1.2 应用架构

智慧档案信息服务平台应用架构描述了平台需要实现的系统功能和使用技术相关的内容，采用以网络为基础，搭建信息服务平台，统一应用标准，集成业务应用，最终实现以应用系统为中心的互联结构，通过合理的划分和设计组合在一起，支持平台运营与维护。应用架构介于业务与技术之间，是对整个系统实现的总体架构，需要指出平台包含的应用层次、平台开发的原则、平台各个层次的应用服务。平台应用架构常见的有分层架构、单体架构、微服务架构、事件驱动架构、面向服务的架构（Service-Orented Architecture，SOA）。微服务架构既是一种架构，也是构建软件的方法。在微服务架构中，应用被拆分成最小的组件，彼此独立，其中的每一个组件或流程都是一个微服务。对于事件驱动架构而言，事件的捕获、通信、处理和持久保留是解决方案的核心结构。这和传统的请求驱动模型有很大不同[1]。事件是指系统硬件或软件的状态出现任何重大改变，而事

---

[1] 张进，叶博嘉，周航，等．空域数据主动管理模式研究与实践［J］．办公自动化，2022，27（2）：9-12．

件可能源自内部也可能源自外部。面向服务的架构（SOA）是一种非常成熟的软件设计模式，它有点儿类似于微服务架构模式。在具体的实现过程中，面向服务的架构包括应用视图、应用模块视图、应用功能视图以及应用用例视图四类视图。

7.4.1.3 安全架构

档案信息资源数据不同于普通的数据，其存在数据保密与安全的属性，其数据自身安全是保证平台安全稳定运行的关键，在平台前期设计规划过程中需要建设完善的数据安全主动防御体系和数据安全预防机制。平台的安全架构主要从应用安全、数据安全、网络安全与部署安全四个方面进行综合考虑。

（1）应用安全架构。首先平台为不同角色设置有特定操作权限，旨在通过角色权限控制，让特定角色进行功能模块、数据资源的差异化赋权访问，避免系统操作混乱，杜绝不法分子盗用和窃取系统数据资源，使系统操作始终保持在较高安全水平。其次，在系统授权用户与非授权用户登录系统之前，系统会主动鉴别用户角色属性，基于最小授权原则将匿名账户与非匿名账户的系统访问、管理、审计等权限进行分离，并标记不同用户的信息资源敏感性，实行统一化的安全策略，使两类用户在最小权限内访问系统资源，并通过赋权操作完成自身承担的任务。而特权用户的系统操作功能和权限则不受约束和控制，可对系统中的所有信息资源进行访问和操作。在用户登录、重要用户行为、系统资源存在异常使用、系统重要功能执行和系统资源审计的情况下，系统会基于加密技术认证用户与系统的会话合规性，并在通信会话过程中进行全程加密保护，防止出现系统访问风险。

（2）数据安全架构。在数据安全架构设计上，平台的数据处理、数据传输、数据存储以事务传输机制为约束，在充分确保数据完整性的基础上，通过数据质量管理工具检验数据完整性，如果发现系统完整性不足会发出预警，启用特定数据质量管理工具进行数据校验和恢复。平台用户在登录系统时的身份鉴别信息、关键系统管理数据、系统敏感业务数据在传输、存储、处理之前需加密，以专用安全协议和安全通信协议进行规范[1]。

---

[1] leveretz. 安全架构总体方案 [EB/OL]. (2016-11-23) [2024-02-01]. https://blog.csdn.net/leveretz/article/details/53303123.

(3) 网络安全架构。为保证系统对庞杂业务具备高效的处理能力，系统核心网络设备、通信带宽、数据存储应配置一定冗余空间，外部用户在访问平台时应由系统后台对用户身份进行鉴别，并设置防火墙和逻辑访问控制设备进行权限约束，以信息安全网络隔离装置进行数据资源访问控制，使不同用户只能使用与其角色权限相符的网络设备，平台管理员只能通过专属地址登录平台后台。在核心网络设备的安全架构设计上，需要以多因素身份鉴别技术进行身份属性的识别与认证，登录口令既要具备一定复杂性，也要定期修改更换。此外，系统还需配置登录失败处理功能、鉴别会话结束后的自动退出功能、登录连接超时自动退出功能、非法登录限制功能等[①]，平台档案信息资源数据应采用异地备份的机制，确保平台利用的高可用性。

(4) 部署安全架构。必须为主机系统和数据库系统设置唯一的身份标识，所有用户配置独立的管理账户，在登录之前进行身份表示的识别与认证，以免用户身份信息被冒用。同时，系统应设置登录失败预警提示功能、自主处理功能，在登录失败后能够自动结束会话，并限定非法登录尝试次数，在非法登录超限和连接超时后能够自动退出。主机系统与数据库系统对于用户的文件访问、资源访问、数据访问过程应具备规则控制能力，赋予被授权主体更改设置客体访问权限、操作权限、角色资料的设置功能；基于最小授权原则分离特权用户的访问权、操作权、管理权，主动安全审计所有用户行为，记录系统安全事件，定期编制系统安全审计报表；自动检测系统与设备的安全日志，识别入侵行为，采集入侵信息，发出预警提示；自主检测重要程序文件和配置文件，如果发现文件不完整则自动修复，采用设定终端接入方式、网络地址范围等条件限制终端登录。

7.4.1.4 实现架构

智慧档案信息服务平台与智慧档案管理理念相融合，整体架构由基础层、资源层、管理层、感知层、服务层五部分组成。微服务管理平台采用最先进的信息化系统架构体系，平台是整个体系的最核心部分，采用最先进的信息化系统架构体系部署在管理层。微服务架构针对不同服务功能的

---

① 付长松. 电力系统车辆管理模式与系统应用研究 [D]. 天津：天津大学, 2015.

相互识别和故障转移配置了若干注册中心，每一服务都具有特定的内容边界，可根据实际需求，在工程独立、契约化接口、版本独立、进程隔离的原则下进行个性化的设计、开发、部署、编译。以微服务架构为基础的服务系统配置了若干独立服务功能，可通过不同编程语言对不同服务进行个性化编写。微服务架构对新技术引入具有重要的支持作用，服务开发框架中的内置服务具有日志编写、数据访问、输入校验、权限设置等基本功能，可大幅简化业务服务逻辑代码的开发过程，降低服务开发难度，提高服务开发效率。同时，服务内容具备无状态与自动弹性伸缩功能，服务无状态在业务逻辑规则下基础数据相互分离，缓存（Cache）与对象存储服务自动将数据与会话内容存储在数据库中，服务实例可根据实际需要进行灵活调节。

通过断路条件设置能够避免系统运行问题的扩散和传导，提高系统安全性。微服务架构由若干微应用组成，采用耦合分解机制可将系统微服务架构细化为若干独立微应用。每一个独立微应用具备特定问题的解决功能，采用特定关联机制将不同微应用相互关联配合后，可通过服务平台进行统一管理。生命周期管理、异构性、轻量级通信是微应用的基本特征，任意微应用均可独立部署。微服务架构具备用户信息、应用数据、界面信息管理功能，是智慧档案信息服务平台基础架构的重要组成部分。

（1）基础层。部署有智慧档案信息服务平台建设所需的基础设备、网络条件、开发工具，根据预设协议和原则进行后台服务器、操作系统、数据资源、网络设备、通信协议、服务终端、办公终端、移动终端、采集终端的统一管理。

（2）资源层。智慧档案信息服务平台运行时所需的数据资源均由资源层提供，核心功能为馆藏数据资源采集、使用统计、表单编制。馆藏数据资源有纸本资源与数字资源两大类。馆藏资源使用统计数据包括馆藏资源用户访问数据、馆藏资源使用频次。

（3）管理层。实现各种应用系统优化管理是保障智慧档案信息服务平台高效运行的关键所在，对平台后续的功能拓展和升级更新具有重要的支撑作用。管理层的建设内容集中在两个层面：一是微服务管理平台建设，该平台集成了智慧档案信息服务平台的数据资源、用户数据、应用数据、界面数据的管理功能，是一个综合管理模块。二是管理系统建设，管理系统由中央知识库、馆内资源库、决策分析程序、系统设置程序四部分组成，主要负责系统管理指令的生成与下发。

（4）应用层。应用层具智慧档案信息服务平台各项应用服务的集中部署层，根据不同应用服务的交互规则灵活调用基础数据采集设备和环境感知设备，实现服务功能集中化管理。

（5）服务层。服务层部署有实体数据交互程序、互联网通信协议、无线通信协议，依托专用网站、App、微信小程序、微信公众号为不同类型的用户提供专属服务，满足多元化的用户服务需求。

智慧档案信息服务平台的功能需求多，体系架构复杂，在建设之前必须制定科学的设计方案、保障机制、安全机制、管理机制；在建成之后，应持续优化完善其配套机制和各项功能，才能使其具备较长的生命力。在实现过程中需按照具体的功能需求配置各种标准化接口，通过不同应用系统的数据共享，使第三方用户可按照系统平台设计规范进行文档开发，或将其他应用与平台对接，实现平台功能拓展与个性化开发[1]。

7.4.1.5 测试架构

智慧档案信息服务平台在实现过程中以及正式上线运营之前，需要经过严格的测试。在档案管理相关系统还处于单机运行时，系统开发过程很少有架构的概念，对系统的测试也没有独立出来。随着系统规模的增大，系统的复杂性成指数级增加，专业的软件架构应运而生。为了在规定时间内有效地完成复杂软件系统的测试，必须有一个指导性的策略来完成测试工作，因此测试架构策略就出现了。随着微服务、移动互联网、物联网、大数据、人工智能系统等的出现，要测试一个包含各种技术、外部依赖或者独立子系统的复杂系统，并不是简单地根据测试架构策略在不同层面上做不同的测试就可以了，而是要梳理各种测试之间的相互联系和制约，然后有效地将各个维度上的测试联系起来，用软件系统架构的思维去架构整个测试架构体系。对于智慧档案信息服务平台，它实际上是一个前后端分离的Web业务系统，不仅有前端使用者界面（User Interface，UI）和大量的JavaScirpt代码，还有后端的API和数据库系统，如何将各层测试有效

---

[1] 何志平．高校智慧图书馆管理平台的研究与实现［D］．杭州：浙江工商大学，2020．

地联系起来是测试架构需要解决的问题。前端、后端 API 和数据库系统有各自的单元测试、集成测试等,在某个缺陷被修复或者新功能完成后,需要进行平台的回归测试。与软件架构一样,测试策略和测试架构在不同的项目里面,需要根据其软件系统的架构、业务需求、人员的技能等因素来定制和设计。

在实际的平台测试过程中,一般采用自动化测试框架来完成测试工作,模块化测试是当前最主流的测试方法。模块化测试是将一个测试用例中的若干测试点拆分后,基于单点测试原则进行独立封装,形成一个独立的测试模块。另外可以采用测试库思维,针对不同应用程序编制库文件,每一库文件均是若干系列函数的合集。相较于模块化测试,测试库思维采用了接口拓展思路,主要通过不同接口的参数传递效率和质量作为平台功能判断依据,测试过程灵活简便。再者可以采用数据驱动思维,它可以将平台利用过程需要的数据放到模拟数据库中,在整个测试过程中,直接调用模拟数据库中的数据进行操作,这样可以大大节约制造数据的工作量。

7.4.2 智慧档案信息服务平台的设计

智慧档案信息服务平台在档案管理和用户信息管理方面遵循了层次管理原则,通过层次分析掌握不同角色关心的功能,能够使得平台用户根据自己账户所赋予的角色进行平台功能应用,提高平台运行效率和质量,实现不同功能逻辑的精准衔接,获得更加全面的资源信息。同时,考虑到未来的智慧平台功能拓展需求和智能化升级需求,本书重点分析了档案信息服务管理的未来趋势和方向,制定了一系列的优化方案,以使智慧档案信息服务平台能够更好地满足未来的应用需求[1]。

7.4.2.1 智慧档案信息服务平台的相关角色

系统管理员是系统运维管理的重要主体,除拥有系统参数设置、用户权限设置、用户信息设置、数据备份管理、用户身份审核、系统信息更新、档案信息管理、档案信息浏览等基础操作权限之外,还可以对各种利用申请等业务流程进行审批(如移交申请、赋权申请、借阅申请、鉴定审

---

[1] 王冬梅.智慧档案管理系统的层次与功能设计研究[J].民营科技,2017(5):79.

批），查看各类统计信息、兼职档案员权限管理、档案员数据上传、电子文件编写、馆藏档案检索利用等高级权限[①]，档案利用者与普通员工只具有数据的访问权限。

7.4.2.2 智慧档案信息服务平台的数据资源

当前，大部分档案馆在档案存管方面依然采用的是纸质卷宗保存方式，存管工作内容非常繁杂，对人工依赖性较强，不仅耗时耗力，还非常容易出错。而智慧档案信息服务平台在档案存管方面可通过层次设计分析、功能设计分析，采用电子扫描技术、数据拍照技术将纸质档案转变为具有特定标引的 PDF 格式的文档或 JPEG 图片，进行数据化保存，或直接将加盖水印的文本档案导入系统。从发展趋势上看，数字档案的入库管理效率较高，可满足各类文档与非文档的数字化保存，且不容易出错，这为现代档案管理提供了便利条件，非常适合信息化程度较高的部门和机构。在档案业务向面向用户服务的智能转变中，新档案入库功能是档案数据库建设的重点，必须确保新数据档案上传规则、上传流程、数据类型、字符标识的规范化，文档格式、音频格式、视频格式的统一化，精细划分不同档案的归档机制，以方便档案资源的后期管理、查询、使用[②]。对于档案信息资源数据涉及的数据权限方面，知悉范围内的权限类型默认可以访问档案平台全部数据，知悉范围外的权限类型默认只能检索和查看条目，全宗自定义类型需要满足特定人员对特定档案的利用权限。知悉范围级别可以按照如下方式指定：一级为后台显示；二级为所有人；三级为指定部门、人员（默认）。

7.4.2.3 智慧档案信息服务平台的设计分析

（1）安全认证。档案文件具有私密属性，安全认证是保障档案文件不被泄露、窃取、盗用的首要保护机制。在档案安全风险防护设计中，既要科学设置服务器规则、路由协议、防火墙安全参数，也要注重软件层面的安全防护，配置系统文件加密机制、管理员账户加密机制、用户档案加密机制，详细记录管理员权限设置、档案修改、档案上传、档案删除、档案

---

① 陈慰涌，金更达．数字档案馆系统安全策略研究 [J]．浙江档案，2008（7）：21-24．
② 赵小强．智慧档案管理系统的层次与功能设计分析 [J]．档案管理，2016（4）：27-28．

审核、档案检索,用户上传档案、用户检索档案、用户浏览档案,以及系统自动编辑修改档案与文件的日期、时间、操作员工号等信息[①]。

(2)档案信息的存储。针对档案信息存储制定规范的制度和标准有助于提高档案信息资源存储质量。在该方面,构建快捷高效的档案上传接口,设置档案批量高速上传、档案资源外部导入、元数据导入、数字档案与文字档案转换、多类型档案批量载入、档案资源安全性鉴别、档案使用权属管理等功能能够大幅提升档案存储管理的便捷性,加强档案信息存储安全。

(3)档案信息的组织。档案信息的组织的主要目的是编排资源库中的档案序列,根据不同档案的逻辑关系构建一个层次分明、关系逻辑清晰的系统知识体系。智慧档案信息系统在信息资源组织方面需要针对不同部门、主体、领域、责任者的关联档案进行分类,用关联词组描述不同档案的上下位类联系、语义联系,为同类型档案的聚类组织管理创造便利条件。

(4)档案信息的检索与传播。关键词检索与分类检索在多系统资源检索中的应用非常广泛,检索中得到的档案资源信息具有一定的内在关联,能够使用户更加高效地查找与自身需求相符的档案信息。为确保档案信息的安全性,有必要在为各类系统档案设置专用权限字段的基础上,通过针对性开放模式使不同机构的保密档案在特定时段内有限制地开放,以提高针对性信息与共享性信息的可用性。

(5)用户评价与互操作服务。智慧档案管理系统配置用户评价功能与互操作功能的主要目的是为了给用户之间、不同系统之间、用户与系统之间的信息共享交互提供一个高效的互动平台。其中,用户在与系统交互的过程中的身份为系统帮助者,可提出系统操作问题、运行问题、使用感受,或对各种系统问题进行解答,而系统会自动收纳相关问题和答案,并生成系统问题解决提示,使用户在遇到系统问题时可通过检索的形式快速找到解决方法。此外,用户评价功能与互操作服务功能还能够帮助档案信息平台更加及时准确地掌握档案信息使用情况,并根据用户的档案信息检索偏好生成快捷检索词,使用户在无需输入所有档案信息的情况下,仅需

---

① 王冬梅. 智慧档案管理系统的层次与功能设计研究[J]. 民营科技,2017(5):79.

要通过特定词汇即可查找目标档案,但该程序的实现以多系统互联为前提。

7.4.3 智慧档案信息服务平台的实现

随着大数据技术的成熟,对于行业大数据的收集、清洗、处理及应用越来越便捷。在智慧档案信息服务平台的实际利用过程中,辅助利用移动互联网技术可以收集大量有价值的数据,为了在大规模数据的基础上获得新的认知、创造新的价值,对收集到的数据如何合理利用成为当下热门话题。通过对档案信息资源数据的深度分析,挖掘数据之间的关联,利用数据之间的关系得出合理的推论,在此基础上,反过来利用不断更新的档案信息资源数据验证推论的合理性,以证明数据推论的正确性。对于用户而言,可视化的图表操作可以帮助其挖掘更多的价值信息。在档案信息大数据时代,用户很难了解现象背后的原因,但通过图表化的分析,可以让数据朝着用户设定的方向进行。档案信息资源数据不同于一般的移动互联网社交信息数据,在做数据分析的过程中需要严格注意各种信息的保护,数据的可视化访问权限需要提前做好策略管理[1]。智能分析系统的应用可以使档案信息的利用更加便利,通过对智慧档案信息服务平台的智能分析系统进行设计,在模型构建的基础上,实现个性化数据分析可视化展示。

7.4.3.1 智能分析系统概述

智慧档案信息服务平台智能分析系统主要利用平台中不断增加的档案信息资源数据,对数据使用的用户行为进行挖掘并做关联分析,进而分析平台运行状态与档案服务业务质量,提供面向用户和面向档案管理者的数据决策支持。为了更好地利用档案信息资源数据,在数据处理过程中需要重视待分析数据的清洗工作,以确保待分析数据的正确性[2],在智能分析系统实际使用过程中,由于移动互联网技术的成熟和移动智能设备的普及,除了可以在传统的 PC 端进行数据分析外,还可以在手机、Pad 等移

---

[1] MING C, SHE J. An analytic system for user gender identification through user shared images [J]. ACM Transactions on Multimedia Computing, Communications, and Applications, 2017, 13 (3): 30.

[2] 卞咸杰. 档案信息资源共享平台数据处理流程研究 [J]. 档案管理, 2018 (6): 33-35.

动端进行查看，让用户最终不通过 PC 就可以方便地用手指触摸的方式查看各种可视化报告。移动智能设备的利用还可以挖掘出更多的用户特性，进而为平台的优化提供客观的数据参考。

在系统的实现过程中，对数据的描述性分析、线性回归分析、方差分析、主成分分析等数据分析方法进行了综合研究，按照需求分析、概念结构分析、逻辑结构分析、物理结构分析等步骤建立了数据分析模型，系统主要提供如下三方面的分析功能。

建立面向档案管理人员的分析模式；

建立面向业务的分析模式；

建立面向系统的分析模式。

7.4.3.2 智能分析系统设计

在前期数据调研的基础上，本节将从系统总体设计思路、系统总体架构、系统实现关键技术以及系统功能几个方面对智能分析系统进行设计[1]。

(1) 系统总体设计思路

智能分析系统的最终目的是满足不同类型用户对智慧档案信息服务平台进行数据分析，系统无法从现有的平台中分析出高价值信息，但通过合并不同领域、不同年份的平台数据，从大体量的信息中分析出来的报告具有参考价值，最终可形成个性化的图表可视化界面[2]。在具体实现过程中，需要综合考虑平台用户群体的特性，考虑在用户角色、角色权限管理方面具有友好的设置页面，在用户进入平台进行数据分析时，需要为用户提供不同类型的数据进入系统进行综合分析，并提供不同的模板与不同的外观进行展示。在移动互联网技术不断发展的背景下，平台的设计需要考虑智能终端移动设备的兼容性，由于用户来源的多样性，在系统安全性方面需要加强配置控制。

(2) 系统总体架构

智能分析系统在总体架构设计上，考虑了档案管理人员、平台用户、

---

[1] 王智鹏. 基于移动教学 APP 的学习状态预警系统的研究与实现 [D]. 沈阳：辽宁大学，2019.

[2] KRENZKE T, GENTLEMAN J F, LI J Z, et al. Addressing disclosure concerns and analysis demands in a real-time online analytic system [J]. Journal of Official Statistics, 2013, 29 (1): 99-124.

平台系统管理员等角色，同时需要考虑移动智能设备的数据分析功能的兼容性。在数据库兼容性上不仅要考虑关系型数据库，也需要兼容非关系型数据库，使得平台最终给用户呈现出丰富的可视化界面应用。分析系统是属于智慧档案信息服务平台的数据分析模块，需要实现平台之间的数据集成，这方面采用单点登录的方式实现平台之间的身份验证互通。对于用户角色权限方面，需要建立统一的管理中心。智能分析系统总体架构如图 7-5 所示。

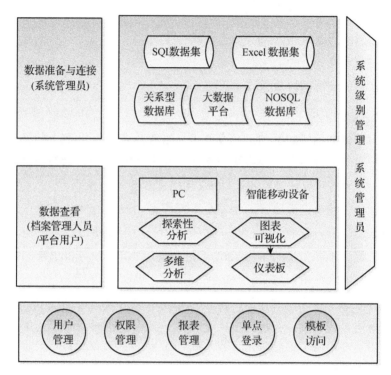

图 7-5　智能分析系统总体架构图

（3）系统实现关键技术

智能分析系统实现关键技术主要体现在数据采集、数据预处理、数据分析挖掘以及数据分析结果预测等方面[①]。技术维度方面主要有知识获取技术、知识表示与组织技术、自然语言处理技术、人机交互技术、新型计算机技术与深度学习技术。在系统实现过程中，商业智能技术是必不可少

---

① 翁俊河，李湘丽，林燕斌，等. 基于大数据挖掘的网络舆情智能分析系统关键技术研究［J］. 通讯世界，2019，26（9）：116-118.

的,商业智能技术通常被理解为将现有的数据预处理为知识,对档案信息资源数据预处理后得到的倒排索引文件进行特征选择,实现特征降维[①],得到的数据特征集合为辅助决策者做出决定的依据。

(4) 系统功能设计

智能分析系统从功能结构上分为数据层、应用层、展示层。数据层主要用于用户创建数据源,应用层实现管理用户配置和权限体系,同时可用于个性化可视报告设计,展示层主要用于档案信息资源数据在前端的展示。智能分析系统功能设计明细如图7-6所示。

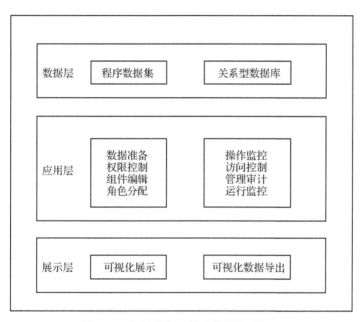

图7-6 智能分析系统功能设计明细图

7.4.3.3 智能分析系统实现

通过对智能分析系统实现过程进行概述,利用 ASP.NET 样本项目 (ASP.NET Boilerplate Project,ABP) 技术对分析系统进行实现,并通过数据分析模型的构建,实现智慧档案信息服务平台的智能分析系统的构建。

---

① 化柏林,李广建. 智能情报分析系统的架构设计与关键技术研究 [J]. 图书与情报,2017 (6):74-83.

(1) 系统实现过程

系统实现包括两个部分。第一部分是智能分析系统自身的构建，系统将采用ASP.NET Core技术构建，ASP.NET Core是一个跨平台、高性能、开放源代码框架，用于构建现代的支持云的互联网连接的应用程序。在前端展示方面，将采用HTML5与CSS3技术，结合Bootstrap框架技术[1]，这样可以兼容传统的PC和移动智能设备。后端数据库支持将采用SQL Server 2016，该数据库将提供更好的数据安全性能，在事务性能方面有较大的提升。分析系统数据操作采用存储过程以确保性能与数据安全性[2]。第二部分是系统模型框架的构建。为了支持系统灵活配置数据分析条件及展示数据，需要对后端数据分析进行合理的监控，包括服务器自身的硬件状态，如内存、CPU等。个性化的应用越强，对不同的配置信息进行备份还原操作越需要支持页面层级的维护。另外对日志相关的数据也需要进行完善，如用户访问平台数据、用户行为数据、性能监控数据、系统出错数据等都需要纳入系统的实现当中。

(2) 数据分析系统技术实现

数据分析系统在技术框架上采用ABP框架。该框架是一个开源应用程序框架[3]，专注于基于ASP.NET Core的Web应用程序开发，使用该框架可以便捷地架构智慧档案信息服务平台智能分析系统。基础框架通过在程序包管理控制台输入ABP提供的创建项目命令，即可自动生成智能分析系统的解决方案。生成的解决方案已为系统构建了展现层、应用层、领域层、基础设施层、分布式服务层。其中，展现层主要用来提供用户界面，实现用户交互操作；应用层主要进行展现层与领域层之间的协调，该层不包含具体的业务逻辑；领域层包括业务对象和业务规则，这是分析系统程序的核心层；基础设施层主要用来提供通用技术来支持更高的层，例如数据仓储可通过ORM来实现数据库交互；为了使系统的实现更具有灵活性，

---

[1] 卞咸杰.大数据时代档案信息资源共享平台前端框架的构建[J].档案与建设，2017 (10)：11-15.

[2] 卞咸杰.大数据时代档案信息资源共享平台性能优化的研究[J].档案管理，2016 (6)：17-20.

[3] 金秀凤.基于ABP框架的档案信息资源共享平台模型构建[J].档案管理，2020 (4)：64-65.

该解决方案提供了分布式服务层，它用于公开应用程序接口供远程客户端调用，采用 ASP.NET Web API 来实现，这样确保每一次服务调用都是统一的，保证数据分析操作的一致性[①]。ABP 框架技术支持 Redis 选项，可以利用缓存技术来提升数据分析效率[②]，因为该框架采用了领域驱动设计的思想，在此基础上可以快速地根据用户进行个性化定制数据分析报告。

（3）数据分析模型构建

在进行档案信息数据智能分析之前，需要先准备好数据，就数据本身而言，除了现有内容本身，需要创建数据的扩展标签，以便于后续实现数据可视化分析的选项更加丰富[③]。这项工作一般由档案管理人员提出要求，由系统管理员进行创建，需要在智慧档案信息服务平台与智能分析系统之间创建数据连接桥梁，以便于对平台数据做数据分析，这相当于平台数据映射。智能分析系统只能利用智慧档案信息服务平台的现有数据，而不能修改其中的信息。在数据准备好之后，需要对数据进行权限分配，主要包括目录权限、数据权限、分级权限、管理系统权限、人员权限等。为档案管理人员以及用户分配好权限后，平台用户可以创建数据权限分配范围内的数据集，根据业务需求对原数据进行再加工处理，再处理的操作包括选择指定字段、过滤指定条件数据、分组汇总、新增逻辑列、字段名称设置、排序等。在用户数据集创建以后，平台用户就可以利用数据进行可视化分析了。数据可视化包含了数据创建表格组件、图表组件、过滤组件等等，有了这些待分析的档案信息资源数据之后，在此业务基础之上建立分析模型，并结合模型采用多种分析手段对数据进行分析，还可以对数据分析结构展示一系列的设计优化，让仪表板更美观。

（4）数据分析效果展示

智能分析系统可以根据用户的需求，配置出各种可视化图表信息与个性化仪表面板。如就以智慧档案信息服务平台近半年的用户行为数据作为源头数据，设计可视化的看板信息，源头数据中包含如下信息：用户访问

---

① 卞咸杰.大数据时代档案信息资源共享平台数据交互服务的研究[J].浙江档案，2018（11）：15-17.
② 金秀凤.大数据时代档案信息资源共享平台数据处理的优化[J].档案管理，2018（6）：29-32.
③ GRUSS R, ABRAHAMS A S, FAN W G, et al. By the numbers: The magic of numerical intelligence in text analytic systems[J]. Decision Support Systems, 2018, 113: 86-98.

地点、访问时间、访问时长、访问页面、页面停留时长等平台使用信息，同时可以监控平台当前使用的客户端样本信息。

7.4.3.4 智能分析系统测试

在数据智能分析系统构建完成之后，需要对其数据智能分析的效果进行测试，下文从系统测试环境准备、数据准备、数据测试结果三方面对数据分析系统进行测试。

(1) 测试环境准备

为了更好地模拟档案信息资源数据分析效果，需要准备两台服务器：一台用于存放档案信息资源数据以及源头数据检索用户行为数据，服务器硬件采用华为（HUAWEI）2288H V5 服务器主机，操作系统采用 Windows Server 2016，智能分析系统数据库采用 SQL Server 2016；另一台用于共享平台智能分析系统的应用程序的部署，硬件服务器同数据库服务配置，需要安装 Microsoft Visual Studio 2019，并配置好互联网信息服务（Internet Information Services，IIS）信息。

(2) 数据准备

智能分析系统待分析的数据包含信息见表 7-1。

表 7-1 自定义智能分析系统数据结构

表单名称	表单字段	数据类型	备注
自定义一	访问地点	字符	根据 IP 精确到市
自定义一	访问时间	时间	东八区
自定义一	访问时长	整型	精确到秒
自定义一	访问页面	字符	平台被访问页面
自定义一	页面元素	字符	功能按钮
自定义一	执行频率	整型	当前用户执行次数
自定义一	关键字	整型	数据检索内容

以上信息将根据用户的个性化配置要求，系统可以根据用户的需求，配置出各种可视化图表信息与个性化仪表面板，通过智能分析系统 Web API 自动拉取到可视化分析平台中，利用现有的智慧档案信息服务平台用户行为数据作为源头数据，形成用户利于理解的各种图表分析报告，相关

效果如图 7-7、图 7-8 所示。

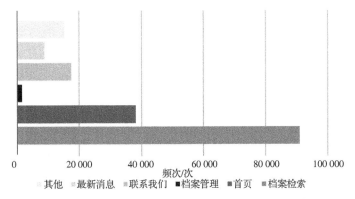

图 7-7 智慧档案信息服务平台访问页面频次信息统计

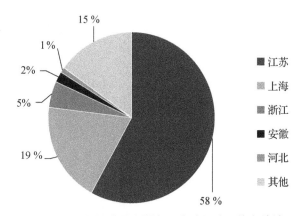

图 7-8 智慧档案信息服务平台访问地区信息统计

(3) 数据测试结果

通过数据智能分析系统的部署以及系统自定义分析需求的构建，可以顺利拉取出动态可视化图表分析报告。在分析用户信息访问行为方面，通过统计分析模块可以了解到平台页面的使用频率，有助于智慧档案信息服务平台探讨研究方向和满足科研需求，更好地开展档案信息知识化服务工作。而且，通过访问地域信息的统计，可以发现平台用户群体的区域信息，这样便于制定针对性用户服务需求[①]。通过效果展示，分析系统在实际的易用性、可靠性与可维护性方面具有较高的质量。

---

① 陈广. 基于 Fiddler 代理程序的电子资源使用统计分析系统的设计与应用 [J]. 图书情报工作，2018，62 (13)：30-36.

总之,智慧档案信息服务平台数据智能分析系统操作简单,用户只需要进行简单的拖曳操作,就可以选择所需要的数据;更有"智能图表自动推荐",避免了图表类型选择的痛苦,降低用户数据分析的门槛。系统交互也比较强大,通过下钻、上卷、旋转、联动等联机分析处理(On-line Analytical Processing,OLAP)多维分析功能,支持众多的图表类型和样式,可以迅速地帮助用户洞察数据背后的问题。此外,系统的实际效果较为理想,数据展示方式比较生动,打造醒目的可视化效果,并形成模板,定期进行工作汇报,从日常低效的 Excel、PPT 中解放出来。该系统为档案管理者提供了多维护、可视化的决策数据,为档案服务质量提升提供了决策支持。

第 8 章
大数据时代智慧档案信息服务平台的安全管理

安全是档案的生命，保障智慧档案信息服务平台安全是档案工作的底线，是任何时候都不能突破的红线。大数据时代，智慧档案信息服务平台安全管理应贯穿于平台的立项、建设、开放和服务的全过程，是一个长期的系统工程。当前，应从网络安全、数据安全和运维安全三个方面，不断加强智慧档案信息服务平台的安全管理，切实保障智慧档案信息服务平台健康发展。

8.1 智慧档案信息服务平台网络安全

智能技术的发展，为档案智慧化管理提供了技术支撑与实践的可行性。传统的档案信息特别是多媒体档案信息的普及，让档案信息的收集、管理、监督及利用越来越复杂，因此，如何保证智慧档案平台数据安全成为档案智慧化管理需要优先考虑的内容。

随着网络技术与计算机的普及与发展，计算机应用系统在各行业务管理领域获得了广泛应用，对传统业务管理效率和质量的提升起到了重要的支持作用。在计算机网络规模持续扩大的当前背景下，网络结构层次不断增多，网络内容极其庞杂，基于无线网络的计算机安全管理平台的功能是否完备、应用逻辑是否合理、安全防范机制是否完善成为影响信息安全的主要因素。在信息安全防范中必须全面考虑信息安全的形成原因和机理，精准把握网络、系统、应用、数据的安全防护节点，优化构建信息安全防范体系模型，制定动态安全防范的机制，将防范内容覆盖事前、事中、事后的所有活动之中，这样才能获得良好的信息安全防范实效。

》 8.1.1 代理技术的运用

代理服务是在委托授权协议下，内部网络根据代理服务规则与 Internet 代理服务器连接，实时接收代理服务器提交的前台客户端资源访问请求，并将请求内容传输至 Web 服务器的 HTTP 页面。用户在访问 Web 服务器资源时，前台客户端首先生成访问请求并提交给代理服务器，由代理服务器从 Web 服务器调用目标资源并反馈给前台客户端。正向代理是指用户知道目标服务器地址，但由于网络限制等原因无法直接访问，这时候需要先连接代理服务器，然后再由代理服务器访问目标服务器。反向代理是某个外部网络向一个代理服务器授权内部网络访问权限，大部分反向代理功能可与系统防火墙软件组合形成一个具有内部网络安全防护能力和外部 Web 信息发布能力的安全体系。但反向代理功能需要与外部软件对接，传统防火墙系统会自动阻断内部系统与外部软件的数据交互通道，必须对相关软件的网络安全防护机制进行改进。反向代理的基本功能包括提高 Web 服务器运行速度、引导服务器访问数据分流、为服务器的数据信息提供安全保护。反向代理的对象为 Cache，对浏览器用户没有任何针对性，可在特定代理协议下为多台 Web 服务器提供代理服务。互联网用户对平台 Web 服务器发起访问之后，域名系统（Domain Name System，DNS）服务器对客户端网络互联协议（Internet Protocol，IP）地址进行解析，生成反向代理 IP 地址，而非 Web 服务器自有 IP 地址，从而使后台服务器仅通过反向代理服务器实现与前台客户端的数据交互，这不仅减少了外部网络主机与 Web 服务器的信息安全风险，还显著降低了 Web 服务器的运行负担。

8.1.2 网络安全管控

网络安全管控主要从安全管控权限、设备安全协议配置、非法设备识别机制三个方面实现，旨在通过不同管理人员的操作权限分配，规范管理人员的网络操作，达成权限控制精细化，消除越权管理带来的风险。危险操作的管控以自动记录操作数据、自动预警提示、自动生成日志表单为核心，支持网络管理人员可通过安全控制功能对设备的用户、各种服务进行配置，支持通过网管简单操作，完成对设备的端口状态策略等进行配置的功能。在平台运行过程中，遇到非法设备接入时会生成消息，通过短信、邮件等方式通知平台管理人员。

8.1.2.1 加强网络边界控制

网络边界控制主要通过物理隔离和设置防火墙来实现。物理隔离就是从物理上切断内网和外网的联系。如果物理隔离的网络中具备 Wi-Fi 功能，要做好无线信号屏蔽措施，以防止档案数据泄露。防火墙就是部署在不同网络边界之间的一种特殊网络设备，可以实现网络层的控制和访问控制。所有的网络信息、数据包都必须经过防火墙并接受防火墙的检测，为网络边界构筑起严密的保护屏障。

8.1.2.2 建立入侵检测和防御系统

入侵检测系统是一种主动的网络安全防护措施,是防火墙的重要补充。入侵检测系统能够全程、动态、实时地监控系统运行状况,即时分析各类活动行为,准确判断入侵企图或异常现象,做出记录并触发报警和紧急响应。由于入侵检测系统存在误报量大、自身防攻击能力弱等缺陷,还需要建立入侵防御系统加以配合使用。入侵防御系统吸收了防火墙和入侵检测系统的优点,能够自动生成高质量的入侵特征库,具备深入分析、高效处理网络信息、数据包的能力,对网络进行多层、深层、主动的防护。入侵防御系统并不是简单地对入侵行为和恶意流量发出警报,而是能够预先对入侵活动和恶意流量做出判断,并进行有效拦截,是一种主动的、智能的入侵检测、防范和阻止系统,可大大提升安全防护性能[①]。

8.1.2.3 合理配置访问权限

随着大数据时代的兴起和新一代信息技术的应用,需要综合运用多种认证手段,配置多重身份认证和授权方案,切实增强访问的安全性[②]。访问权限需根据智慧档案平台安全需求进行合理配置,以保障档案资源得以合法访问和使用。要科学识别系统管理员、安全管理员和用户等身份特征,把平台的身份权限管理与第三方认证系统结合起来,以增强访问权限的可靠性。身份认证是控制访问权限的重要手段,目前主要有用户 ID/密码、密钥、活动目录域(Active Directory Domain,AD 域)、指纹、声音和人脸等认证方式。

8.1.3 网络运行管理

平台的网络运行管理就是在相关设备出现异常时可以立刻通知平台管理员,快速定位到故障环节,以便于快速恢复系统。网络运行管理要求实时获取网络设备性能数据,对于设备的端口流量、数据库读写速率、CPU 负载等性能全面掌控,提前避免由于设备性能带来的网络运行不安全事件发生。网络安全,就是通过一系列措施和手段保护网络基础设施及其系统

---

① 汤永利,陈爱国,叶青,等. 信息安全管理 [M]. 北京:电子工业出版社,2019:239-242.
② 程风刚. 大数据时代档案信息资源安全治理及其实现路径 [J]. 盐城师范学院学报(人文社会科学版),2020,40(4):69-76.

免受威胁、攻击和破坏，保证智慧档案信息服务平台正常运行、网络服务不中断。

8.1.3.1 建立病毒防治系统

病毒是一种具有自我复制能力的计算机程序，会给网络系统造成极大的威胁和破坏。病毒防治系统主要由病毒预防、病毒检测和病毒清除等方面组成。病毒预防技术就是通过引导区保护、加密可执行程序、系统监控和读写控制等技术手段，阻止病毒对网络系统的传染和破坏；病毒检测技术就是借助文件长度变化、关键字、特征程序段内容和自身校验等的病毒特征进行判断的一种技术；病毒清除技术就是通过对病毒分析后，能及时清除病毒并恢复文件的软件[1]。无论是服务器还是客户端，都要安装防病毒软件（芯片），定期对系统进行漏洞扫描、日志审计和风险分析，做好系统升级和维护，及时更新病毒库，修复漏洞补丁，给网络安全构建一道可靠的防护罩。

8.1.3.2 加强网络安全审计

网络安全审计，就是对网络系统中的活动进行监测、记录和分析，以便及时发现潜在的安全隐患、违规操作或恶意攻击行为[2]。随着档案数字化程度的不断提高和档案信息服务平台的日益普及，网络系统所产生的日志数量越来越庞大，传统的安全审计系统已难以满足日志实时采集和分析能力的要求。大数据技术的出现和不断成熟，为网络安全审计提供了新的技术支撑。基于大数据的安全审计系统能够自动收集用户活动行为、系统资源态势和关键点运行状况等重要数据，并对数据进行预处理，建立数据索引，开展数据挖掘和分析，做出合理推断[3]，为网络安全策略制定、风险内控提供决策依据。

---

[1] 林林.论数字档案馆安全保护技术体系的构建[J].档案学研究，2015（3）：105-110.
[2] 丁文超，冷冰，许杰，等.大数据环境下的安全审计系统框架[J].通信技术，2016，49（7）：909-914.
[3] 程凤刚.基于PDCA循环的数字馆藏安全策略研究[J].河南图书馆学刊，2019，39（4）：133-135.

8.2 智慧档案信息服务平台数据安全

人工智能（Artificial Intelligence，AI），是研究、开发用于模拟、延伸和扩展人的智能的理论、方法、技术及应用系统的一门新的技术科学[1]。人工智能是在移动互联网、云计算、大数据等信息技术的发展基础上出现的一个热门话题，该技术的应用将推动档案信息资源数字化、档案管理网络化、档案平台智能化、用户使用平台便利化，对档案管理业务的影响会是革命性的。人工智能技术突破了档案现有价值，对于提高档案管理效率、实现档案信息资源的应用共享有重要现实价值，是智慧档案平台的技术基础。在档案信息数据的利用过程中，收集、存储、共享、使用等过程面临的安全威胁始终存在，档案信息数据泄露与丢失可能会给档案管理者与档案信息服务平台用户带来巨大的损失。2019 年 2 月，国内人脸识别公司深网视界由于其数据访问未做限制导致 250 多万人数据、约 680 万条记录被泄露，其中包括身份证信息、人脸识别图像及 GPS 位置记录等[2]，公民信息不受任何限制被所有人访问。2020 年 2 月微盟服务由于数据安全故障导致 300 万商家遭受巨大损失，微盟集团市值一日蒸发约 12.53 亿港元。数据安全预防与处理不当，将会给平台的健康发展带来很大的阻力，同时也会给档案管理部门带来不小的损失。智慧档案信息服务平台一旦发生数据安全事件，为此付出的代价将是无法用金钱弥补的。智慧档案信息服务平台的数据安全性问题在平台建设过程中是需要重点考虑的问题，它关系到国家机密，我们必须提供相应的安全策略加以应对。

与传统的档案信息平台相比，人工智能时代的智慧档案信息服务平台在诸多方面都表现出了新的特点。首先，借助于人工智能技术以及大数据技术，智慧档案信息服务平台的数据量级将产生质的变化；其次，借助于互联网技术的发展特别是移动互联网技术的发展，智慧档案信息服务平台数据来源将从相对固定的入口向动态采集、实时存储转变，移动端的档案

---

[1] 邓凤珠. 基于人工智能的非学术支持服务平台构建研究：以佛山开放大学为例 [J]. 广西广播电视大学学报, 2020, 31 (1): 5-11.

[2] 魏薇, 景慧昀, 牛金行. 人工智能数据安全风险及治理 [J]. 中国信息安全, 2020 (3): 82-85.

数据利用会更加常态化；再次，借助于物联网技术的成熟与人工智能技术的应用，档案实体资源与数字资源的集中建设与管理将成为现实，未来的档案管理高度自动化。以上变化对智慧档案信息服务平台数据的安全提出更高的要求，因为档案信息资源数据相较于其他领域的大数据，具有更强的真实性，其单位数据的价值密度更大，这必然会引起不法用户的额外关注，所以提出对智慧档案信息服务平台数据的安全性进行研究具有很大的必要性。只有确保档案信息数据的安全，平台才能实现其价值最大化。

8.2.1 智慧档案信息服务平台数据安全存在的问题

人工智能时代的智慧档案信息服务平台在公共的互联网环境下会出现很多不确定性因素，随着智慧技术在档案平台中的参与程度越来越高，制定数据安全管理战略的需求越来越迫切。一方面，档案信息资源运用人工智能技术后，档案信息的流程管理由传统的人工处理转变为智能化处理，智能化设备代替了部分人的工作，人工智能在处理档案信息的过程中通过使用机器学习处理安全大数据，攻击者也可利用相关技术生成大量错误情报以混淆判断。另一方面，随着智慧档案信息服务平台数据收集规模的不断扩大，基于云平台技术存储的档案信息资源数据量会越来越大，且平台还包括了大量的用户信息，一旦用户数据泄露，对智慧档案平台的运行将是毁灭性的，黑客可以利用泄露的用户信息特别是超级管理员的账户信息控制平台的任何操作，数据安全影响的不仅仅是独立的档案管理部门，更是所有接入智慧档案平台的档案管理单位。

人工智能时代的智慧档案信息服务平台对于数据安全的需求向多层次发展，将档案信息数据存储在智慧档案信息服务平台对数据安全的考验既是机遇也是挑战。智慧档案信息服务平台前期的基本需求包括档案的收、管、存、用等全业务管理流程，档案信息数据利用过程中的安全处理是数据安全关注的重点。在人工智能运用到智慧档案信息服务平台之前，需要对智慧档案信息服务平台的数据进行智能安全检测并发现潜在的威胁，数据的安全管理是一个相互依赖的过程。在档案信息资源数据利用的过程中，可能会发生数据丢失、泄露、被越权访问、被篡改问题，最严重的问题是涉密档案被不合法利用。下文从数据传输、数据采集、数据存储、数据应用四个方面探讨具体的智慧档案信息服务平台数据安全问题及需求。

8.2.1.1 智慧档案信息服务平台数据传输安全

在智慧档案信息服务平台利用过程中，数据传输是必不可少的过程，数据保密需求是智慧档案信息服务平台最基本的需求，平台用户利用平台传输的档案信息数据一般都需要经过加密以保证数据的安全。实际的数据传输过程将通过传统互联网数据传输与移动互联网数据传输，在档案信息大数据传输处理环节，档案信息数据面临着非法使用以及被人为破坏的安全隐患。由于数据来源多样，即使不同平台的数据在传输之前能够做到各自脱敏处理，数据在最终处理时仍存在因关联分析而造成档案信息数据泄漏的风险。档案信息数据在实际的传输中涉及使用设备的安全问题，如档案信息数据传输相关的硬件设备被病毒感染，很容易造成档案信息数据的在传输过程中的泄露。一旦档案信息数据在传输流程中未被妥善处理，将造成档案信息数据泄露的安全隐患。因此，需要重视档案信息数据的在传输过程中的安全。处理好档案信息的数据传输，在保证平台数据共享的同时保证涉密信息的安全，是平台数据安全面临的巨大挑战之一。

8.2.1.2 智慧档案信息服务平台数据采集安全

智慧档案信息服务平台数据来源众多，其汇集了不同档案管理部门的档案信息，数据来源的途径也从传统的 PC 端向移动客户端转变。系统投入应用后，档案信息数据将快速增长。档案信息数据采集安全是平台搭建过程中最为关键的一步。档案信息在采集的过程中会面临数据被伪造的安全问题，这将严重影响智慧档案信息服务平台的公信力，错误的数据还会影响后继的数据分析，最终影响平台的决策判断能力。所以在实际的档案信息资源数据采集过程中，数据通过传递过程加密，以保护档案信息数据不受未经授权的用户影响，同时需要对采集到的信息进行去伪存真，提升识别虚假数据的能力，确保平台数据来源安全。

8.2.1.3 智慧档案信息服务平台数据存储安全

智慧档案信息服务平台与传统的档案管理平台最大的区别在于其数据来源多样，这也注定了平台的数据量级会呈现爆发式增长，存储的档案信息类型也从传统的结构化数据类型转变成多种数据结构类型并存的形态。在此背景下，档案信息资源数据的存储安全就显得尤为重要，需要高起点设计档案信息数据安全存储防护措施，结合现代技术应用，实现共享平台集中处理业务数据的安全保护。具体到实际应用中，就是要保证档案信息数据在存储中心不被非法访问。通过档案信息资源数据整合，能够有效提高档案信息资源的利用效率，同时需要对涉密的档案信息进行必要的加密，以确保合法的用户访问对应权限的档案信息资源，并通过特定的解密措施读取对应密级的档案资源信息。档案信息数据存储层面的安全是确保智慧档案信息服务平台正常运营的关键，一旦在该层面出现数据安全问题，导致的后果对于平台来说将是毁灭性的。

8.2.1.4 智慧档案服务平台数据应用安全

智慧档案信息服务平台在最终投入使用后，将对普通用户开放档案信息资源服务的基本功能，同时将对档案管理部门开放平台数据管理功能，也就是平台实际上是处于不同类型的用户使用相同系统的状态中。平台用户情况复杂，这就要求平台在投入使用前要考虑好非法用户使用系统带来的数据安全隐患。在平台应用层面，如果安全方法过于复杂，往往需要更多的额外时间来处理档案信息资源数据，所以智慧档案信息服务平台数据应用安全措施对平台的性能也是一大挑战。平台对于数据应用安全方面的建设需要满足能追踪平台用户使用过程的功能，建立非法用户使用平台的拒绝机制，同时建立合法用户使用平台的权限分级机制，并完善权限和组织管理，确保平台数据被合法用户正确地利用。

8.2.2 智慧档案信息服务平台数据安全应对策略

平台的总体架构可以分为三层，即客户端层、应用层和数据库层。其中应用层还包括控制层、业务逻辑层和基础设施服务层；数据库层包括数据访问层和数据存储层。智慧档案信息服务平台数据安全应对策略总体架构如图8-1所示。

为了确保智慧档案信息服务平台的数据安全，结合人工智能应用相关流程的特点，通过相关技术手段解决平台在智能数据采集、传输、存储及实际应用中的安全问题，同时结合日常平台管理全方位阐述平台数据安全应对策略。

8.2.2.1 加强数据分类分级保护

国家档案局编制的《档案信息系统安全等级保护定级工作指南》，将

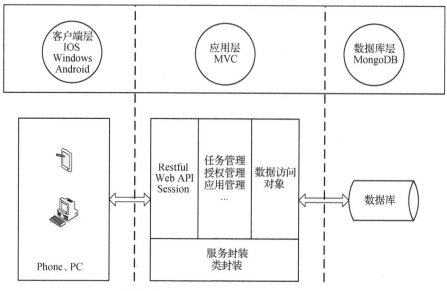

图 8-1　智慧档案信息服务平台数据安全应对策略总体架构

档案信息系统划分为档案信息管理系统、档案信息服务系统和档案办公系统三个大类，并对各类系统提出了定级建议[①]，为大数据时代智慧档案信息服务平台的安全等级保护提供了可靠依据。要全面了解和熟悉各级各类档案情况，根据档案数据的重要性和敏感程度，把档案数据分为禁止共享、部分共享和全部共享等三个级别，实行档案数据分区存储、分级保护。根据《国家档案局办公室关于档案部门使用政务云平台过程中加强档案信息安全管理的意见》，应做出如下规定：对涉及国家秘密、工作秘密的档案数据及业务，不得使用智慧档案信息服务平台；对直接影响党政机关运转和公众工作、生活的关键业务，涉及敏感信息和公民隐私的档案数据，可在确保安全的前提下考虑使用智慧档案信息服务平台；数字档案信息资源总库的管理与备份，不得使用智慧档案信息服务平台[②]。

---

① 国家档案局办公室. 国家档案局办公室关于印发《档案信息系统安全等级保护定级工作指南》的通知 [EB/OL].（2013-08-20）[2021-08-10]. https://www.saac.gov.cn/daj/tzgg/201308/6123a256811743d386f8c9be4aa5d3b7.shtml.

② 国家档案局办公室. 国家档案局办公室关于档案部门使用政务云平台过程中加强档案信息安全管理的意见 [J]. 中国档案，2020（6）：18.

8.2.2.2 平台数据传输采用 HTTPS 协议

智慧档案信息服务平台面向用户最高频的应用是档案信息资源检索与档案信息资源维护，要完成闭环应用智慧档案信息服务平台，档案信息资源的数据传输是最重要的中间环节。在实际的档案信息资源传输过程中，需要采用超文本传输安全协议（Hyper Text Transfer Protocol over Secure Socket Layer，HTTPS）。传统的数据传输一般采用 HTTP，平台利用协议以明文方式发送待传输的档案信息数据，不提供任何方式的数据加密，如果黑客截取了客户端和网站服务器之间的传输报文，就可以直接识别出传输中的档案信息，这对于具有涉密属性的档案信息数据是不能容忍的。采用 HTTPS 后，将在传统的 HTTP 基础上加入了安全套接协议层（Secure Sockets Layer，SSL）协议，该协议可以保障档案信息数据在互联网上传输的安全，利用数据加密技术，可确保数据在网络上的传输过程中不会被截取及窃听①。采用 HTTPS 后的平台数据传输过程如图 8-2 所示。

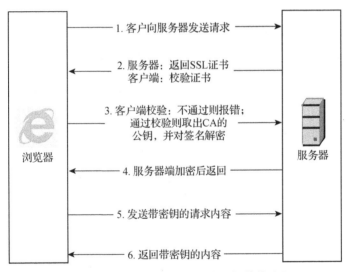

图 8-2　采用 HTTPS 后的平台数据传输流程

平台在实际应用 HTTPS 的过程中，需要使用证书授权（Certificate Authority，CA）来完成身份的验证过程，目前可以从国内外的云服务商获取 CA 证书，像亚马逊网络服务（AWS）、微软 Azure、阿里云等云服务供应商都提供了这项服务。

---

① 胡树煜，孙士宏，金丹. 大数据时代档案信息资源共享平台建设研究 [J]. 兰台世界，2015 (35)：134-135.

8.2.2.3 平台数据采集论证采用 Token 机制

智慧档案信息服务平台面向的是网络环境下的用户。用户可能在传统的 PC 端登录系统，在该环境下用户使用 Web 浏览器端登录系统；用户也可能在手机端（Android/iOS）登录系统，这就衍生出新的平台实现方式，即采用微服务的方式来实现档案信息资源数据的操作。当前平台数据存在最大的安全隐患是跨站请求伪造，不法用户通过非常规手段盗用合法用户身份，以合法用户的名义发送恶意请求①。跨站请求伪造之所以能够被非法用户利用，是因为平台数据操作请求所有的用户验证信息都存在于 Cookie 中，非法用户直接使用 Cookie 中的信息来通过安全验证。保证在新的架构模式下档案信息数据操作安全的关键是在数据操作请求中放入非法用户所不能伪造的信息，并且该信息不能存在于 Cookie 之中。可以在HTTP请求中以参数的形式加入一个随机产生的 Token，并在服务器端上面建立一个拦截器来验证这个 Token，如果请求中没有 Token 或者 Token 内容不正确，则拒绝用户发送的数据操作请求②。Token 是在服务端产生的，如果前端使用用户名和密码向服务端发送请求认证，服务端认证成功，后续数据操作需要经过用户角色数据权限控制表，经过授权的操作则按照指令正常处理数据，否则直接拒绝数据操作，服务端返回 Token 给前端。前端可以在每次请求的时候带上 Token 证明自己的合法地位。采用 Token 机制后档案信息资源数据操作流程如图 8-3 所示。

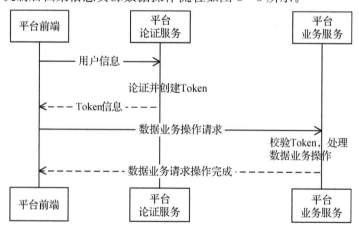

图 8-3 采用 Token 机制后档案信息资源数据操作流程

---

① 郑新新. CSRF 攻击与防御技术研究 [D]. 北京：北京邮电大学，2016.
② 庞博. Web 应用安全网关部分功能的设计与实现 [D]. 北京：北京交通大学，2013.

采用 Token 机制后智慧档案信息服务平台在数据操作安全上有了保障，所有的数据操作请求必须带上专用的 Token 信息，确保了每一条数据操作请求都是合法的。

8.2.2.4 平台敏感数据采用加密处理

为了解决敏感数据保护问题，常用的方法就是对数据加密。数据加密主要有对称加密和非对称加密两种方式。对称加密技术措施，就是对数据加密与解密时使用同一个密钥（算法），或密钥不同，但可以由一个推导出另一个。对称密钥算法主要有数据加密标准（Data Encryption Standard，DES）、国际数据加密算法（International Dada Encryption Algorithm，IDEA）和高级加密标准（Advanced Encryption Standard，AES）等类型。非对称加密措施，又称公开密钥措施，它要求密钥必须成对使用，即数据加密和解密时分别由两个密钥（算法）实现，不能由一个推导出另一个。非对称加密算法有 RSA、ElGamal 等类型。对称密钥措施，其加密和解密速度快，但密钥保管比较烦琐，安全性低；非对称密钥措施，其密钥管理方便，安全性高，但加密和解密速度慢，影响了数据处理效率。大数据时代，智慧档案信息服务平台需要高效的加密和解密来实现高性能、低延迟的数据处理速度，数据同态加密技术能很好地解决这个问题。数据同态加密能够对加密数据进行检索、比较、排序等任意功能的运算，对运算的结果进行解密后，与用明文做同样运算的结果是一样的[①]。数据同态加密既保证了数据的安全存储，又省去了解密的麻烦，大大提高了运行速度，为共享平台数据安全提供了又一重要手段。

智慧档案平台的数据具有涉密性质，这就要求其信息存储需要采取特别的措施，用于档案信息数据安全保护的方法之一是通过使用一些加密技术将数据编码成其他人无法理解的内容。在保护涉密数据和信息方面，加密功能可以作为一道防线。传统的数据加密技术有 DES、AES 等对称加密手段[②]，该方式可以确保涉密信息的加密与解密速度，但在密钥管理上比较烦琐，对于面向用户的智慧档案信息服务平台不适合。传统的非对称加

---

① 孙中化，王冕. 同态加密技术及其在云计算安全中的应用 [J]. 电子技术，2014，43 (12)：17-19.
② 焦铬. 基于多混沌映射的图像数据安全与可靠性研究 [D]. 衡阳：南华大学，2019.

密手段 RSA，虽然密钥易于管理，但算法计算量太大，不适用于对不断增加的平台涉密信息进行加密与解密。平台数据加密在确保数据安全的同时增加了去平台的计算量，对平台的使用性能会产生一定的影响。在大数据时代，智慧档案信息服务平台需求趋向移动化，对于档案信息的检索也趋向于多样化，在此背景下，需要高效的加密与解密方案来实现高性能、低延迟的端到端和档案信息数据存储层的加密与解密（非敏感数据可不加密，不影响性能）。数据同态加密应运而生，该加密技术是基于数学难题的计算复杂性理论的密码学技术。对经过同态加密的档案信息数据进行处理得到一个输出，将这一输出进行解密，其结果与用同一方法处理未加密的原始数据得到的输出结果是一样的[1]。

8.2.2.5 平台数据安全管理机制保障

智慧档案信息服务平台要实现数据安全管理，除了需要完善平台数据安全实现技术，也需要同步完善平台的数据安全管理制度。首先是完善用户账户属性管理机制，每个账户需要设定角色属性，设定好对应的角色可以访问的功能页面，同时平台数据操作需要设置账户操作属性，即账户需要关联到具体表数据增删改查功能权限，用户在实际的数据操作过程中完全按照预先设定的数据权限进行；其次是完善日志审计机制，在平台实际的使用过程中需要记录数据操作的用户名、IP 地址、修改前数据、修改后数据等数据操作信息，以在实际的数据安全审计中便于日志管理和数据操作分析，及时发现平台中的数据安全隐患点，视不同严重程度采取补救措施，同时指导智慧档案信息服务平台不再重复类似的数据安全问题；最后是完善档案信息数据冗余机制，在形成档案信息大数据应用后，平台对于用户特别是档案管理部门来讲，依赖性会非常强，如果平台的数据由于硬件故障导致整个系统崩溃将带来不可挽回的损失，这就要求做冗余数据备份工作，提供实时的异地数据容灾功能，只有这样在主节点发生硬件故障或者某地发生自然灾害时，平台的数据服务才不会受到影响。智慧档案信息服务平台数据安全管理机制保障策略如图 8-4 所示。

---

[1] 杜芸芸，解福，牛冰茹. 云计算安全问题综述 [J]. 网络安全技术与应用，2012 (8)：12-14.

第8章 大数据时代智慧档案信息服务平台的安全管理

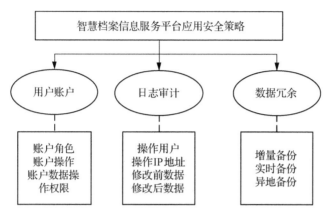

图8-4 智慧档案信息服务平台数据安全管理机制保障策略

8.2.2.6 加强数字签名和时间戳技术应用

数字签名、时间戳技术是确保档案信息资源内容完整、不被篡改、非伪造的重要手段。其基本原理就是通过哈希算法、数字摘要技术和非对称加密技术以及第三方认证，确保档案信息资源状态如初、来源可信。本质上，时间戳是数字签名的另一种应用形式，可以证明某份档案信息资源在某一时间就已存在，防止档案信息资源被篡改和事后抵赖。由于数字证书的有效期、私钥的安全性和第三方机构信任度等问题，数字签名在档案领域中的应用存在一定的局限性。加入时间戳的数字签名可以在一定程度上弥补数字证书期限问题，使得档案信息资源在数字签名失效后仍具备原件属性。数字签名、时间戳技术都满足《中华人民共和国电子签名法》对于原件属性的要求，具有司法层面的可靠性和法律上的凭证地位[①]。

8.2.2.7 加强数字水印技术应用

数字水印是将特殊的标识信息嵌入档案信息之中。这种水印通常难以察觉，不会随着档案信息的变换或处理而发生变化。在档案信息形成阶段嵌入数字水印，可以加强档案信息的前端控制，保障档案信息原始性；在档案信息流转阶段嵌入数字水印，可以标识档案信息的流转过程，保障档案信息可溯源追踪；在档案信息归档和移交阶段，可以隐藏数字水印，保

---

① 陈永生，苏焕宁，杨茜茜，等．电子政务系统中的档案管理：安全保障［J］．档案学研究，2015（4）：29-40．

障档案信息机密性[①]。可见,数字水印有利于保障档案信息的原始性、真实性和机密性,在智慧档案管理中有着广阔的应用前景。

8.2.2.8 创建可信的数据存储体系

智慧档案信息服务平台要支持海量存储和动态扩展,按需选择直连式存储(Direct-Attached Storage,DAS)、网络附属存储(Network Attached Storage,NAS)、IP存储局域网络(IP Storage Area Network,IP SAN)和光纤通道存储局域网络(Fiber Channel Storage Area Network,FC SAN)等多种存储架构,采用集群、网格和分布式等技术建立云存储系统,制定标准的数据存储格式,定期对数据进行检验、迁移和封装,以满足档案数据长期保存需要[②]。要不断加强档案数据备份机制建设,保证档案数据备份制度化、规范化和科学化。对重要的档案数据,要建立异地异质容灾备份系统,确保事故发生时能随时恢复档案数据,切实保障业务的连续性和档案数据的安全。

总之,人工智能时代的智慧档案信息服务平台的数据安全是平台能够正常运行的基础。本书在分析数据安全研究意义的基础上,总结了平台数据安全涉及的要点,从档案信息资源数据的采集、传输、存储以及应用方面涉及的数据安全问题进行了研究。在此基础上,提出了智慧档案信息服务平台数据安全应对的策略,即在档案信息数据传输中采用HTTPS,在数据采集阶段采用Token机制确保数据操作安全,在数据存储上对敏感数据进行同态加密处理,最后在平台使用制度上对平台管理者及用户提出数据安全措施,确保在制度上形成数据安全管理的闭环,以上策略的实施确保了平台数据安全运行。

8.3 智慧档案信息服务平台运维安全

运维安全是保障智慧档案信息服务平台正常运转的重要基石。运维安全管理是一个长期的系统工程,需要政策、人力、财力、物力和技术的支

---

① 张林华,等.基于区域性远程服务实践的档案资源共享研究[M].武汉:武汉大学出版社,2021:224-225.
② 黄新荣,谢光锋.云存储环境下的档案异地备份[J].档案学通讯,2011(6):69-72.

撑。档案部门要牢固树立安全意识，做好统筹规划、精准施策、保障有力，逐步建立一套科学、合规、可控的运维安全系统。

运维安全包含两层意思。第一层意思是维护一个组织的信息安全管理体系，比如使用防火墙维护公司的安全域划分，使用堡垒机满足运维审计要求，使用漏扫挖掘漏洞风险等。第二层意思是在运维工作中落实安全管理要求，降低运维工作中的安全风险。运维一般来说指的是运行维护，通过一定的技术和管理手段保障平台或系统的正常运行。运维在本质上是对平台、系统或产品所涉及的网络、服务器在服务的生命周期各个阶段的运营与维护，在成本、稳定性、效率上达成一致可接受的状态。由于业务需求的不断拓展，信息化系统的建设不断深入与增长，互联网、云计算、物联网迅速发展，信息化系统的瘫痪对业务带来的损失和影响不可估量，加强对运维人员操作行为的监管与审计以及核心系统（主机、网络设备、安全设备、数据等）的维护行为是平台安全运行的必然趋势。

通过建设安全体系建立统一安全的管理平台，是平台运行的重要保障。随着互联网的兴起，众多业务部署在互联网上，时刻都面临着威胁与考验。对于专业和自动化的恶意破坏无法被有效地预警和响应，造成档案数据被窃取或服务中断，这在平台运营过程中是致命的问题。由于安全意识不高或者没有规范的安全约束导致平台被植入恶意程序的安全事件频频发生。在平台实际的运营过程中需要加强防范。

8.3.1 运维安全防范

运维安全防范要有安全规范的配置约束，系统文件如何配置，应该有什么样的权限，应该放置在什么位置，应该由什么用户使用，都要有明确的边界与要求。网络环境流量策略要明确，业务、数据、所有流量权限的控制要精确，生产区域的流量一定不要放行出方向流量，避免僵尸网络的产生导致服务器瘫痪或必要情况下需要重新配置。一般常见问题如网络层的分布式阻断服务（Distributed Denial of Service，DDOS），可采用反向代理技术应对。主机系统要统一化配置、命名规范、目录统一、版本统一，有能力的情况下应部署安全防护系统，主机配置要做变更限制、变更启用报警、文件防篡改、登录安全认证，用户密码设置应复杂且定期更改以满足安全要求。远程登录要严格控制，可以使用中间过渡服务器访问。及时检查可疑文件，及时清理无用文件，不给恶意破坏程序留有余地，并及时归档有用文件，及时备份重要文件。设置审计安全日志或加强历史命令的详细定义。

运维应具备病毒查杀、登录审计、密码破解、恶意请求、高危命令多维度的侦查，可以快速地发现对平台服务器的扫描行为，及时预警解决。主机安全漏洞也要定期升级，加强内网安全，部署安全补丁服务器。

应用软件需要在上线前经过严格测试，没有做过代码安全检测的软件直接上生产环境必须被禁止，否则生产环境将面临风险与挑战。Web 安全更是不容忽视的，再强的安全防护也防不住代码级的漏洞，对业务漏洞的影响更是严重，因此升级整改非常重要。在代码层级，涉及的数据库操作应采用参数的方式，以防止 SQL 注入等应用层漏洞，需要开发针对业务代码漏洞的修复系统，需要有安全编码规范，并使用代码检测工具做安全检测，展示平台类应用注意防篡改和被恶意攻击，权限合理的管理分配，加强内部技术人员安全意识。数据安全应该是安全级别最高的，数据存储需要做安全域隔离，针对平台做通信加密以及数据落地加密存储。档案数据平台出现漏洞导致数据泄露，将会带来巨大的损失。

8.3.2 运维安全管理

在平台运行环境安全保障方面，除指定专业负责人员定期巡查机房、物理访问服务器，禁止人员携带物品进出机房，制定机房环境安全管理规定，规范来访人员接待流程之外，还为资产责任部门制定保护对象资产清单编制与保存机制，所有资产统一实行标识化管理，不同价值的资产具有独立的管理措施、资产信息分类规则及标识方法，资产信息的使用、传输、存储均设置严格且规范的管理制度。在介质安全保护方面，首先将介质存放限定为安全环境，其次根据各类介质的价值与属性指派专业管理人员，定期开展介质盘点、目录清单检测、介质档案更新等工作。介质物理传输过程的人员选择、交付流程、打包流程实行严格的控制机制，归档与查询之前必须登记记录操作时间、操作员工号、配置信息、软件版本、组件型号、网络拓扑信息、补丁信息，并及时更新介质信息库，以加大介质配置信息控制力度。

8.3.3 运维安全组织建设

档案部门要高度重视运维安全组织建设，成立以馆长为第一责任人的智慧档案信息服务平台安全管理小组，负责制定平台安全方针、审核安全计划、监督安全工作和研究安全重大事项，统筹协调组织运行，确保各项安全政策和措施落实到位。要牢固树立风险管理意识，不断提升风险管理能力，合理配置系统管理员、安全管理员和安全审计员等专职管理人员。

8.3.4 运维安全制度建设

运维安全需要完善的制度来落实。要做好顶层设计，着重制定系统维护、数据管理、人员管理、安全教育与保密、安全预警与响应、安全应急与协调、安全检查与监督、网络与信息安全通报等制度，做好各项安全制度的反馈、评估和完善，以保证安全制度的科学性、合理性和可行性。要以正式渠道公开安全制度，及时做好制度的解读、学习和宣传，让人们了解、熟悉安全制度的具体要求和操作规范。要坚持岗位责任制，坚持"谁管理、谁负责"的原则，强化责任落实。要建立严格的奖惩制度，奖罚分明，加大问责追责力度，切实提高制度执行力。

8.3.5 运维安全流程优化

运维安全流程优化可以借鉴 PDCA 循环法。PDCA 循环法由美国专家沃特·安德鲁·休哈特（Walter Andrew Shewhart）首先提出，他的学生威廉·爱德华兹·戴明（William Eswards Deming）对其进行了改进，所以又称"戴明环"。PDCA 循环法按照计划（P）、执行（D）、检查（C）和改进（A）四个阶段进行周而复始、阶梯式上升的运转，以便发现并纠正安全管理存在的问题，不断提升安全管理水平。基于 PDCA 循环的安全流程可分为四个阶段：第一阶段是计划阶段（P）。利用云计算、物联网和大数据等先进技术对数据进行收集和分析，找出智慧档案信息服务平台存在的安全风险及其产生的原因，明确安全管理目标，制订安全管理计划。第二阶段是执行阶段（D）。贯彻落实智慧档案信息服务平台安全管理计划，严格执行安全管理措施，不断增强安全保障能力。第三阶段是检查阶段（C）。通过技术监测、分析评估等手段检查智慧档案信息服务平台安全计划实施情况，以便及时发现问题和隐患。第四阶段是改进阶段（A）。根据检查和评估的结果，不断优化和调整智慧档案信息服务平台安全计划，落实安全整改措施，必要时进入新一轮 PDCA 循环，以不断提升安全管理水平[1]。

8.3.6 增强风险预警能力

档案部门要把云计算、大数据和人工智能等先进技术运用到智慧档案信息服务平台安全风险预警之中，使信息收集更加广泛全面、风险监测更加高效灵敏、风险评估更加科学精准、风险警报更加果断及时，大大提高风险预警效果。要积极主动，深入排查安全风险隐患，了解和熟悉风险要素，构建风险要素数据模型，建立风险监测预报系统，优化风险预警决策系统，切实增强平台风险预警能力[2]。

8.3.7 建立应急管理预案

档案部门要思想重视，以法律法规和安全标准为准绳，成立安全应急小组，建立健全智慧档案信息服务平台安全应急预案。要增强忧患意识，做到警钟长鸣，充分运用 3D 等先进技术，模拟安全事故场景，不断增强应急能力。要坚持应急演练常态化，做好演练的总结、分析和评估，不断修改和完善应急预案，以提高应急预案的科学性、合理性和实用性。要重视人才、经费、物资和技术等方面的投入，持续提升应急保障能力，一旦事故发生或即将发生时能够迅速做出响应，有效化解危机[3]。

---

[1] 程风刚. 大数据时代档案信息资源安全治理及其实现路径［J］. 盐城师范学院学报（人文社会科学版），2020，40（4）：69-76.

[2] 程风刚. 基于 PDCA 循环的数字馆藏安全策略研究［J］. 河南图书馆学刊，2019，39（4）：133-135.

[3] 向立文，欧阳华. 档案应急管理体系构建研究［J］. 档案学通讯，2015（6）：64-68.

第 9 章
大数据时代智慧档案信息服务平台的保障机制

9.1 大数据时代智慧档案信息服务平台建设的法律法规保障

在智慧档案信息服务平台保障体系中，法律法规建设是不可缺少的一环。大数据时代，档案部门要牢固树立法治意识，积极运用法治思维和法治方式，切实保障智慧档案信息服务平台建设。

9.1.1 建立健全档案安全法律法规体系

9.1.1.1 我国现行的档案安全法律法规

（1）档案法律

《中华人民共和国档案法》，1987年9月5日第六届全国人民代表大会常务委员会第二十二次会议通过，历经两次修正后，2020年6月20日第十三届全国人民代表大会常务委员会第十九次会议通过最新修订[①]。这是我国档案的基本法，为档案安全工作提供了强有力的法律保障。

（2）档案行政法规

档案行政法规是由国家最高行政机关制定和发布的有关档案行政管理的规范性文件的总称。目前，与档案安全保护有关的行政法规主要有《中华人民共和国档案法实施办法》《机关档案工作条例》《科学技术档案工作条例》等。

（3）地方性档案法规

地方性档案法规由省、自治区、直辖市以及副省级城市等的人民代表大会及其常务委员会制定并发布。目前，各地都有自己的档案管理条例，多数是对《中华人民共和国档案法》《中华人民共和国档案法实施办法》等进行解读和细化，以满足各地档案管理的需要，例如《上海市档案条例》《江苏省档案管理条例》等。

（4）档案规章

档案规章主要由国务院组成部门及直属机构、地方政府制定并发布。

---

① 中国人大网. 中华人民共和国档案法［EB/OL］. (2020-06-20)［2024-01-20］. http://www.npc.gov.cn/npc/c2/c30834/202006/t20200620_306637.html.

国家档案馆单独发布的规章有《档案馆工作通则》《国家档案馆开放档案办法》和《档案行政许可程序规定》等，国家档案馆与其他部委联合发布的档案规章有《会计档案管理办法》《高等学校档案管理办法》《城市社区档案管理办法》等。

(5) 规范性文件

规范性文件是指由国家档案局或与其他部委联合，在法定权限范围内制定和发布有关档案安全的工作规范性文件，如《关于进一步加强档案安全工作的意见》《档案工作突发事件应急处置管理办法》等。

9.1.1.2　我国现行的信息安全法律法规

目前，我国信息安全法律法规体系初步形成，现行的信息安全法律法规为档案安全提供了基本的法律保障，同时也为制定和完善档案安全法律法规提供了重要依据。全国人民代表大会通过《中华人民共和国刑法》，其中第二百八十五条、第二百八十六条、第二百八十七条等条款用来保障信息安全。全国人民代表大会常务委员会通过了《关于维护互联网安全的决定》《中华人民共和国网络安全法》《中华人民共和国数据安全法》等法律。国务院陆续发布了一系列信息安全法规，如《中华人民共和国计算机信息系统安全保护条例》《中华人民共和国计算机信息网络国际联网管理暂行规定》《计算机信息网络国际联网安全保护管理办法》《信息网络传播权保护条例》等。国务院信息化工作小组审定了《中华人民共和国计算机信息网络国际联网管理暂行规定实施办法》、工业和信息化部制定了《通信网络安全防护管理办法》等规章。公安部发布和制定了《公安部关于对与国际联网的计算机信息系统进行备案工作的通知》《计算机信息系统安全专用产品分类原则》《计算机病毒防治管理办法》《互联网安全保护技术措施规定》等部门规章和规范性文件。另外，国内还制定了许多行业的信息安全保护规章，例如中国人民银行发布了《网上银行系统信息安全通用规范》（JR/T 0068—2020）等[①]。

9.1.1.3　加强档案信息服务平台法规建设

大数据时代，智慧档案信息的收集、保存、传输、开发利用离不开法

---

① 谭萍. 新形势下档案安全风险及防控对策研究[M]. 沈阳：辽宁大学出版社，2019.

律法规的保驾护航。针对智慧档案信息服务平台运行和管理中存在的问题，要坚持以新修订的档案法为准绳，及时制订、修改与档案信息服务平台建设相适应的法规、部门规章和行政规范性文件，不断完善档案信息服务平台法规体系。

9.1.2 加强档案法律法规宣传教育

政府和各有关部门要高度重视档案法律法规宣传，积极引导和支持档案法律法规宣传，建立档案法制宣传长效机制，努力营造良好的法治氛围。要明确档案资源所适用的法律法规和政策标准，创新以案例说法的工作理念，保证档案法制宣传更加生动、可读、深入人心。既要利用好报刊、广播、电视等传统媒体，又要借助互联网平台，充分发挥微信、微博、抖音等新媒体传播优势，大力开展档案法律法规、档案知识的宣传与教育，积极举办档案法律法规的专题报告、知识讲座和典型案例巡展等活动，不断增强公众的档案安全意识，提升档案安全素养[①]。例如：2021年"6·9"国际档案日前后，国家档案局联合中国知网共同举办"档案话百年"主题宣传活动，主要涉及档案基础知识、档案法等相关内容，活动吸引了数千家机构以及数万名档案从业者的关注和参与，获得了业内人士的广泛好评[②]。

9.1.3 加强档案安全执法力度

政府和各有关部门要积极贯彻档案行政管理主体责任，将"依法治档"落到实处，保障档案事业沿着法治化道路前行。要不断增强依法履职能力，加大执法监督检查力度，做到严格执法、公正司法，完善违法责任认定和追责制度[③]。要建立健全法律顾问工作机制，保障有效制止各种侵权行为，依法妥善处理各种纠纷，坚决利用法律武器维护合法权益。

---

① 程凤刚．大数据时代档案信息资源安全治理及其实现路径［J］．盐城师范学院学报（人文社会科学版），2020，40（4）：69－76.
② "档案话百年"主题宣传活动圆满完成［EB/OL］．（2021－08－18）［2021－08－26］．https://www.saac.gov.cn/daj/yaow/202108/7d1826846f784260ad66fc2bef503531.shtml.
③ 中办国办印发《"十四五"全国档案事业发展规划》［EB/OL］．（2021－06－08）［2021－08－21］．https://www.saac.gov.cn/daj/yaow/202106/899650c1b1ec4c0e9ad3c2ca7310eca4.shtml.

9.2 大数据时代智慧档案信息服务平台建设的专业人才保障

人才是第一资源,是我国档案事业兴旺发达的宝贵财富。大数据时代,档案部门更要注重档案专业人才培养,努力打造一支忠于职守、遵纪守法、具备相应的专业知识与技能的档案队伍,为我国档案工作可持续发展、档案信息服务平台顺利建设提供智力支撑和人才保证。

9.2.1 树立现代人才观念

各级领导要深刻认识到人才在档案事业中的重要作用,肩负"为党管档、为国育才"的历史使命,把人才工作摆在突出位置,切实解决好人才引进、配置、培养、使用中遇到的问题。要建立健全人才工作机制,推进专业人才队伍建设,有计划、有步骤地引进和培养专业人才,注重专业人才结构优化,大力培养既懂档案业务又熟悉信息安全技术的复合型人才和创新团队,使人才的知识结构、技能结构和类型结构符合档案事业发展和实际岗位需要。

9.2.2 建立良好的选人用人机制

档案管理部门要履行好选人用人主体责任,积极推行人才准入制度,严格把好选人用人关。完善专业人才选拔、任用和评价机制,积极营造吸引人才、尊重人才、爱护人才、团结人才、支持人才的良好氛围,做到人尽其才、才尽其用、人事相宜,增强人才的归属感、获得感、幸福感。坚持与时俱进,实行更加积极、更加开放、更加有效的人才政策,为专业人才提供施展才华的机会和舞台,有利于优秀人才脱颖而出。完善人才激励机制,深化专业人才职称评审、职务晋升、薪酬待遇和岗位聘用等制度改革,加强制度落实情况的督查检查,切实做到公开、公正、公平,形成良好的人才竞争、敬业、干事环境。

9.2.3 构建档案专业人才培养体系

重视档案专业人才继续教育,通过进修、培训和学术会议等多种形式，全面提升档案人才整体素质。大力拓宽人才培养渠道，加强与高校、科研院所等单位合作，积极探索产教融合、校企合作的专业技术人才培养模式。例如，吉林省档案局多次举办全省档案局馆长培训、市县档案业务指导科（处）长培训和机关企事业单位档案人员培训等各类培训班，与吉林大学等院校深入合作，着力培养档案研究领域的硕士、博士等高层次人才，与浙江签订了档案教育培训合作协议，为档案专业人才培养搭建了新平台[①]。重视专业人才的安全教育，全面贯彻落实总体国家安全观，坚守档案安全底线，强化档案安全意识，开展必要的安全知识、安全技能学习和演练，切实增强化解风险的能力和本领。

9.3 大数据时代智慧档案信息服务平台建设的技术保障

技术是智慧档案信息服务平台建设和发展的重要引擎。智慧档案信息服务平台的基础设施、业务应用和安全管理都离不开互联网、云计算、大数据和人工智能等关键技术的支撑。档案部门要加强先进技术的应用，不断推动数据采集、数据整合、数据存储、数据挖掘和数据推送等信息技术与档案业务深度融合，充分发挥技术互补优势，大力推动技术集成应用，为智慧档案信息服务平台建设和发展提供持久动力。

计算机科学技术正在随着计算机网络及自身硬件的快速发展而不断地进步，从根本上改变了人们的生活和思维方式。人们也越来越重视对计算机科学技术的研究，希望可以在这一领域中取得更进一步的突破，改善人们的生活水平，改变人们的生活方式。智慧档案信息服务平台在建设过程中，涉及技术方面的保障要求，要确保信息系统的保密性、完整性和可用性，降低安全风险到可接受的程度，从而保障系统实现组织机构的使命。平台具有智慧服务的属性，除了面向档案管理人员之外，还面向需要档案信息服务要求的用户，以及档案信息资源数据需要经过数据输入、数据处理、数据存储与数据输出等活动所涉及的所有因素的综合体。系统用户是平台的使用者，他们是档案信息资源原始数据的维护者以及相关权限的控

---

① 杨川. 注重高端人才培养引领 加强档案干部队伍建设 [N]. 中国档案报，2018-04-12：3.

制者。平台开发专业人员包括系统设计人员、系统实现人员与系统测试人员。档案信息资源数据包括文本信息及音频视频等形式的多媒体信息，通过档案信息资源的智慧化管理，这些档案资源的利用效率得到显著提高，从而方便了人类的日常生活，推动了档案服务高质量发展。

9.3.1 建设过程安全技术保障

计算机硬件技术的发展推动了高科技产业的快速发展，同时计算机科学技术的发展也带动着其他科学技术迈向更长远的未来。在大数据时代背景下，人们通过利用计算机分析处理能力和储备能力来更好地拓展人类的分析能力和处理自己所面临的问题。档案信息服务平台也需要适应信息技术的发展，不断满足用户的个性化与移动化需求，平台涉及的安全保障与平台的规划、设计、实现和运行等生命周期密切相关，平台应在建设过程中综合考虑如何进行安全建设。

信息安全风险产生的因素主要有信息系统自身存在的漏洞和来自系统外部的威胁。信息系统运行环境中存在具有特定威胁动机的威胁源，通过使用各种攻击方法，利用信息系统的各种脆弱性，对信息系统造成一定的不良影响，由此引发信息安全问题和事件。信息安全保障就是针对信息系统在运行环境中所面临的各种风险，制定信息安全保障策略，在策略指导下，设计并实现信息安全保障架构或模型，采取技术、管理等安全保障措施，将风险控制到可接受的范围和程度，从而实现其业务使命。信息安全保障描述了信息系统在设计、执行、测试、运行、维护、废弃整个生命周期中运行的需求和目标。信息系统的使命与其安全保障密不可分，需要通过信息系统安全措施来保障目标的正确执行。随着信息系统面临的威胁及运行环境的变化，安全保障也需要提供相应的措施，从而确保信息系统的正常运行。

风险管理是信息安全保障工作的基本方法。信息安全保障应当以风险管理为基础，针对可能存在的各种威胁和自身弱点，采取有针对性的防范措施。信息安全不是追求绝对的安全，而是追求可管控的安全风险；最适宜的信息安全策略就是最优的风险管理对策，这是一个在有限资源前提下的最优选择问题。信息系统防范措施不足会造成直接损失，扰乱业务系统的正常运行，甚至造成不良影响和损失。也就是说，信息安全保障的问题就是安全的效用问题，要从经济、技术、管理的可行性和有效性上做出权衡和取舍。

9.3.2 软件安全技术保障

互联网技术之所以能蓬勃发展，得益于硬件技术与通信技术的发展红利，计算机科学技术的应用已深入生活的方方面面，对于人们的日常生活有着非常重要的影响，所以"互联网＋"时代下的档案服务工作也产生了巨大的变化，利用互联网技术可以更便利地满足用户对于档案的利用。在平台的使用过程中需要保证档案信息资源数据的安全，平台安全保障的基本目标就是保证其所创建、传输、存储和处理信息在生命周期内的保密性、完整性和可用性；生命周期是指平台安全保障应贯穿信息系统的整个生命周期，以获得平台安全保障能力的持续性。

平台安全保障模型将风险和策略作为信息系统安全保障的基础和核心。首先，强调平台安全保障持续发展的动态安全模型，即平台安全保障应该贯穿于整个信息系统生命周期的全过程；其次，强调综合保障的观念，平台的安全保障目标是通过综合技术、管理、工程与人员的安全保障来实施和实现的，通过对信息系统的技术、管理、工程和人员的评估，提供对信息系统安全保障的信心；再次，以风险和策略为基础，在整个信息系统的生命周期中实施技术、管理、工程和人员保障要素，从而使信息系统安全保障实现信息安全的安全特征，达到保障组织机构执行其使命的根本目的。

信息安全保障就是保护平台所创建、传输、存储和处理信息的保密性、完整性和可用性等安全特征不被破坏。但信息安全保障的目标不仅仅是保护信息和信息处理设施等资产的安全，更重要的是通过保障资产的安全来保障信息系统的安全，进而保障平台所支撑业务的安全，从而达到实现组织机构使命的目的。

在智慧档案信息服务平台安全保障模型中，平台的生命周期和保障要素不是相互孤立的，它们相互关联、密不可分。在计划组织阶段，档案资源的保密特性产生了信息系统安全保障建设和使用的需求。用户只能查看与自己相关的档案数据，同时需要对档案信息资源的使用人进行身份认证，在此阶段，平台的风险及策略应加入到平台建设和使用的决策中，从平台建设开始就应该综合考虑系统的安全保障要求，使平台的建设和信息系统安全建设同步规划、同步实施。开发采购阶段是计划组织阶段的细化、深入和具体体现，在此阶段，应进行系统需求分析、系统运行要求分析、系统体系设计以及相关的预算申请和项目准备等管理活动，克服传统的基于具体技术或产品的片面性，基于系统需求、风险和策略，将平台安全保障作为一个整体进行系统的设计和建设，建立平台安全保障整体规划和全局视野。组织可以根据具体要求，评估系统整体的技术、管理安全保障规划或设计，以及平台的整体规划是否满足组织机构的建设要求和国家、行业或组织机构的其他要求。在实施交付阶段，单位可以对承建方的安全服务资格和信息安全专业人员资格提出要求，确保施工组织的服务能力，还可以通过平台的安全保障技术对施工过程进行监理和评估，确保最终交付平台的安全性。在平台进入运行维护阶段后，需要对平台的管理、运行维护和使用人员的能力等方面进行综合保障，这是平台得以安全、正常运行的根本保证。此外，信息系统投入运行后并不是一成不变的，它随着业务和需求的变更、外界环境的变更产生新的要求或增强原有的要求，需重新进入平台的计划组织阶段。

9.3.3 平台安全技术保障

在空间维度上，信息系统安全需要从技术、管理、工程和人员4个领域进行综合保障。在安全技术方面，综合考虑平台需求、技术以及平台的安全技术体系架构；在安全管理方面，基于安全管理实践经验，结合行业特点建立相应的安全管理体系，形成长效和持续改进的安全管理机制；在安全工程方面，在结果导向目标的基础上，结合平台建设过程方法，注重建设过程各个阶段的规范化实施；在人员安全方面，要考虑与平台相关的所有人员所应具备的信息安全专业知识和能力。

9.3.3.1 信息安全技术类型

信息安全技术主要包括密码技术、访问控制技术、网络安全技术、操作系统安全技术、数据库安全技术、安全漏洞恶意代码防护技术和软件安全开发技术等。

密码技术及应用涵盖了数据处理过程的各个环节，如数据加密、密码分析、数字签名、身份识别和秘密分享等。通过以密码学为核心的信息安全理论与技术来确保数据完整性与安全性。

访问控制技术在最大限度为用户提供系统共享资源的同时，通过用户访问权限的适当管控，防止用户擅自修改和滥用系统资源。访问控制以用户合法身份识别为前提，合法用户只能执行授权范围内的操作，如操作不在授权范围，系统会主动拒绝执行用户操作请求，以确保系统资源安全。

网络安全技术包括网络协议安全、防火墙、入侵监测等。这些技术主要是保护网络的安全，阻止网络入侵攻击行为。防火墙是一个位于可信网络和不可信网络之间的边界防护系统。入侵监测系统实时监测网络传输情况、自动识别可疑数据，一旦发现网络数据存在可疑传输，会自动发出预警提示。入侵防御系统是监视网络传输行为的安全技术，它能够即时地中断、调整或隔离一些异常或者具有伤害性的网络传输行为。

操作系统安全技术主要包括身份鉴别、访问控制、文件系统安全、安全审计等方面。

数据库安全技术包括数据库的安全特性和安全功能、数据库完整性要求和备份恢复，以及数据库安全防护、安全监控和安全审计等。

安全漏洞与恶意代码防护技术包括减少不同成因和类别的安全漏洞，发现和修复这些漏洞的方法；针对不同恶意代码加载、隐藏和自我保护技术的检测及清除方法等。

软件安全开发技术包括软件安全开发各关键阶段应采取的方法和措施，减少和降低软件脆弱性以应对外部威胁，确保软件安全。

9.3.3.2　信息安全管理

信息安全管理是系统管理体系的重要组成部分，管理的内容非常繁杂，可将其简单理解为组织基于整体信息安全方针或特定信息安全风险防控目标，通过各种有效的管理手段、规避措施、防范措施确保信息不被泄露、窃取、盗用。笔者基于自身的业务风险认知，将信息安全管理体系界定为信息安全管理机制构建、信息安全管理机制实施、信息安全防护、信息安全风险监视、信息安全风险评审、信息安全维护改进等一系列管理活动的总和，各项活动的实施以清晰的管理方针策略、明晰的计划活动目标、精细的安全管理原则为指南，以严密的组织结构、合理的职能配置、严谨的过程与方法、充足的资源要素为支撑。

信息安全管理是在特定安全标准和安全管理需求的导向下，采用各种有效的风险管控措施优化改善信息环境安全、载体质量、信息质量，以达成整体或特定的信息安全管理目标。信息安全风险管理贯穿于所有信息系统的生命周期，涉及信息安全风险分析、信息安全风险评估、潜在风险发掘、风险预警处置、信息安全监督、信息安全审查、信息安全风险沟通咨询等。其中，信息安全风险分析、信息安全风险评估、风险预警处置、信息安全监督是实现信息安全风险管理的前提，监控审查和沟通咨询则贯穿于始终。

信息安全控制措施是管理信息安全风险的具体手段和方法。将风险控制在可接受的范围内，这依赖于组织部署的各种安全措施。合理的控制措施集综合技术、管理、物理、法律、行政等各种方法为一体，威慑安全违规人员甚至犯罪人员，预防、检测安全事件的发生，并将遭受破坏的系统恢复到正常状态。确定、部署并维护综合、全方位的控制措施是组织实施信息安全管理的重要组成部分。通常，组织需要根据安全方针分析组织需求、管理需求、技术需求、物理特性、环境特点、访问控制需求、开发维护需求、安全日志检测需求，综合考虑部署合理的控制措施。

部署信息安全控制措施的目的之一是防止发生信息安全事件，但由于信息系统内部固有的脆弱性和外在的各种威胁，很难杜绝信息安全事件的发生。所以，应及时、有效地响应与处理信息安全事件，尽可能降低事件损失，避免事件升级，确保在组织能够承受的时间范围内恢复信息系统和业务的运营。应急响应工作管理过程包括准备、检测、遏制、根除、恢复和跟踪总结阶段。

信息系统灾难恢复管理过程包括灾难恢复需求分析、灾难恢复策略制定、灾难恢复策略实现及灾难恢复预案制定与管理等步骤。应急响应与灾难恢复关系到一个组织的生存与发展。信息安全等级保护是我国信息安全管理的一项基本制度。按照信息系统的重要程度以及相应客体（即公民、法人和其他组织的）的合法权益、社会秩序、公共利益和国家安全受到侵害的严重程度，可将信息系统的安全等级由低到高分为5级，每一保护级别的信息系统需要满足本级的基本安全要求，落实相关安全措施，以获得相应级别的安全保护能力，对抗各类安全威胁。

9.4 大数据时代智慧档案信息服务平台构建的资源保障

资源是智慧档案信息服务平台的"血液",是档案工作的立身之本。大数据时代,海量的档案资源是有效开展智慧档案信息服务的前提和保证。随着现代信息技术的广泛应用和档案信息服务需求的日益增长,档案部门要加大档案信息资源建设力度,为智慧档案信息服务提供强大的资源保障。

9.4.1 智慧档案信息资源建设的原则

大数据时代,智慧档案信息资源建设应做到"五个坚持"。一要坚持正确的政治方向。要提高政治站位,时刻牢记"档案工作姓党",肩负着"为党管档、为国守史"的重任。二要坚持人民至上。始终以人民为中心,坚守为民服务的宗旨,更好地满足人民对美好生活的追求,提升人民的获得感和幸福感。三要坚持依法治档。所有档案资源的收集、管理和利用都必须以国家相关法律法规和政策为准绳,自觉地运用法治思维和法治方式推进档案工作,不断提高档案治理能力和水平。四要坚持档案收集的全面性。要不断拓展档案资源收集范围,保证档案资源来源广泛、内容丰富、形式多样、结构合理,做到应归尽归、应收尽收。五要坚持档案安全。要确保档案来源可靠、程序规范、要素合规,能够长期保存,以维护档案资源的真实性、完整性、可用性和机密性。

9.4.2 加快档案资源数字化转型

档案资源数字转型是开展智慧档案信息服务的前提。近年来,我国档案资源数字转型取得了一定成绩,但仍滞后于人民群众对于利用档案信息日益增长的需求。档案部门要高度重视,做好档案资源数字化转型统筹规划,促进档案资源建设提质增效,逐步建成安全、自主、可控的档案数字资源库。既要大力推进档案资源增量电子化,遵循国家档案局令第8号《机关文件材料归档范围和文书档案保管期限规定》、令第9号《各级各类档案馆收集档案范围的规定》和令第10号《企业文件材料归档范围和档案保管期限规定》明确的档案收集范围,确保各类电子文件和档案"应归尽归、应收尽收",又要做好档案资源存量数字化,不断提升档案数字化成果的文字识别和语音识别能力,以满足公众多元化、个性化需求[①]。在档案资源数字化的基础上,要积极实行重点档案数据化。档案数据化和数字化并不是对立的,档案数字化是数据化的基础,档案数据化是档案数字化发展的新阶段。档案数据化有利于档案信息资源深度开发、推动档案业务流程智慧化,为开展智慧档案信息服务提供有力支撑[②]。

9.4.3 加强民生档案资源建设

民生档案就是与民生有关的档案,是党和政府关心民生、保障民生和改善民生的重要帮手。做好民生档案工作,有利于维护党和政府权威、维护人民利益和社会安定团结。重视民生档案工作,加强民生档案资源建设,是新时代档案事业发展的重要方向,是档案工作人员服务社会和民众的着力点[③]。民生档案涉及社保、医保、民政、房产和公安等诸多部门,档案部门要主动与涉民部门密切配合、通力协作,力求使民生档案归档做到全覆盖。档案部门要坚持人民至上的理念,优先做好民生档案的收集、管理和利用。民生档案包含大量公民个人信息和隐私,档案部门必须严格遵守相关法律法规,建立科学的民生档案管理规范,注重职业道德建设,加强职业行为自律,切实保障民生档案信息安全。

9.4.4 加强网络信息资源建设

如今,网络已成为新时代的重要标志。网络信息资源记述了人类社会在网络空间活动的痕迹,凝聚着个人、社会和时代的共同记忆,是重要的数字资产。加强网络信息资源的收集、归档和长期保存是档案部门应肩负的重要责任,是档案部门在新时代工作职能延伸、充分发挥网络档案价值的必然选择。档案部门通常采用云技术、网络爬虫等方法进行网络信息资源归档。目前,网络信息资源归档类型大致有 3 种:完整性归档、选择性

---

① 中办国办印发《"十四五"全国档案事业发展规划》[EB/OL]. (2021-06-08) [2021-08-21]. https://www.saac.gov.cn/daj/yaow/202106/899650c1b1ec4c0e9ad3 c2ca7310eca4.shtml.
② 赵跃. 大数据时代档案数据化的前景展望:意义与困境 [J]. 档案学研究, 2019 (5): 52-60.
③ 张素霞. 民生档案资源整合共享研析 [J]. 中国档案, 2019 (1): 58-59.

归档和混合型归档。其中，完整性归档就是保存网络的全面资源，这种类型的典型代表为美国互联网档案馆（Internet Archive，IA）；选择型归档，如美国国会图书馆网络档案馆（Library of Congress Web Archives，LCWA）项目，重点采集与国家利益主题相关的网页资源；混合型归档，如英国政府网络档案（UK Goverment Web Archive，UKGWA)[1]。由于网络信息资源数据庞大，已具备大数据特征，仅凭一个档案部门难以胜任网络信息资源的归档工作，需要和政府、图书馆及其他企事业单位密切合作，共同做好网络信息资源的采集、整理和开发利用。

9.4.5 加强档案专题数据库建设

档案资源是独特的、无可替代的，如何快速准确地从复杂、海量的档案资源中挖掘、获取有价值的信息？建立档案专题数据库是有效的途径之一。档案专题数据库就是档案部门凭借自身优势，按照某一特定主题进行收集、组织、提炼和编辑，并能够提供多种使用途径的档案信息数据库。档案专题数据库能够将分散、独立的档案资源进行汇聚、整合、加工，形成系统性的高价值档案成果。加强档案专题数据库建设，是大数据时代档案信息资源开发利用的一项重要举措，也是档案部门适应时代发展，推动自身建设，更好地服务公众的必然要求[2]。目前，我国已进入新发展阶段，档案部门应积极响应国家重大发展战略和地方中心工作等号召，加强重点领域档案收集，针对重大事件、重大活动、重大项目和重大领域，建立档案专题数据库，如抗日战争、脱贫攻坚、建党百年、新冠肺炎防控和党史学习教育等档案专题数据库。档案部门应根据自身优势和地方特点，认真谋划，科学规范，有序推进，建立特色鲜明、内容完整、利用便捷的档案专题数据库[3]。

---

[1] 张林华，等.基于区域性远程服务实践的档案资源共享研究［M］.武汉：武汉大学出版社，2021：236-238.
[2] 高文博.数据时代我国档案专题数据库建设探析［J］.黑龙江档案，2020（2）：14-15.
[3] 陈祖芬.文本擘画："十四五"时期的档案资源体系建设［J］.档案与建设，2021（8）：52-56.

第 10 章

我国智慧档案信息服务平台建设的实证研究

10.1 我国综合档案馆智慧档案信息服务平台建设实证分析

本节结合档案文献、档案网站及新闻,对我国智慧档案信息服务平台建设实践的标志性场馆从基本情况、建设时间、投资情况、系统情况、运行情况五个方面做全面的梳理、总结与回顾。

10.1.1 青岛市智慧档案信息服务平台建设概况

青岛市智慧档案信息服务平台历经从数字档案共享,进入电子档案管理和共享2.0时代,再到智慧档案馆阶段。平台功能经历了从传统档案资源数据化到电子档案接收、区域共享—智慧档案管理的初级形态(办公系统、微信公众号同时运行),再到数据化馆藏档案的阶段,建设时间跨度历经从2003年到2020年的不断发展阶段,整个建设过程突出档案信息资源共享服务理念。平台率先实现档案资源数据化、历史信息知识化、网站新媒体一体化、网页设计简约化,建成全国首家档案信息资源服务型网站。

青岛市数字档案馆2003年建成并投入使用,是数字档案馆的1.0版。青岛市数字档案馆主要有以下功能:一是在满足传统档案业务功能基础上,逐步到收集电子档案;二是建设实体档案目录库、纸质档案数字化库和电子资源库;三是遵循传统档案业务流程,依托政务网或互联网搭建数据平台;四是数字档案业务功能依附于档案网站提供档案服务[①]。数字档案馆建设主要集中于如何将实体档案数字化建设的努力。

2008年前后,随着网络技术的发展,数字档案馆进入电子档案管理和共享的阶段。其功能主要有:一是区域档案信息资源共享,保证电子档案的征集管理;二是电子档案归档范围增加,如电子档案、网页等原生数字资源实现归档,归档容量从数字档案资源转向电子文件中心扩容;三是技术上采用开放的结构体系构建共享平台,建设标准化数据存储中心,构建高标准的数据备份中心;四是实现区域内馆际共享、馆室共享、档案室与档

---

① 杨来青. 智慧档案馆是信息化发展的必然产物[J]. 中国档案,2014(6):64-66.

案室共享、档案馆向社会共享的多层面共享。数字档案馆2.0在1.0规划建设的基础上,向如何构建区域内档案共享平台方向迈进。

第三阶段,通过青岛政务网调研发现,青岛市档案共享工程建设自2014年5月迈进智慧档案馆建设方向。青岛市智慧档案馆建设理念、基本功能、系统框架及具体功能需求于2012年经调研完成,智慧档案项目建设建议书于2013年提出,2014年的青岛市政府工作报告中明确提出建设"智慧档案馆"。2014年6月青岛档案信息全域共享服务平台和"青岛档案"微信服务同时启用,主要包括电子档案智慧管理、智能数据管理、智能检索和共享服务、智能感知管理、综合业务管理以及系统维护与控制等六大平台,实现了基于电子文档一体化和业务数据仓储式管理、基于物联网技术的档案智能管理、基于青岛记忆理念的数字文献资源管理、基于智慧泛在理念的档案信息服务、基于真实可信和长期可用的档案安全存储、基于智能技术的档案馆工作科学管理、基于网格化管理的全市档案业务监督指导。青岛市智慧档案信息服务平台实现档案查询的"随时随地"查、手机查,通过手机可以查阅青岛市综合档案馆的档案,可以自动推送"历史上的今天""档案服务"等档案文化功能。

青岛市档案馆通过对档案信息网全新改版运行,发布了大量青岛历史档案、照片、地图等珍贵资料和2 300份数据化档案文本信息、900分钟档案题材影音资料,除此之外还共享了近1 600万字的档案史料汇编和青岛城市历史著作论文,为了解和研究青岛城市历史提供了丰富的第一手信息资源。平台以专题形式发布青岛市档案馆数据化馆藏档案信息。平台数据均以图片和txt文本文件两种格式予以发布,利用者可以对档案内容进行全文检索、浏览或复制、粘贴档案信息。2018年12月平台启用,首次发布内容为馆藏胶澳商埠专题档案信息。胶澳商埠设立于1922年12月中国收回青岛之后,结束于1929年4月民国政府宣告完成统一之时。这部分档案内容主要反映该时期青岛的政治、经济、文化、社会等情况。2019年5月,为纪念青岛解放70周年,该平台新增"青岛解放史料"数据化信息,史料时间跨度从1948年6月到1950年9月,主要包括组织、军事、接管等方面。2019年12月,该平台新增"青岛商会史料"数据化信息[1],史料时间跨度从1924年到

---

[1] 温晓晨. 城市记忆档案编研研究:基于山东省的调研与分析[D]. 济南:山东大学,2021.

1949 年，较为系统地记录了青岛商会的历史真实面貌。

10.1.2 杭州市智慧档案信息服务平台建设概况

杭州市智慧档案信息服务平台建设经历从档案资源数字化到电子化管理，再到档案数据治理阶段。杭州市档案馆2003—2004年起步建设数字档案馆[①]，实现对馆藏资源数字化、建立档案资源目录。2009年基本实现办公电子化，对电子公文归档，实现各单位OA系统的对接。2013—2014年逐步实现电子文件管理系统，档案室均通过此系统接收整理档案。2016年浙江省响应国家提出的"互联网＋政务服务"，率先提出"最多跑一次"改革[②]。在此基础上，杭州市档案馆实现对电子数据的归档，对各个业务系统的电子数据归档。2020年，杭州市档案馆实现数字化改革。市域统一规划、统一改革，实现标准化数据接口，同时对接业务系统，对接收过来的数据进行安全考核。"坚持在提升数据质量上下功夫，积极探索开展数据治理新模式，构建市域一体化平台。将全市各级档案主管部门、综合档案馆、立档单位的档案工作纳入统一的工作框架和数据标准，采取信息化方式固化管理规则、工作流程，形成局馆、馆际之间业务的协作管理、数据的统一规范，以快速响应档案信息利用的需求，及时提供形式多样化的档案数据服务。"[③] 杭州市智慧档案信息服务平台与各区县（市）综合档案馆及市级立档单位之间通过政务云平台连接，同时向社会公众开放馆际民生档案和开放档案共享。

杭州市智慧档案服务主要实现以下功能：一是云计算、互联网、物联网等新技术运用在档案的整合、挖掘，提供更深层次的共享利用服务，如可通过自助查档机自动检测、实时查询打印本人房产信息；二是归档范围深层次挖掘，不再局限于传统纸质档案，增加对电子公文、数码照片、音频视频等常见电子档案归档，更对政务元数据、历史数据、各项行政审批中新型档案信息资源归档；三是智慧档案管理系统实现与OA系统的对接，将行文的完整过程归档，保证公文的真实性和凭证性。

---

① 周耀林，赵跃，等. 非物质文化遗产档案资源建设"群体智慧模式"研究［M］. 武汉：武汉大学出版社，2020.
② 滕羽. 城市公安机关智慧警务建设的重点和路径研究［D］. 北京：中国人民公安大学，2020.
③ 陈林. 杭州市开展核心业务指数化监管的实践与思考［J］. 中国档案，2021（5）：28-29.

10.1.3 苏州市智慧档案信息服务平台建设概况

苏州市智慧档案信息服务从2017年10月起步[①]，着重于系统硬件、软件建设和库房改建三个方面。苏州市建成为100余家进馆单位服务的数字档案室2.0，重要电子档案数据约6 TB。苏州市档案共享平台在档案数据管理、流程管理等方面权限清晰，同时具备权力监管平台，可实时对档案馆室建设情况、人员状况、档案数据进行网上监管，适时开展年度评价。苏州市智慧档案信息服务平台包含了档案馆日常的工作流程，嵌入"档案的一生"模块。系统引入数据保全技术，对馆藏档案数据按照新《中华人民共和国档案法》和国家档案局令第14号《国家档案局关于修改〈电子公文归档管理暂行办法〉的决定》的要求，从"四性检测"的角度建立了一整套安全体系，对馆藏档案整理库、利用库、核心资源库、长期保存库开展了全流程体系的实时监管，特别在日常查档利用中，规范了查档流程，杜绝了误操作，确保了馆藏档案数据的利用安全。

苏州市智慧化综合管控平台及服务项目的实施实现了档案馆馆库的高度集中管理、智能化统一管控；各应用子系统模块相对独立，又彼此关联，实现各环境参数的智能化管控、档案智慧化管理、安全实时管控、智能灯光指引等一体化管理等，使档案馆在安全、高效、集约、节能环保等方面达到更高的水平。同时智慧电子标签RFID管理系统的建设实现了档案集约化管理模式，有效地整合了电子化、信息化数据，提高了管理的工作效率，实现了实体档案电子标签化管理、档案自动借阅、自动还卷、档案定位、库房智能盘点、安全报警等功能。

10.1.4 南京市智慧档案信息服务平台建设概况

南京市档案馆最早在全国档案界提出《智慧档案建设实施方案》，在档案平台构建、档案信息挖掘、档案参与智慧城市建设方面提出创新发展道路。南京市智慧档案信息服务平台主要对百姓民生类档案实现共享，共享档案类别如婚姻档案、独生子女、再生育等29个类型的档案数据库。南

---

① 杨申康.信息传真［苏州市智慧档案馆项目顺利通过验收］[J].档案与建设，2020（12）：90.

京市智慧档案信息服务平台2012年投入运行，全市参加共建共享的国家综合档案馆达到14家。南京市智慧档案服务建设确立了以"科学指导，利用优先，整体推进，共同发展"为原则，以电子政务、智慧南京建设为契机，以智慧档案建设为动力的指导思想[①]。南京市档案共享数据库的种类数量名列前茅，数据量达到700万条档案数据目录。2021年南京市上线企业登记档案查询系统，至2022年免费为682家企业提供115 128页企业电子档案查询服务。南京市档案共享服务规范管理增量资源，挖掘馆藏资源，提升政府效能。

10.1.5　丽水市智慧档案信息服务平台建设概况

丽水是浙江省"智慧档案"试点市，在全国率先以市、县联建的方式，实现全市、县、乡镇机关档案室电子档案和政务网审批信息归档和共享利用。丽水市档案"1+10+N"协同管理系统于2012年建成，突破各机关档案室数据隔阂，避免各单位重复投入资金购买档案管理软件和硬件。丽水市档案协同管理系统在数次档案核心业务场景实践、新技术加持的基础上多次升级而成。此系统实现全市电子档案归档、移交、接收等档案核心业务，同时可实现系统内评价，初次意义上实现市、县、乡三级档案信息资源共建共享。

"1+10+N"系统中有机关档案室850个，文书类电子档案1 200万件，行政审批类电子档案11万件，如果各部门都按照传统的方法打印成纸质档案归档，若干年后再向档案馆移交，档案馆再把纸质的档案扫描成电子影像件，市、县有关部门的档案管理成本合计将会高达上千万元。丽水市档案局创新了"存量档案数字化、增量档案电子化"的"生态档案"模式。丽水市档案共享系统纳入如文件形成、归档、移交、接收、保管、利用等实体档案管理核心环节。此档案共享系统在实现管理封闭、数据检测安全、制度保障可靠、数据安全等要求的同时，最大限度地满足了新档案法中关于电子档案"来源可靠、程序规范、要素合规"的要求。2017年，丽水市档案局成为国家标准《党政机关电子公文归档规范（草案）》唯一测试单位。2020年，丽水市100%建成数字档案馆，覆盖档案室达960多

---

① 南京市档案信息共享平台系统正式投入运行［J］. 兰台世界（上旬），2012（4）：36.

个，保存电子档案达1 400余万件。2021年丽水市发布的《丽水市档案事业发展"十四五"规划》中，重点明确智慧档案建设目标。在"十四五"规划中指出，"档案信息化战略转型全面推进，全行业向数字时代转型升级，提高档案工作智慧化水平，推动新一代信息技术在档案管理中的应用，以信息化为核心的档案管理现代化取得突破，实现档案核心业务100%网上协同"[①]。

10.1.6 珠海市智慧档案信息服务平台建设概况

珠海市档案局（馆）数字化工作从2002年起步，至2010年馆藏利用率较高的档案全部完成数字化工作。珠海市数字档案馆是《珠海市档案事业发展"十二五"规划纲要》信息化重点项目、市政府投资建设项目，2008年立项，2009年完成调研、初步设计及概算编制，2012年开始研发。珠海市档案服务平台的档案管理流程规范化，归档范围多样化，归档种类涉及文书、照片、音视频、数据库等多种类型，其在线接收了30余家立档单位原生电子档案，接收电子档案数量8万件。珠海市数字档案馆实现了对电子公文系统中文件签发、处理全过程的对接归档，对OA平台的数字档案形成、整理、归档、移交、接收、利用等全过程进行统一管理。目前已经连入的首批30多家立档单位已经开展电子档案的在线移交接收[②]。

10.1.7 张家港市智慧档案信息服务平台建设概况

张家港档案馆智慧档案信息服务平台的特色功能在于对档案数据分级管理[③]，分为核心数据库、非核心数据和公开信息，核心数据库采用与外界隔离的核心平台存储，非核心数据和公共信息利用公共云平台存储共享。同时利用公共云平台构建张家港云平台，实现非核心数据和公共数据的分级管理与共享。档案数据分级管理，档案系统平台同样分级管理，数据密级不同，安全性不同。

---

① 吴式成.丽水档案事业发展"十四五"规划正式发布[EB/OL].（2021-08-04）[2022-03-20]. http://www.zgdazxw.com.cn/news/2021-08/04/content_323757.htm
② 珠海市档案局.珠海市档案局馆：创新智慧档案服务理念 助力"数字政府"和智慧城市建设[EB/OL].（2018-11-12）[2022-03-20]. http://www.zgdazxw.com.cn/news/2018-11/12/content_252633.htm
③ 刘迁.智慧时代档案信息安全的提升路径：以张家港市档案馆为例[J].档案与建设，2015(5)：21-24.

10.1.8 威海市智慧档案信息服务平台建设概况

威海市智慧档案信息服务平台采用先进的物联网技术，建成集周界入侵报警、馆内综合安防、库房防护、智能存储和档案一体化管理等的智慧化档案系统，实现了档案查询利用、展览教育、文化交流、休闲利用多维度功能的平台[1]。威海市提出的档案一体化、智慧化管理建设项目，是威海市重点民生工程，威海市档案馆因此成为国家档案局2016—2018年国家电子档案自主可信长期保存存储系统建设与标准体系编制1-3期项目全国首家示范应用和征求意见单位。

10.1.9 唐山市智慧档案信息服务平台建设概况

唐山市档案共享集中于两个方面功能：档案安全保护平台和智慧档案管理平台[2]。档案安全保护平台主要实现对库房的智能管理，实现温度、湿度、消毒、通风、视频监控、出入权限、红外防盗、消防、实体档案智能管理及应急对讲管理，实体档案电子标签、高压水雾灭火系统、轨道追踪摄像、视频对讲四个系统确保库房档案安全。智慧档案管理平台包含电子档案归档、电子公文全过程归档、档案利用等子系统，提供智能化的档案管理和服务。

10.2 我国行业档案智慧服务平台实证分析

10.2.1 国网系统智慧档案信息服务平台建设分析：以国网江苏省电力有限公司为例

国网江苏省电力公司档案智能管理中心是国网系统内首个省级档案信息资源智能共享中心，其建设从2009年开始，主要集中于智能库房软件研究与硬件研究[3]。2019年国网江苏省电力公司档案智能管理中心的运行，

---

① 林永茂，于荧荧．威海市智慧档案馆建设探索与实践［J］．中国档案，2020（5）：40-41．
② 孟韬．走近智慧档案馆：唐山市档案新馆概览［J］．档案天地，2017（8）：16-17．
③ 于英香，赵倩．人工智能嵌入档案管理的逻辑与特征［J］．档案与建设，2020（1）：4-8．

标志着国网系统内首个省级档案信息资源智能共享中心初步建成。国网江苏省电力公司档案智能管理中心以"智能库房、集中监控、档案资源、知识服务"四个体系为重点。智慧馆库系统与国网档案系统的数据共享，建成"1＋N"智能库房云体系。国网江苏省电力有限公司联合东南大学研制的"智档1号"——具有自主导航功能的档案智能运维机器人，实现了内部办公系统与档案库房管理系统的互联，以及档案的智能定位、自主盘点功能。该共享中心首次实现了人工智能等各类技术在电力档案管理中的融合应用和档案工作全流程的智能转型；同时档案省域资源互联，实现无层级共享网络，解决信息孤岛问题。

10.2.2 高校系统智慧档案信息服务平台建设分析：以上海交通大学为例

上海交通大学档案馆从档案资政服务出发，构建校史档案文博网，集中了数字档案馆归档平台、科研档案归档平台，服务方式方面利用大数据云平台、人脸影像识别技术等实现服务创新。上海交通大学档案馆网站在网上展览和专题汇编部分共享结合重大事件策划的档案展览，并融合微信、动画等新媒体技术进行展示[①]。

10.2.3 司法系统智慧档案信息服务平台建设分析：以山东省检察院为例

山东省检察院针对"归档难"的难点痛点，调研基层需求，论证智慧档案系统中加入自动归档考核功能的必要性及可行性。在征求多方归档意见的基础上，由软件研发人员结合智慧档案系统制订融合解决方案。山东省选取青岛市检察院等10家基层院作为试点单位，收集档案员、检察官提出的各类需求，归档数据考核标准细化，归档质量、效率和效果指标明确。

山东省检察院智慧档案系统在线上案件与线下归档同时进行[②]，更实

---

① 善谋而出新：上海交大数字档案馆建设概述［EB/OL］.（2016－03－08）［2022－03－22］. https://www.doc88.com/p-5025275327741.html? r=1.
② 卢金增，刘冰. 智慧档案管理提升归档工作质效［N］. 检察日报，2021－02－02（2）.

现与业务系统对接，案件质量、归档质量、绩效考核、质量审查都在系统内同步进行。该共享平台主要有以下五个功能：一是自动推送应归档数量。共享平台通过抓取应用系统中实时案件数量，从而把控归档节点。正常办案时，归档节点自动推送给业务部门及档案部门，同时嵌入归档考核模块公平考核。二是自动监控案卷流向。通过系统内实时监控，实体案卷档案归档后，未归档数据即会自行消除。若存在超期、有问题的档案，定期发布提醒归档。此项功能对档案借阅工作全程监督管理。三是自动判断归档职责。智慧档案系统职责界定分明，清晰划分收集、整理、入库、利用人员的详细职责。传统的归档不及时、职责不明确等问题得到了极大的改善。四是自动考核归档质量。由于明确了归档职责，对各环节归档质量、归档时间的考核可以具体到各岗位档案员，自动对各岗位工作人员进行绩效考核。五是自动统计归档数据。系统可自动对归档数、未归档数实时进行统计，精准管控未归档案，实时评价归档效果。青岛市检察院智慧档案共享平台上述功能的闭环管理，使得归档效果得到大幅提升。

10.3　国内智慧档案信息服务平台建设整体性分析

在智慧城市发展过程中，档案信息资源也是重要的信息资源之一。智慧城市建设对智慧档案信息服务平台建设提出了新的要求，带来了建设挑战。根据调研发现，国内多城市、多领域档案馆已经迎难赶上，其档案信息服务平台建设正如火如荼。档案信息收集、整理、存储、挖掘、利用、数据化，已经成为一些城市建设的智慧档案信息服务的共同特征，这些特征对我们构建评价指标体系具有重要参考意义。

10.3.1　集成的多样化智慧管理平台

目前建设的城市智慧档案馆中，虽然体系架构不尽相同，但服务功能、服务目的一致，如基本实现了档案管理、检索、编研等功能。青岛市档案共享平台包含了电子档案智慧管理、智能数据管理、智能检索和共享服务、智能感知管理、综合业务管理以及系统维护与控制等六大平台；杭州市档案馆在市级统一规划的基础上，统一规划档案管理平台，实现对杭州市业务系统对接。通过对多座城市进行研究发现，集成的多样化的智慧档案管理平台是智慧档案馆数据管理、检索、共享的基础架构。国家、地区实现档案信息资源共享，区域性的智慧档案管理平台与区域性智慧档案管理平台实现一网通办，智慧档案管理平台不可或缺。

10.3.2 先进的智慧服务平台支撑技术

智慧档案信息服务平台建设依托先进的云计算技术、物联网技术、大数据技术、移动互联网技术。智慧档案信息服务平台综合运用这一系列先进技术，实现智慧化管理，以使档案管理效率得到极大的提升。通过云计算技术构建数据处理平台，对档案馆实现精细化管理，建立智慧档案馆日常运行数据库、智慧档案馆长期保存数据库、智慧档案馆信息服务数据库和智慧档案馆危机备份数据库[1]。物联网技术，实现档案实体与管理信息的联系，实现档案全面感知。RFID技术，记录档案实体存放地点、归档时间、利用状态等信息，实现对档案实体的实时监控。物联网通过RFID技术感知档案实体和内容信息，实现档案智能化管理。目前采集到的数据85%均为非结构化数据，而传统的关系型数据库主要处理结构化数据。传统的数据库技术无法胜任，智慧档案馆必须引入大数据技术，对结构化、半结构化和非结构化数据进行挖掘、整合、处理，实现档案信息服务的个性化、主动化和精准化[2]。移动互联网技术是移动网络与互联网结合的产物，能够实现档案服务随时随地的互联、开放、共享。通过移动互联网技术，人们可以通过手机、平板、电脑等移动终端获得所需要的服务。智慧档案馆能够根据用户定制需求，实现精准推送和档案服务个性化。

10.3.3 标准化数据接口

标准化数据存储平台、标准化数据接口是智慧档案信息服务平台建设过程中都会被提及的关键词。在电子档案管理系统与办公自动化系统、业务系统移交、利用电子档案时，电子档案管理系统应提供归档、利用等接口程序，支持从办公自动化系统、业务系统中接收归档数据包实现归档，支持非业务系统生成的各类电子文件数据导入归档，支持生成作为电子档

---

[1] 王小健，刘延平. 面向智慧城市的智慧档案馆建设[J]. 档案与建设，2015（5）：16-20.
[2] 陶水龙. 智慧档案馆建设思路研究[J]. 中国档案，2014（6）：67-69.

案的存档信息包以及便于电子档案管理、利用等的相关信息包。智慧档案信息服务平台应能够管理符合国家规范、标准规定的多种门类、多种格式的电子档案，支持向档案馆移交电子档案。青岛市、杭州市档案共享平台建设实践表明，标准化接口是实现智慧档案信息服务的关键因素。

笔者对省市级、行业内典型智慧档案信息服务平台的建设状况进行了调研，调研表明各省市、各行业、高校等均在积极推进智慧档案信息服务平台建设，但无论在实践建设还是文献研究领域均较少涉及区域性智慧档案信息服务平台共享方面的研究，目前长三角地区在民生档案共享服务方面已经开展跨省市合作服务。2018年以来，上海市档案局牵头与江苏省档案局、浙江省档案局、安徽省档案局签订了"民生档案'异地查档、便民服务'工作合作协议"，推动档案跨省市合作、高质量发展[①]。签订此协议以来，上海市先后出台了业务规范，制定了查档标准，拓宽了协作查档渠道，利用基础档案，主办长三角红色档案珍品展。江苏省在跨省查档协议签订后，实现省电子政务外网快速互联互通，并出台《关于加强民生档案管理利用工作的通知》，对档案资源利用加装"安全锁"，并在江苏新闻频道《黄金时间—改革政策e解读》节目中推出"让档案活起来、亮起来"专题，通过政策解读，让老百姓走进档案、了解档案、利用档案，让档案更好地为民服务。浙江省全省上下着力建设数字档案室，建成数字档案室13 000多家。全省上下在此协议基础上，推动长三角档案区域化共享工作，并以嘉善县为试点探索在电子档案单套制管理和农村档案工作治理。安徽省档案馆进入全面共建共享阶段。与此同时，安徽省档案馆还开设了数字档案资源共享平台操作使用培训班，确保了平台的顺利启用。长三角地区跨省馆际合作在全国档案共享领域先人一步，在可实现性与可操作性方面都具有先进性。目前区域性档案共享平台建设、智慧档案信息服务平台建设在文献研究以及实践工作都还处在不断的探索中。本书立足智慧档案信息服务平台建设研究成果和实践，遵循《中华人民共和国档案法》关于智慧档案建设的基本原则，结合电子文件与电子档案管理、数字档案馆

---

① 江苏经济报.奋楫笃行 再谱新篇：长三角地区档案工作高质量一体化发展纪实 [EB/OL]. (2022-01-14) [2023-03-22]. http://k.sina.com.cn/article_3233134660_c0b5b8440190103tt.html

（室）建设等相关规范、标准，构建智慧档案信息服务平台评价指标体系，有助于解决我国智慧档案信息服务平台建设中面临的问题，切实推动智慧档案信息服务平台的有效运行，加快推进智慧档案信息服务平台的发展。

10.4 智慧档案信息服务平台建设评价指标体系

《"十四五"全国档案事业发展规划》针对档案信息化建设提出，加强档案信息资源共享平台建设。规划指出各省（自治区、直辖市）在建设本区域信息资源共享平台的基础上，实现各级综合档案馆的互联互通，推进共享平台与机关等单位的系统链接；在区域共享平台建设的基础上，推动全国档案查询利用服务平台建设；在区域"一网通办"的基础上，实现全国档案"一网通办"。

10.4.1 智慧档案信息服务平台评价指标体系构建原则

评价指标体系能否正确地反映评价对象的全貌，在很大程度上取决于评价指标体系设计的科学性。智慧档案馆评价指标体系采用定性分析和定量分析相结合的方式构建，设计智慧档案馆评价指标体系应该遵循下列原则：

（1）整体系统性原则。智慧档案馆建设是一项整体性、系统性的工作，建设智慧档案馆应在档案馆整体规划框架内，综合考虑总体布局和阶段性安排后进行统筹规划。智慧档案信息服务平台建设应在达到前置性条件的情况下，同时满足制度建设需求、系统建设需求、资源建设、管理需求与安全管理需求，并通过可行性评估。智慧档案馆评价指标应该考虑如何将档案馆建设综合集成为资源系统，使得档案收集、管理、治理更加智慧化。

（2）科学性原则。科学性原则是指评价指标的设计要遵循科学决策的程序，运用科学思维方法的行为准则[1]。智慧档案信息服务平台评价指标体系应该具有科学性和先进性。本书的评价指标体系设计运用文献分析

---

[1] 丛敬军，尤江东，方义.智慧图书馆建设成熟度评价指标体系构建研究[J/OL].图书馆论坛，2021：1-9.（2021-08-20）[2022-05-29]. https://kns.cnki.net/kcms/detail/44.1306.G2.20210820.0846.002.html.

法、专家调研法，调研行业内智慧档案信息服务平台建设的先进经验及先进理论，同时结合综合档案馆、高校档案馆、行业智慧档案馆建设的实际情况，保证指标体系设计的准确性和先进性。在设计指标体系的基础上，采用层次分析法对指标进行比较打分，为评价指标体系的科学性提供依据。

（3）政策性原则。中共中央办公厅、国务院办公厅印发的《"十四五"全国档案事业发展规划》提出"加快推进档案信息化建设，引领档案管理现代化"[①]，为"十四五"时期档案事业高质量发展，适应国家治理体系和治理能力现代化提出了要求。智慧档案信息服务平台评价指标体系设计应适应"十四五"时期档案事业发展的需求，融入国家大数据发展战略规划，推动数字经济、政府建设，体现智慧档案馆建设的政策性。

（4）可行性原则。智慧档案信息服务平台评价指标体系应考虑档案馆建设在未来不同阶段发展的要求，并在未来档案馆发展实践中能够得到有效运用，且作为长期考核的标准。智慧档案馆在建设过程中会涉及很多的因素，判断一个因素能否成为评价指标，须考虑在使用过程中数据是否易获取，数据是否真实可用，恰当的指标数量可以探测智慧档案信息服务平台建设的灵活性和可扩展性。

（5）动态性原则。随着信息技术的发展、档案工作的深化，需要不断创新传统档案管理机制，以适应不断变化的用户需求。智慧档案馆评价指标应更具动态扩展性，从而推动智慧档案馆建设协同应用、合理配置，实现档案管理系统之间的自由流通和真正的共建共享。

（6）全面安全原则。智慧档案信息服务平台的内容数据、元数据及管理数据要素均应符合相关标准要求，各组成要素应齐全、完整、规范、可读。智慧档案信息服务平台应建立健全安全管理体系，采取措施保证电子档案在安全可信环境下管理和运行，确保电子档案管理安全、过程可溯、长期可用。

10.4.2 智慧档案信息服务平台指标评价选取方法

10.4.2.1 定性评价

定性研究是根据评价目的和用户需求，从定性的角度对数据资源进行

---

① 中办国办印发《"十四五"全国档案事业发展规划》[J]. 中国档案，2021（6）：18-23.

观察、分析、归纳和描述，从而构建或完善评价指标体系，其实质在于对数据"质"的分析。其中，常见或通用性的评价方法有用户反馈法、专家评议法和第三方评测法。在评价指标的初步构建过程中，采用定性分析法分析现有建设案例、相关政策、相关研究文献涉及指标，在此指标基础上进行专家调研，通过专家投票产生智慧档案信息服务平台评价指标。

10.4.2.2 定量评价

定量评价是运用数量分析方法，例如统计等数学方法，用数值的形式对某一数据集进行描述和价值判断。全球变化科学数据平台以引文为基础、以引用数据的论文发表的学术期刊影响因子为权重作为核心参数，计算某一数据集的数据影响力[1]。定量分析侧重于数量评价，客观性较强，但是在智慧档案馆评价指标体系构建中，采用定量分析的方法对评价指标的选取来说比较困难。综上所述，本书评价指标的初步筛选阶段将结合专家调查法对一定的评价指标进行定量分析，避免量化指标侧重于一方面，无法顾及指标选取的全面性。

10.4.2.3 综合评价

综合评价是在选择指标的过程中将定性分析法和定量分析法有机结合起来的评价方法，兼具主观性和客观性。因智慧档案信息服务平台指标体系建设需考虑到全面性和综合性，本书采用综合评价法。综合评价方法常见的包括德尔菲法、模糊综合评价法、层次分析法和扎根理论。德尔菲法是相关领域专家在建立指标体系的基础上，对指标体系维度和指标进行打分，从而筛选和确定关键性维度和指标。本书智慧档案信息服务平台指标体系的构建将结合德尔菲法和综合评价法等打分评价。

10.4.2.4 层次分析法

层次分析法由美国运筹学家托马斯·L. 萨蒂（Thomas L. Saaty）于20世纪70年代提出，此方法是将与决策总是有关的元素分解成目标、准则、方案等层次，在此基础之上进行定性和定量分析的决策方法[2]。该方法是定量与定性相结合的方法，本书采用该方法，将智慧档案信息服务平

---

[1] 刘桂锋，聂云贝，刘琼. 数据质量评价对象、体系、方法与技术研究进展 [J]. 情报科学，2021，39（11）：13-20.
[2] 层次分析法 [EB/OL]. [2024-01-20]. https://baike.baidu.com/item/%E5%B1%82%E6%AC%A1%E5%88%86%E6%9E%90%E6%B3%95/1672?fr=Aladdin.

台评价指标体系建立层次结构模型,计算权重。

10.4.3 智慧档案信息服务平台评价指标的确定

10.4.3.1 根据相关政策和标准遴选关键指标

档案共享平台建设是"十四五"全国档案事业发展规划的任务之一。2017—2021年,中共中央办公厅、国务院办公厅、国家档案局、江苏省档案局、福建省档案局等出台了一系列相关的政策、标准和指标体系,根据这些相关文件提取档案共享平台评价的关键指标。相关政策、标准和指标体系遴选关键指标见表10-1。

表10-1 相关政策、标准和指标体系遴选关键指标

时间	政策、标准文件	遴选关键指标
2017	《福建省数字档案共享管理办法》	建立协调机制,列入财政预算,共享平台实现与福建省电子文件交换服务平台对接,数字档案在线查询与利用服务,加强数字档案共享工作的人才队伍建设,建立安全应急处置和灾难恢复机制
2017	《电子档案管理系统基本功能规定》	电子档案安全,数据数量清点,内容和元数据有效性验证,电子档案及目录数据库备份与恢复功能,存储状况的监控及警告功能,检索及鉴定功能设定,电子档案容量统计,系统权限分配管理
2019	《档案馆安全风险评估指标体系》	系统安全,数据安全,设施设备安全,电子档案载体安全,档案流转交接制度
2021	《江苏省"十四五"档案事业发展规划》	跨区域、跨层级、跨部门共享,异地查档、便民服务平台建设,建设档案数据资源总库、数字档案管理系统、机关单位数字档案室系统,数字档案安全备份中心
2021	《"十四五"全国档案事业发展规划》	区域档案信息资源共享平台建设,区域各级综合档案馆互联互通,馆际馆室共建互通,跨层级跨部门共享

10.4.3.2 根据前文调研典型智慧档案信息服务平台遴选关键指标

目前国内综合性档案馆已经将智慧档案信息服务平台建设纳入建设规划,并且在各个方面已经取得了显著的成果,值得其他档案馆借鉴。在对前文调研的典型特征分析的基础上,根据前文调研的典型案例中的智慧档案信息服务平台建设与功能,遴选智慧档案信息服务平台评价的关键性指标,如表10-2所示。

第10章 我国智慧档案信息服务平台建设的实证研究

表 10-2　典型智慧档案信息服务平台遴选关键指标

关键指标	典型案例特征	典型案例
档案收集范围	保证电子档案归档管理，增加网页数字资源归档	青岛市档案智慧档案信息服务平台
	电子公文系统等可直接对接	
档案保护技术	标准化数据存储中心	
档案安全保障	高标准数据备份中心	
创新服务方式	网站新媒体一体化	
档案收集范围	政务元数据、历史数据，各项行政审批中新型档案信息资源归档	杭州市智慧档案信息服务平台
档案保护技术	运用云计算、互联网、物联网等技术	
档案安全保障	标准化数据接口	
创新服务方式	互联网＋政务服务	
档案管理方式	系统权限分明，网上开展档案馆室建设情况、人员状况、档案数据监管评价	苏州市智慧档案信息服务平台
档案保护技术	智慧电子标签 RFID 管理	
档案管理方式	档案数据目录实时共享	南京市智慧档案信息服务平台
档案收集范围	档案协同管理系统	丽水市智慧档案信息服务平台
档案收集范围	电子公文系统中文件签发、处理全过程的对接归档	珠海市智慧档案信息服务平台
档案安全保障	档案安全保障核心云存储平台	张家港市智慧档案信息服务平台
	档案数据分级管理	
档案保护技术	集成物联网技术，周围入侵报警，馆内综合安防	威海市智慧档案信息服务平台
创新服务方式	集档案查询与利用、展览教育、文化交流、休闲利用多维度功能的平台	
档案管理方式	档案安全保护平台和智慧档案管理平台	唐山市智慧档案信息服务平台
档案管理方式	智能库房云体系	国网江苏省电力公司档案智能管理中心
	档案智能运维机器人	
	内部办公系统与档案库房管理系统的互联，实现档案的智能定位、自主盘点功能	
创新服务方式	大数据云平台、人脸影像识别技术等实现服务创新	上海交通大学智慧档案平台
档案收集范围	线上案件与线下归档同时进行	山东省检察院智慧档案系统

10.4.3.3 根据相关研究文献遴选关键指标

整理2000—2021年以来我国重要的档案共享平台建设研究文献，从中遴选提取智慧档案信息服务平台评价的关键指标，如表10-3所示。

表10-3 相关研究文献遴选关键指标

文献来源	关键指标
开发区档案信息资源共享模式研究：以苏州工业园区档案馆为例①	OAIS档案管理开放模型、档案门户建设、组织管理、安全保障体系、档案服务外包
档案信息资源共享研究②	档案目录数据库、专题数据库、全文数据库、水平共享、垂直共享、全文检索、网站链接、馆际互借、资金支持、档案安全保障能力、丰富馆藏资源、规范共享标准
中国省级档案馆档案网络信息资源共享研究③	资源平台、技术平台、互操作、CORBA分布式体系结构、政策平台、人才平台、备份平台
黑龙江省档案信息资源云共享平台建设研究④	云计算；虚拟存储、计算、网络；数据安全；数据采集、审批；数据存储；数据查询分析；数据管理；专门机构；管理人员素质
区域民生档案资源共享机制研究⑤	建立共享领导机构、完善共享标准、构建共享网络基础、改善管理水平、加强业务能力
信息化手段下海洋档案信息资源的整合与共享⑥	数字化整合历史档案、档案资源系统化整合、应用系统一体化整合
数据开放环境下档案资源共享研究⑦	档案安全、共享内容优化、智能化共享、政策法规保障、安全监管
广西综合档案馆数字档案资源共享服务研究⑧	统一标准规范、整合资源、共享组织领导、服务支撑、安全保障、人才建设

---

① 李超.开发区档案信息资源共享模式研究：以苏州工业园区档案馆为例[D].苏州：苏州大学，2013.
② 冯玉娇.档案信息资源共享研究[D].武汉：华中师范大学，2016.
③ 刘娜.中国省级档案馆档案网络信息资源共享研究[D].郑州：郑州大学，2012.
④ 刘洋.黑龙江省档案信息资源云共享平台建设研究[D].哈尔滨：哈尔滨工业大学，2016.
⑤ 孙如凤.区域民生档案资源共享机制研究[D].南京：南京大学，2017.
⑥ 孙杰，吴晓文.信息化手段下海洋档案信息资源的整合与共享[J].档案与建设，2016(7)：22-24，30.
⑦ 王嘉逊.数据开放环境下档案资源共享研究[D].保定：河北大学，2019.
⑧ 张强.广西综合档案馆数字档案资源共享服务研究[D].南宁：广西民族大学，2020.

10.4.3.4　初步构建智慧档案信息服务平台评价指标体系框架

经过综合分析整理典型档案智慧档案平台，相关办法、规定和指标体系和相关研究文献遴选的关键指标，初步构建包括档案收集范围、档案管理方式、档案安全保障、档案保护技术、创新服务方式等方面的智慧档案信息服务平台指标体系，包括一级指标4个、二级指标6个、三级指标8个，如表10-4所示。

表10-4　智慧档案信息服务平台评价指标体系

一级指标	二级指标	三级指标	指标说明
管理系统建设需求	档案业务系统收集平台	基本功能	1. 支持文档一体化电子管理平台，支持电子档案接收、电子文件流转等功能，形成电子文件中心； 2. 支持业务数据库采集管理平台，支持与其他各系统的数据对接，如办公自动化系统、业务系统； 3. 支持媒体信息采集平台，支持政务网数据归档，微信、微博等新媒体数据归档； 4. 支持数字文献资源开发利用平台，具备开发专题数据资源利用平台功能
	业务管理平台	基础功能	1. 支持面向领导人员、档案管理人员、业务人员、系统管理人员的管理系统，在线管理档案室情况、数据统计、岗位变动情况； 2. 支持在线归档业务指导、网上监管、评价； 3. 支持实时监控实体档案、档案库房情况、实体档案保存的温湿度情况； 4. 支持库房自动盘点、借还，实时对库房内档案实行自动盘点和管理； 5. 支持大数据挖掘、个性化推送、精准服务，跟踪用户浏览记录进行智能推荐、个性化推荐
	智能检索平台	基本功能	1. 支持智能检索模型，检索方式多元化，优化检索界面； 2. 支持检索结果图谱展示，检索结果可视化显示； 3. 检索档案信息自动聚类，档案检索信息主题式自动聚类

续表

一级指标	二级指标	三级指标	指标说明
安全管理需求	存储与备份	存储管理	1. 建立电子档案存储规划，规划时限不低于档案保管期限； 2. 平台存储配置专用存储设备或虚拟云存储空间，平台存储设备（空间）运行在具有必要安全措施的局域网或电子政务网，不在无安全措施的公用网络存储档案； 3. 平台电子档案标准化封装管理，电子档案标准化封装管理，保证真实性
安全管理需求	存储与备份	备份管理	1. 建设异地容灾备份中心，实时同步平台数据，多备份存储数据，业务系统实时接管管理，备份数据加密管理； 2. 平台档案及元数据、档案管理系统及其配置数据、日志数据纳入数据备份管理范围，并根据情况在离线、近线或在线备份中选择两种以上方式进行备份； 3. 具备平台数据及目录数据库备份与恢复能力，设置备份与恢复策略制作备份数据，对备份数据和介质进行登记、检测与管理，使用备份数据进行恢复处理，记录备份恢复过程信息
创新服务方式	用户服务	多元用户服务方式	1. 提供自助查档平台网页服务或提供自助式查档机服务； 2. 构建协同合作一站式查档机制，建设区域档案信息资源共建共享机制； 3. 提供移动互联网查档服务，可通过手机、平板、电脑等途径远程查档服务； 4. 建设网上展厅，在建设专题数据库基础上开设网上展厅； 5. 建设网站在线教育培训，实现档案继续教育在线化
运行维护需求	运行风险控制	智慧馆员培养	制定提升档案馆员的智慧化水平与智慧化服务能力，提升档案馆员的智慧化水平与智慧化服务能力的政策和措施
运行维护需求	运行风险控制	运营经费投入	制定保障智慧档案信息服务平台经费投入保障机制，监控平台经费的年度变化情况，合理控制经费使用

10.4.4　智慧档案信息服务平台评价指标体系的修正

在初步构建智慧档案信息服务平台评价指标体系的基础上，本书运用德尔菲法向档案共享相关建设单位和档案学界档案共享研究较多的20位专家进行匿名问卷调查，共计回收有效问卷16份。本书结合中共中央办公厅、国务院办公厅、国家档案局、江苏省档案局、福建省档案局的相关文件和标准，结合目前已经建设智慧档案信息服务平台单位的经验，设计以档案数据共享、智慧管理、安全保障为先的档案馆智慧档案信息服务平台的评价指标体系。根据《数字档案共享管理办法》《电子档案管理系统基本功能规定》《档案馆安全风险评估指标体系》，对框架体系中一级指标体系进行借鉴设计，这些指标是我国智慧档案共享平台建设必须具备的指标，针对我国目前智慧档案共享平台状况而制定。考虑档案《"十四五"全国档案事业发展规划》要求和各级档案馆发展要求，本书提取了相关研究文献中一些指标。在调研杭州市智慧档案信息服务平台建设、苏州市智慧档案信息服务平台建设、青岛市智慧档案信息服务平台建设的基础上，初步检测智慧档案信息服务平台评价指标体系的可操作性和通用性，并根据专家意见对测试结果进行指标调整。从以下3个方面优化指标：（1）指标围绕当前档案馆智慧发展状况现状。（2）"智慧馆员""智慧收集""创新服务方式"等相关指标的设计必须具有比较性和现实性，考虑地区之间档案馆的发展水平差异。（3）档案数据是智慧档案共享的基础，突出档案归档范围、质量的建设。评价指标体系的构建能有效推动智慧档案共享平台建设。本书研究团队在认真研究问卷调查专家意见、办法、规定、政策的基础上，考虑从前置性条件、档案制度建设需求、管理系统建设需求、资源建设与管理需求、安全管理需求、创新服务方式、运行维护方式7个方面设计一级指标7个、二级指标15个，三级指标28个。初步选定评价指标后，根据德尔菲法量化评价指标，合理设置各项指标分值，以保证评价系统的科学性和权威性。表10-5为智慧档案馆评价指标体系评分表，仅供参考。

表 10-5　智慧档案馆评价指标体系评分表

一级指标	二级指标	三级指标	指标说明	分值范围
前置性条件			1. 非结构化、结构化档案数据通过档案管理系统管理； 2. 具备满足档案服务平台管理需要的信息化基础设施； 3. 经费和人员配备能够满足智慧档案信息服务平台管理需要； 4. 档案、业务、信息化、安全保密等部门建立工作协调机制，分工负责智慧档案信息服务平台管理工作； 5. 具备完善的培训机制，针对单位领导人员、档案管理人员、业务人员、系统管理人员等进行充分培训	0—5
档案制度建设需求	制度完备性	管理制度	管理制度支持对电子档案进行全过程管理的需要，至少应该包括： 1. 智慧档案信息服务平台管理基本制度； 2. 业务系统、电子档案归档管理制度； 3. 智慧档案信息服务平台运行维护制度； 4. 档案分类方案、归档范围与保管期限制度； 5. 档案整理与归档、鉴定、利用、统计与移交制度； 6. 档案审核、开放管理制度； 7. 档案安全管理、培训制度	0—3
		技术和工作规范	技术和工作规范支持管理流程的有效衔接，至少应包括： 1. 档案管理系统接口规范； 2. 档案管理系统存储和备份策略； 3. 档案数据转换与迁移策略； 4. 档案数据恢复方案； 5. 档案管理平台应急处置方案	0—4
	制度有效性	科学规范	管理制度、技术和工作规范符合相关法律法规及行业标准	0—3
		执行有力	管理制度、技术和工作规范在智慧档案管理平台中充分发挥作用并有效执行	0—2

续表

一级指标	二级指标	三级指标	指标说明	分值范围
管理系统建设需求	档案业务系统收集平台	基本功能	1. 支持文档一体化电子管理平台，支持电子档案接收、电子文件流转等功能，形成电子文件中心； 2. 支持业务数据库采集管理平台，支持与其他各系统的数据对接，如办公自动化系统、业务系统； 3. 支持媒体信息采集平台，支持政务网数据归档，微信、微博等新媒体数据归档； 4. 支持数字文献资源开发利用平台，具备开发专题数据资源利用平台功能	0—5
	业务管理平台	基本功能	1. 支持面向领导人员、档案管理人员、业务人员、系统管理人员的管理系统，在线管理档案室情况、数据统计、岗位变动情况； 2. 支持在线归档业务指导、网上监管、评价； 3. 支持实时监控实体档案，包括档案库房情况、实体档案保存的温湿度情况等； 4. 支持库房自动盘点、借还，实时对库房内档案实行自动盘点和管理； 5. 支持大数据挖掘、个性化推送、精准服务，跟踪用户浏览记录进行智能推荐、个性化推荐	0—5
	智能检索平台	基本功能	1. 支持智能检索模型，检索方式多元化，优化检索界面； 2. 支持检索结果图谱展示，检索结果可视化显示； 3. 检索档案信息自动聚类，档案检索信息主题式自动聚类	0—5
	系统部署和衔接	系统部署	1. 智慧档案信息服务平台与办公自动化系统、业务系统实现互联互通； 2. 智慧档案信息服务平台与办公自动化系统、业务系统部署关系为整合式或独立式，该平台不作为办公自动化系统或业务系统子系统	0—5
		交互通信	平台与办公自动化系统、业务系统通过具有可信验证机制的安全通信接口交互，不使用中间数据库等中转方式传递数据	0—2
		技术文档与源代码	留存并妥善管理平台设计与开发相关技术文档及非成品系统软件的源代码，供后期升级改造	0—3
		接口设计	提供归档、利用等接口程序，支持从业务系统中接收电子文件，方便业务系统纳入智慧档案管理平台体系	0—2

续表

一级指标	二级指标	三级指标	指标说明	分值范围
资源建设与管理需求	资源建设	形成与流转	1. 平台内档案流转须一直处于监控下，经授权机构和个人同意后流转，不脱离平台监控管理； 2. 保存档案流转关键节点（如档案接收、鉴定、整理、利用）等痕迹和管理过程元数据； 3. 平台内档案组成要素齐全完整，档案与元数据保持关联关系	0—5
		格式要求	1. 文书类电子档案正本、定验、公文处理单等按照以 OFD、PDF 等文档格式归档保存，修改过程稿以 WPS、RTF、DOC 等文档格式归档保存，党政机关电子公文格式还应符合 GB/T 33476—2016 要求； 2. 照片类电子档案以 TIFF、JPEG 格式保存，其可交换图像文件（EXIF）信息保存完整； 3. 重要或珍贵的录音类电子档案以 WAV 格式保存，其他的以 MP3 格式保存； 4. 录像类电子档案以 MPG、MP4 格式保存； 5. 其他电子文件、电子档案根据 GB/T 18894—2016、DA/T 47—2009 的原则和相关行业标准选择主流、成熟、开放的格式	0—3
		归档整理	1. 对电子文件根据 GB/T 18894—2016、DA/T 22—2015 等标准进行整理； 2. 电子文件由电子档案管理系统在线完成登记并赋予唯一标识符； 3. 电子文件及其元数据不应带有压缩、加密、匿名电子签名等技术措施	0—2
	资源管理	管理要求	1. 平台内档案管理按照档号构成项逐级建立文件夹进行存储。 2. 档案元数据转化为 XML 文件并与电子档案计算机文件统一存放。 3. 建立平台档案目录，与电子档案建立关联关系，保持一一对应。 4. 平台内档案严格按照档案管理权限和程序进行管理、利用，采取措施保证无非法访问和超越权限的访问，保证电子档案不被非法篡改。 5. 平台档案保管期限届满，系统自动提示并按照流程开展鉴定，鉴定后需要销毁的，履行审批手续后由授权用户手工确认删除，并以电子形式保存销毁清单及记录；需要续存的，履行审批手续后修改其保管期限及相关元数据	0—5

续表

一级指标	二级指标	三级指标	指标说明	分值范围
安全管理需求	系统安全	系统安全保护要求	平台根据网络类型不同，满足网络安全等级保护要求或涉密信息系统安全分级保护要求	0—5
		电子签名和认证	平台对接办公自动化系统、业务系统的，在电子档案管理系统中采取相应技术手段，确保电子文件、电子档案的安全可靠。电子文件归档、电子档案移交等管理权转移过程进行认证签名	0—3
		三员管理	明确平台档案管理系统管理员、安全管理员和安全审计员的授权和职责，并实施三员管理	0—2
	存储与备份	存储管理	1. 建立电子档案存储规划，规划时限不低于档案保管期限； 2. 平台存储配置专用存储设备或虚拟云存储空间，平台存储设备（空间）运行在具有必要安全措施的局域网或电子政务网，不在无安全措施的公用网络存储档案； 3. 平台电子档案标准化封装管理，电子档案标准化封装管理，保证真实性	0—5
		备份管理	1. 建设异地容灾备份中心，实时同步平台数据、多备份存储数据、业务系统实时接管管理、备份数据加密管理； 2. 平台档案及元数据、档案管理系统及其配置数据、日志数据纳入数据备份管理范围，并根据情况在离线、近线或在线备份中选择两种以上方式进行备份； 3. 具备平台数据及目录数据库备份与恢复能力，设置备份与恢复策略制作备份数据，对备份数据和介质进行登记、检测与管理，使用备份数据进行恢复处理，记录备份恢复过程信息	0—5
	转换与迁移	转换与迁移要求	1. 实现档案数据智能自助备份、迁移，保证数据资源分级存储，建立多重数据备份机制，分级管理； 2. 制定、评估平台内档案数据转换与迁移策略，确保转换与迁移后档案各组件、元数据、审计日志、配置信息之间的关联关系，保持上述内容的完整性、可用性； 3. 平台内档案保存格式不能满足长期保存需要时，对电子档案进行格式转换，电子档案格式转换时，自动采集新增电子档案背景、结构元数据； 4. 在平台存储设备更新、系统扩充、应用软件升级、存储载体等情况发生时，对平台内档案系统进行相应迁移和更新操作； 5. 服务器、网络设备、存储设备、安全管理设备等基础设施应根据迁移和更新需求及时调整、扩容、升级	0—5

续表

一级指标	二级指标	三级指标	指标说明	分值范围
安全管理需求	安全检测	四性检测	1. 对平台归档档案信息包进行真实性、完整性、可用性、安全性检测； 2. 每年至少对平台档案四性进行1次检测	0—3
		环境检测	定期对平台管理系统、服务器、存储设备、网络设备和安全设备等软硬件有效性进行检测，确保平台设备保管环境无病毒感染或安全威胁	0—2
创新服务方式	用户服务	多元用户服务方式	1. 提供自助查档平台网页服务或提供自助式查档机服务； 2. 构建协同合作一站式查档机制，建设区域档案信息资源共建共享机制； 3. 提供移动互联网查档服务，可通过手机、平板、电脑等途径远程查档服务； 4. 建设网上展厅，在建设专题数据库基础上开设网上展厅； 5. 建设网站在线教育培训，实现档案继续教育在线化	0—1
运行维护需求	运行风险控制	智慧馆员培养	制定提升档案馆员的智慧化水平与智慧化服务能力，提升档案馆员的智慧化水平与智慧化服务能力的政策和措施	0—2
		运营经费投入	制定保障智慧档案信息服务平台经费投入保障机制，监控平台经费的年度变化情况，合理控制经费使用	0—3
	审计跟踪	审计范围	建立审计跟踪制度，对平台管理流程操作行为、运维操作行为实施审计跟踪，操作行为应包括但不限于行为描述、行为步骤、行为对象、行为日期、行为人员等	0—3
		日志管理	1. 自动记录审计跟踪事件信息，并把有关审计信息按元数据方案要求同时作为平台的元数据加以管理； 2. 在平台档案的生命周期内持续维护审计跟踪事件日志，审计跟踪日志和重要操作日志保存时间不应低于平台档案保管期限，且应纳入备份恢复范围	0—2

第 11 章
研究结论与未来展望

11.1 研究结论

11.1.1 主要研究观点

本书在梳理国内外大数据时代智慧档案信息服务平台建设经验及建设成果的基础上,解读大数据时代智慧档案信息服务平台相关概念,提出平台构建的理论依据、政策与实践基础,并从总体架构、技术路线、构建模型、前端框架、接口设计、数据库设计和性能优化等方面,系统地阐述构建资源多元、全面感知、深度挖掘、泛在服务的智慧档案信息服务平台。通过数据运行、利用创新、安全管理、保障机制,将"智慧"贯穿于档案收集、管理、保存、利用等全部业务流程中,对传统数字档案馆服务进行继承、延展和提升,实现各类信息资源的有序整合、智慧管理和高效利用,创造更加安全的传输和保管环境。对我国部分综合档案馆和行业档案馆智慧档案信息服务平台建设进行实证研究,提出未来展望,以期推进我国档案信息化建设进程。

(1) 创新平台实践构建的理论。在梳理国内外大数据时代智慧档案信息服务平台建设经验及成果的基础上,对大数据时代智慧档案信息服务平台平台模型、技术方案、运行策略等的构建进行研究。对智慧档案信息服务平台的跨平台支持、多租户支持、大数据分析支持进行创新探索,在平台实践过程中,不断总结平台构建中涉及的有价值的实践构建理论。

(2) 实现档案信息资源共享共用。跟随主流信息技术,利用政务网、移动互联网、智能终端,基于"互联网+档案服务"的理念,建立广覆盖、多途径、多样化的档案信息服务体系[1],将新一代技术运用到档案信息服务中,通过大数据时代智慧档案信息服务平台构建,整合信息资源和软硬件资源,使档案信息能够得到全面的开发应用、全面感知。最终实现智慧档案信息服务平台的共享共用的目标,推进档案信息化建设的进程[2]。

---

[1] 李彦,向禹,王雪君.服务主导逻辑视角下的档案服务创新研究[J].兰台世界,2022(5):41-44.
[2] 蒋纯纯.基于总体国家安全观的数字档案信息风险管理研究[D].湘潭:湘潭大学,2019.

(3) 构建资源多元的大数据资源池。充分应用大数据的理念，利用数据分析、语义挖掘、智能推荐等技术，深入挖掘档案信息资源中蕴含的深层次的内容，实现从档案信息向档案知识转变，发挥档案的知识价值。借助具有开放、独立、与业务系统无关性特点的数据智能采集工厂，采集各类档案信息资源，将采集管理信息、各类智能设备信息，通过规范化的整理，构建资源多元的大数据资源池。

(4) 树立大安全观思维。国家档案局印发的《关于进一步加强档案安全工作的意见》中指出，档案安全工作是档案工作的底线，直接关系到档案工作的可持续发展和档案作用的有效发挥[1]。2014年习近平总书记在中央国家安全委员会第一次会议上首次提出总体国家安全观。本书提出了智慧档案信息服务平台构建面临的网络安全、数据安全和运维安全的大安全观思维。尤其是档案信息资源数据安全是平台运营的关键，档案信息资源不同于普通的数据资源[2]，其涉及密级管理以及档案使用权限管理，因此数据安全应贯穿于整个平台建设周期以及后期的运维周期。

(5) 运用技术优势推动平台的建设。平台采用敏捷的模式进行具体的实现，其最终上线后的操作能够被双向追踪。运用大数据技术分析用户行为，可以为平台未来的建设提供决策，从而实现智慧档案信息服务平台的建设成为不断被迭代的一个过程。平台应适应不断变化的用户个性化需求，从拒绝变化向拥抱变化转变，从传统的Web功能扩展到相同的功能支持移动设备，运用数据服务的形式统一不同终端的数据操作，采用响应式的设计做到自适应不同的终端；平台前端运用Bootstrap框架，实现一套前端支持不同的设备访问，增强了用户使用平台的体验；平台后端采用Web API技术，实现了平台的数据操作的一致性，同时可以集中处理平台的数据安全校验；平台部署采用代理技术，其中运用反向代理技术确保了平台服务的安全与数据访问的高效性，同时利用其负载均衡能力，为未来的平台扩展提供了技术可能性。

---

[1] 金波，杨鹏. 大数据时代档案数据安全治理能力成熟度模型构建[J]. 档案学通讯，2022(1)：29-36.
[2] 谢文婷. 大数据时代档案管理的机遇和挑战[J]. 电力勘测设计，2019(S2)：140-143.

11.1.2 研究创新

11.1.2.1 学术思想的创新

本书采用支持全客户端的前端框架开发智慧档案信息服务平台。传统的档案管理平台仅能在普通计算机上进行使用，如果要平台支持移动客户端，就需要开发相应的移动客户端应用程序，这样就会浪费极大的人力资源去维护。在对国内外最新的前端框架进行研究之后，本书拟采用支持全客户端的前端框架进行平台的开发，最终实现智慧档案信息服务平台不仅可以在普通计算机上进行使用，同时可以支持移动客户端、平板等手持设备，这样平台的使用范围及使用便利性就会得到极大的提升。

11.1.2.2 学术观点的创新

（1）诠释智慧档案信息服务平台的策略。大数据时代的到来已经在国内外引起广泛关注，档案信息资源是社会信息资源体系中最重要的组成部分，档案部门如何在大数据时代快速反应并理解大数据的本质，更好地建设智慧档案信息服务平台是本书旨在追求的创新点之一。本书跳出传统思维模式，借助大数据的背景，以全新的视角诠释智慧档案信息服务平台的策略。如：利用云计算技术强大的调配计算资源的能力，根据数据处理规模的需要，配置数字化档案管理所需要的存储和计算资源，保证档案的服务利用效率。大数据为档案的服务利用提供了新的价值挖掘工具，使分散在海量数据中的零散价值得到充分利用等。

（2）创建大数据时代智慧档案信息服务平台的管理体系。通过全面的研究分析，构建大数据时代智慧档案信息服务平台的模型，该模型包含理论、技术和保障三部分内容。这一模型的构建，很好地揭示了三者之间相互支撑、相互储存、相互作用的关系，使我们能够更加清晰地把握大数据时代智慧档案信息服务平台涉及的各方面要素，明确工作的出发点和着力点，具有很强的指导意义。

11.1.2.3 研究方法的创新

本书采用了文献分析、模型构建和层次分析等方法进行研究，尤其通过层次分析法在构建大数据时代智慧档案信息服务平台时将其层次化，通过法规、管理、技术等方面形成一个逐阶层次的模型，然后分别研究每个层次的特性，解决每个层次存在的问题，实现大数据时代智慧档案信息服务平台的目标。在本书研究过程中，充分运用各种实验数据进行平台构建的技术选型、框架设计、前台界面设计、数据库设计、技术实现以及系统实现测试验证等，确保了理论研究来源于实践，通过大数据时代智慧档案信息服务平台体系模型的建立与测试来达到对其本质规律性的认识，并以得到的认识指导大数据时代智慧档案信息服务平台体系的构建实践。

11.1.3　研究不足

11.1.3.1　平台的实际应用需要进一步加强

在本书的研究过程中，因为涉及各种新的技术，需要结合实践验证方案的可行性，这就需要加强理论与实践的结合，推动理论研究向纵深发展，对构建智慧档案信息服务平台所需的技术进行探索，找出符合平台自身特点的技术框架，同时需要考虑未来智慧档案信息服务平台升级改造的需求。这也反映了平台的实现具有一定的难度，平台的实现与使用，更需要实践的支撑，需要实践的检验。智慧档案信息服务平台是以新一代技术构建的智慧服务平台，运用了大数据、物联网、人工智能等新一代信息技术，根据用户口令直接进行档案数据管理及操作，中间的过程对终端用户是透明的，目前由于本书的研究条件有限，对新技术的运用仍存在一定的提升空间。

11.1.3.2　智慧档案信息服务平台跨平台支持需要得到改进

随着移动互联网的发展，用户对档案信息服务的需求也不仅限于在传统的计算机上，移动客户端已逐步成为用户使用平台的新载体，由于新的移动操作系统（Android、iOS等）在不断地升级，给平台的实现提出了很大的挑战，平台功能在系统切换后有可能存在不能很好兼容的现象，只能基于原始的版本进行后续研究，这就要求在新平台的应用的适应性能需要得到改进。

11.1.3.3　平台的主动服务能力略显不足

智慧档案信息服务平台实现后，应该根据平台的用户特点配置相关的个性化设置。以满足不同类型用户的个性化需求。这就需要平台具备主动服务能力，不仅仅局限于为用户提供精准服务，还需要突破现有平台被动服务的局面，根据用户的用档习惯、用档记录，为档案找用户，实现档案信息资源的智能推送。为完善平台这方面的能力，在平台实现过程中需要不断地积累后期用户个性化需求。此外，在平台交互性方面，现有的平台与用户的交互方式单一，很难做到实时交互，用户的服务需求需要经过很多程序或者流程才能到达档案管理者，这就造成了平台用户体验不佳，从而影响档案服务工作的质量与服务效率。

11.1.3.4 平台集成能力有待提升

平台集成能力其实存在两方面的问题：一是其他平台是否愿意集成智慧档案信息服务平台相关的功能接口，如果愿意平台自身的功能接口性能是否满足服务要求，未来在应用集成度增加的情况下是否涉及接口服务性能问题；二是平台自身提供的接口功能是否完善，外部平台需求的功能与平台自身能够提供的接口之间的缝隙需要不断地磨合才能够更好地支持未来的数据与国内集成。

11.2 未来展望

智慧档案信息服务平台尽管可以满足当前主流的档案管理需求，但是随着新技术的发展和应用，档案信息服务的智慧化程度越来越高，需要得到不断地提升和优化，具备更强大的功能。

11.2.1 平台的在线资源建设更加优化

（1）在线档案的信息推送全面实现。简单快速地实现应用内的系统通知和站内提醒模块，方便业务运营，提升留存率和召回率。通过单一服务端接口一次性调用，即可向应用内全体用户发送全局广播通知消息。基于对不同档案信息用户进行标签定义，可以指定标签向标记该标签的用户群体批量发送系统通知消息。基于档案信息用户 ID，可以向单一或一组用户发送特定的系统通知消息。所有消息发送功能均可脱离客户端，通过调用服务端 API 接口即可实现，方便实现复杂的业务通知逻辑。

（2）建立现行文件库或与国家政务服务平台进行链接。现行文件服务功能的建设可以帮助用户在线查找和学习有效文件，是档案部门提供的重要服务资源之一。为了更好地服务公众，未来的智慧档案信息服务平台将会进一步丰富完善自有的现行文件库，用户可以通过多种检索方式查找所需现行文件；或者，依托国家政务服务平台、地方政府网站，对相应的文件进行整合，以链接到政府网站的方式提供现行文件的相关服务。

（3）丰富在线学习资源。提供相应的网络学习资源，如学术类的论坛、期刊论文，帮助提升档案能力的网上课堂等，从资源的角度挖掘档案能够提供的服务，为群众提供便利。

11.2.2 平台的智慧化服务水平更高

（1）提供精准和个性化的服务。提供随着科学技术的进步，全球智能化水平发展到新的高度，档案信息服务平台也应紧跟时代发展，借助物联网、大数据以及移动互联网相关技术提升档案信息服务水平。档案信息服务平台未来应该是以用户为中心的平台，用户对档案利用需求日益呈现出多元化的特征。应根据不同用户的利用需求提供精准而又全面的服务，精准识别档案用户，精准了解档案用户的现在需求乃至潜在需求，做到实时互动、有效沟通，充分满足档案用户的个性化需求，更多地与用户进行随时随地的交互，以促进档案信息服务与时代的融合发展。通过对档案用户的平台利用进行分析，了解档案用户潜在的真实需求，并将档案用户的需求进行处理[1]，进而开展档案信息个性化智能配置与信息推送。

（2）提供形式多样的网上展览。借助于虚拟现实（Virtual Reality，VR）、增强现实（Augmented Reality，AR）、洞穴式自动虚拟环境（Cava Automatic Virtual Enviroment，CAVE）沉浸式影院、全息影像等多种手段提供形式多样、内容丰富的线上、线下展览。建设视频展览、3D展厅等展览方式，发掘现有的档案资源，丰富网上展览的内容和数量，让在线看展更具吸引力。

11.2.3 平台的功能实现更强大

（1）无障碍浏览功能得到进一步提升。智慧档案信息服务平台面向的是全体公众，无疑也包括各类弱势群体，特别是盲人，以及外国用户。

---

[1] 王成兴，许炎. 档案信息服务交互平台建设初探 [J]. 北京档案，2019（2）：7-10.

"无障碍浏览"是评估智慧档案信息服务平台无障碍通道建设情况的指标,是一种关爱弱势群体的体现。在未来的智慧档案信息服务平台"无障碍浏览"模块建设中,智慧化程度将得到充分的体现,将实现无障碍浏览(如盲文等)软件的自动转换处理,提升用户多语种功能转换的浏览体验,尤其是充分实现联合国6种工作语言汉语、英语、法语、俄语、阿拉伯语与西班牙语的语种转换功能。

(2)多设备适配问题得到改善。智慧档案信息服务平台将会避免目前对 Flash 插件的过度依赖,优化平台界面设计,改善不同设备下的适配性,方便用户使用多种移动设备访问。及时移除或修正错误链接,提高平台的可访问性。

(3)数据存储不再是难题。智慧档案信息服务平台上现有的数据的存储结构有顺序存储、链接存储、索引存储和散列存储等4种基本方法,它们既可单独使用,也可组合起来对数据结构进行存储映像。数据以何种方式能更加有效和便利地存储数据,成为一个日渐重要的问题。目前,美国麻省理工学院的科学家开发的一种标记和检索 DNA 数据文件的技术,已经让 DNA 数据存储成为可能。据报道,存储在 DNA 上的数字档案已存入法国国家档案馆[1]。DNA 存储技术是一项着眼于未来的具有划时代意义存储技术,它利用人工合成的脱氧核糖核酸(DNA)作为存储介质,具有高效、存储量大、存储时间长、易获取且免维护的优点。平台上的电子邮件、照片、社交媒体动态和其他数字文件安全存储将不再困难,以 DNA 形式存储的数据完全可以安全地存储在平台中。

---

[1] 全球首例:存储在 DNA 上的数字档案已存入法国国家档案馆 [N]. 中国档案报,2022-06-06:3.

参考文献

一、中文文献

普通图书

[1] 陈兆祦，和宝荣，王英玮．档案管理学基础［M］．3版．北京：中国人民大学出版社，2005．

[2] 高锡荣．信息资源共享机制：一个多维驱动模型［M］．北京：社会科学文献出版社，2020．

[3] 黄霄羽．档案社会化服务研究［M］．北京：中国人民大学出版社，2016．

[4] 李刚，付金华．大数据时代下数据的管理、开发与安全研究［M］．北京：中国国际广播出版社，2017．

[5] 刘越男，等．地方政府数字档案集中管理模式研究［M］．北京：中国人民大学出版社，2017．

[6] 马仁杰，张浩，马伏秋．社会转型期档案信息化与档案信息伦理建设研究［M］．上海：上海世界图书出版公司，2014．

[7] 迈尔-舍恩伯格，库克耶合．大数据时代：生活、工作与思维的大变革［M］．盛杨燕，周涛，译．杭州：浙江人民出版社，2013．

[8] 聂云霞．数字档案资源生态安全研究［M］．北京：社会科学文献出版社，2021．

[9] 谭萍．新形势下档案安全风险及防控对策研究［M］．沈阳：辽宁大学出版社，2020．

[10] 汤永利，陈爱国，叶青，等．信息安全管理［M］．北京：电子工业出版社，2017．

[11] 王旭东．档案文化资源开发利用研究［M］．北京：中国社会科学出版社，2016．

[12] 薛四新．档案馆现代化管理：从数字档案馆到智慧档案馆［M］．北京：电子工业出版社，2019．

[13] 杨振力．智慧档案馆建设［M］．北京：中国戏剧出版社，2019．

[14] 杨尊琦．大数据导论［M］．北京：机械工业出版社，2018．

[15] 张林华．我国档案馆公共服务研究［M］．上海：上海世界图书出版公司，2019．

[16] 张林华，等．基于区域性远程服务实践的档案资源共享研究［M］．武汉：武汉大学出版社，2021．

[17] 赵需要．政府数据资源共享开放政策与法规汇编［M］．北京：海洋出版社，2018．

[18] 周林兴．面向社会的档案信息资源规划研究［M］．北京：人民出版社，2019．

[19] 周耀林，赵跃，等．面向公众需求的档案资源建设与服务研究［M］．武汉：武汉大学出版社，2017．

期刊

[1] 安小米，宋懿，马广惠，等．大数据时代数字档案资源整合与服务的机遇与挑战［J］．档案学通讯，2017（6）：57-62．

[2] 毕剑，刘晓艳，张禹．使用响应式网页设计构建图书馆移动门户网站：以云南大学图书馆为例［J］．现代图书情报技术，2015（2）：97-102．

[3] 毕娟．智慧城市环境下智慧型档案馆建设初探［J］．北京档案，2013（2）：13-16．

[4] 卞咸杰，杨静，周彩根．基于WCF技术的移动科技论文共享平台的设计与实现［J］．中国科技论文，2015，10（8）：984-989．

[5] 卞咸杰．大数据时代档案信息资源共享平台前端框架的构建［J］．档案与建设，2017（10）：11-15．

[6] 卞咸杰．基于WCF技术的档案信息共享平台数据传输模型设计与实现［J］．档案管理，2016（2）：25-28．

[7] 卞咸杰．基于WCF技术的科技论文共享平台架构研究［J］．情报科学，2015，33（1）：100-104．

[8] 卞咸杰．大数据时代档案信息资源共享平台数据交互服务的研究［J］．浙江档案，2018（11）：15-17．

[9] 卞咸杰．大数据时代档案信息资源共享平台性能优化的研究［J］．档案管理，2016（6）：17-20．

[10] 卞咸杰．档案信息资源共享平台数据处理流程研究［J］．档案管理，2018（6）：33-35．

[11] 蔡盈芳，李子林．大数据环境下政务档案信息共享与利用研究：框架设计［J］．浙江档案，2019（1）：10-13．

[12] 曹筠慧，管先海，孙洋洋．基于大数据时代的档案价值及其开发利用探究［J］．档案管理，2017（1）：27-29．

[13] 曾超宇，李金香．Redis在高速缓存系统中的应用［J］．微型机与应用，2013，32（12）：11-13．

[14] 陈浩．ABP框架的体系结构及模块系统分析［J］．电脑知识与技术，2016，12（32）：45-46．

[15] 陈会明，史爱丽，王宁，等．人工智能技术在档案工作中的应用与发展刍议［J］．中国档案，2020（3）：72-74．

[16] 陈伟斌．基于用户体验的数字档案共享服务研究［J］．档案管理，2019（2）：43-44．

[17] 陈宵．基于云计算的宁波市民生档案共享应用平台开发初探［J］．浙江档案，2016（9）：54-55．

[18] 陈兴蜀，曾雪梅，王文贤，等．基于大数据的网络安全与情报分析［J］．工程科

学与技术，2017，49（3）：1-12.

[19] 陈永生，侯衡，苏焕宁，等．电子政务系统中的档案管理：整合共享［J］．档案学研究，2015（6）：19-26.

[20] 陈永生，苏焕宁，杨茜茜，等．电子政务系统中的档案管理：安全保障［J］．档案学研究，2015（4）：29-40.

[21] 陈宇．民国档案数字人文服务平台建设思路研究［J］．北京档案，2021（8）：28-31.

[22] 陈玉亮，汪好．基于SOA的数字档案资源整合模式研究［J］．档案学研究，2016（3）：87-89.

[23] 陈祖芬．文本擘画："十四五"时期的档案资源体系建设［J］．档案与建设，2021（8）：52-56.

[24] 程风刚．大数据时代档案信息资源安全治理及其实现路径［J］．盐城师范学院学报（人文社会科学版），2020，40（4）：69-76.

[25] 程风刚．基于PDCA循环的数字馆藏安全策略研究［J］．河南图书馆学刊，2019，39（4）：133-135.

[26] 程秀峰，肖兵，夏立新．知识融合视角下用户行为数据采集与共享机制研究［J］．情报科学，2020，38（1）：30-35.

[27] 崔海莉．"大数据"时代档案信息安全管理新思考［J］．档案学研究，2015（1）：93-96.

[28] 丁文超，冷冰，许杰，等．大数据环境下的安全审计系统框架［J］．通信技术，2016，49（7）：909-914.

[29] 董伟，吕同斌．RFID技术和移动互联网在考务系统中的应用与实现［J］．电脑知识与技术，2014，10（2）：281-283.

[30] 傅荣校，施蕊．论智慧城市背景下的智慧档案馆建设［J］．浙江档案，2015（5）：14-17.

[31] 傅荣校，夏红平，王茂法．基于县域的档案信息资源共享工程推进机制研究：以浙江省海盐县为例［J］．中国档案，2015（11）：62-63.

[32] 高静，段会川．JSON数据传输效率研究［J］．计算机工程与设计，2011，32（7）：2267-2270.

[33] 高文博．数据时代我国档案专题数据库建设探析［J］．黑龙江档案，2020（2）：14-15.

[34] 高玉平．海量图书检索信息的快速查询系统优化设计研究［J］．现代电子技术，2017，40（6）：5-9.

[35] 葛新月．基于新环境下手机档案馆建设的探究［J］．湖北档案，2011（10）：20-22.

[36] 顾剑徽，甘厚龙．热忱服务为"三农"：宁波市农村档案信息共享工作侧记［J］．

浙江档案, 2012 (7): 46-48.

[37] 归吉官, 刘扬. 智慧档案兴起的背景、研究现状与趋势 [J]. 中国档案, 2018 (2): 76-78.

[38] 郭瑛. 大数据背景下推进青海医疗档案信息共享服务对策探析 [J]. 青海社会科学, 2015 (6): 200-204.

[39] 全国档案信息化建设实施纲要 [J]. 中国档案, 2003 (3): 35-37.

[40] 全国档案事业发展"十三五"规划纲要 [J]. 中国档案, 2016 (5): 14-17.

[41] 全国档案事业发展"十五"计划(摘要)[J]. 中国档案, 2001 (2): 13-14.

[42] 国家档案局办公室. 国家档案局办公室关于档案部门使用政务云平台过程中加强档案信息安全管理的意见 [J]. 中国档案, 2020 (6): 18.

[43] 郝树青, 武彤. ABP框架及其在WEB项目开发中的应用 [J]. 计算机技术与发展, 2019, 29 (4): 19-23.

[44] 何宝宏, 魏凯. 大数据技术发展趋势及应用的初步经验 [J]. 金融电子化, 2013 (6): 31-34.

[45] 何谐, 井新宇. 一种智能家居物联网数据交互系统的设计 [J]. 电子设计工程, 2016, 24 (22): 149-151, 154.

[46] 贺海玉. 基于5G技术的移动视频直播系统设计及应用 [J]. 电视技术, 2019, 43 (15): 62-64, 69.

[47] 贺奕静, 杨智勇. 智慧档案馆的智慧服务功能及其实现 [J]. 档案与建设, 2019 (11): 28-32.

[48] 胡凤华, 袁继军. 高校数字档案馆信息资源整合交换的策略及应用 [J]. 档案学研究, 2011: (1): 43-46.

[49] 胡杰, 张照余. 从信息共享空间看档案信息服务模式的创新 [J]. 浙江档案, 2016 (9): 7-9.

[50] 胡树煜, 孙士宏, 金丹. 大数据时代档案信息资源共享平台建设研究 [J]. 兰台世界 (中旬), 2015 (12): 134-135.

[51] 黄小忠. 建设区域性高校档案信息资源共享平台的机制和途径研究 [J]. 山西档案, 2015 (4): 77-80.

[52] 黄新荣, 谢光锋. 云存储环境下的档案异地备份 [J]. 档案学通讯, 2011 (6): 69-72.

[53] 季梦佳. 智慧档案馆与数字档案馆的比较研究 [J]. 档案, 2016 (4): 8-11.

[54] 蒋月红. 医疗档案信息资源共享平台建设实践 [J]. 浙江档案, 2016 (12): 60.

[55] 金波. 论数字档案信息资源建设 [J]. 档案学通讯, 2013 (5): 45-49.

[56] 金秀凤. 大数据时代档案信息资源共享平台数据处理的优化 [J]. 档案管理, 2018 (6): 29-32.

[57] 金秀凤. 基于ABP框架的档案信息资源共享平台模型构建 [J]. 档案管理, 2020

(4)：64-65.

[58] 琚春华，沈仲华，吴思慈，等．中医药档案电子化与大数据云服务平台评价模型[J]．浙江档案，2021（4）：43-45.

[59] 孔媛媛，张舒，王爱．大数据背景下档案信息服务体系构建方法探析[J]．档案与建设，2021（5）：59-62.

[60] 赖素媛，金艳．档案信息化建设存在问题的研究及优化措施探究[J]．兰台内外，2020（5）：3-4.

[61] 兰萍．基于.NET技术动态导航菜单的设计与实现[J]．计算机时代，2015（2）：42-44.

[62] 雷洁，赵瑞雪，李思经，等．知识图谱驱动的科研档案大数据管理系统构建研究[J]．数字图书馆论坛，2020（2）：19-27.

[63] 李聪，陈伟，刘建，等．交通行业信息资源整合平台设计[J]．交通信息与安全，2009，27（3）：120-123.

[64] 李淼，杜明晶，苗放．网页设计中Bootstrap CSS框架的应用与拓展[J]．电子技术与软件工程，2013（17）：222-223.

[65] 李鹏飞，邵维专．深度学习在SDN中的应用研究[J]．计算机技术与发展，2019，29（1）：1-5.

[66] 李瑞江．大数据时代对信息技术的影响分析[J]．网络安全技术与应用，2014（4）：211，213.

[67] 李姝熹，李潼，王建祥．论智慧城市框架下的档案管理服务平台建设[J]．档案管理，2021（1）：53-54.

[68] 李思艺．服务型政府理念下档案信息资源共享影响因素研究：基于信息生态理论的分析[J]．档案与建设，2019（4）：18-22.

[69] 李文滔．基于WCF架构的应用开发研究[J]．计算机时代，2011（2）：19-21.

[70] 李西，王俊佳，石宇强，等．基于IE改善的MES研发[J]．机械制造与自动化，2013，42（6）：125-127.

[71] 李志勇．基于AHP的数字图书馆绩效评价指标体系研究[J]．图书馆工作与研究，2012（9）：46-48.

[72] 廖建萍．浅析开放存取环境下国内图书馆面临的问题[J]．情报探索，2009（4）：42-44.

[73] 林林．论数字档案馆安全保护技术体系的构建[J]．档案学研究，2015（3）：105-110.

[74] 林鹏．基于JQuery的电大在线工具栏[J]．现代企业教育，2013（22）：180-181.

[75] 刘斌．档案信息管理系统中的计算机数据挖掘技术探讨[J]．信息与电脑（理论版），2018（3）：138-139，142.

[76] 刘德飞，刘振兴．关于计算机网络可靠性的探讨[J]．电子世界，2014（4）：68.

[77] 刘桂锋,钱锦琳,卢章平.国内外数据治理研究进展:内涵、要素、模型与框架[J].图书情报工作,2017,61(21):137-144.

[78] 刘婧.基于元数据的多源异构海洋情报数据交互共享研究[J].情报杂志,2016,35(9):168-173.

[79] 刘丽平.档案信息资源共享的探索与实践[J].档案管理,2014(5):70-71.

[80] 刘雯雯.区域性档案信息资源共享平台建设初探[J].兰台世界,2011(24):9-10.

[81] 刘岩.大数据时代基于用户视角的档案信息服务研究[J].档案管理,2016(6):94-95.

[82] 芦晓红,李旭,刘皓.基于智慧图书馆的大数据分析与决策支撑平台建设:以中国刑事警察学院为例[J].信息技术与信息化,2020(5):245-248.

[83] 栾立娟,卢健,刘佳.数据挖掘技术在档案管理系统中的应用[J].计算机光盘软件与应用,2015(1):35-36.

[84] 罗俊,于水,杨维,等.实时大数据挖掘系统的设计与实现[J].计算机应用与软件,2020,37(3):57-60,122.

[85] 罗心语.基于智慧平台的社保档案服务研究[J].山西档案,2018(6):26-28.

[86] 吕元智.档案信息资源区域共享服务研究[J].档案学研究,2012(5):35-38.

[87] 吕嫄,张俊.基于.NET技术的芜湖市档案信息共享平台的研究与实现[J].科技信息,2010(20):Ⅰ0227-Ⅰ0228.

[88] 马仁杰,沙洲.基于联盟区块链的档案信息资源共享模式研究:以长三角地区为例[J].档案学研究,2019(1):61-68.

[89] 马志程,杨鹏,王宝会.面向大数据的数据管理平台架构研究与应用[J].网络新媒体技术,2015,4(4):22-27.

[90] 毛黎华.基于云计算用户数据传输与存储的安全策略研究[J].电子技术与软件工程,2014(13):234.

[91] 孟培超,胡圣波,舒恒,等.基于ADO数据库连接池优化策略[J].计算机工程与设计,2013,34(5):1706-1710,1715.

[92] 莫家莉,史仕新,许杨.智慧档案馆顶层设计研究:总体架构及运行机理[J].浙江档案,2016(8):6-9.

[93] 母泽平,陈华.档案服务平台功能需求定位及建设研究[J].兰台世界,2014(26):106-107.

[94] 南淑萍,张博,李力.基于决策树的数据挖掘技术在医疗设备成本绩效分析中的应用研究[J].长沙大学学报,2014(5):64-66.

[95] 倪一君.大数据技术与档案数据挖掘分析[J].办公室业务,2019(5):21,24.

[96] 聂云霞,何金梅,肖坤.基于区块链的政务档案信息共享策略[J].浙江档案,2019(6):31-33.

[97] 牛力，韩小汀. 云计算环境下的档案信息资源整合与服务模式研究 [J]. 档案学研究，2013（5）：26-29.

[98] 牛力，裴佳勇. 面向服务的我国智慧档案馆建设探析 [J]. 档案学研究，2018（2）：89-96.

[99] 潘书彬. 基于XMLHTTP通讯传输架构的数据传输方法 [J]. 信息通信，2013（5）：14-15.

[100] 任民锋，张银娜. 档案图书数字信息资源服务创新共享平台建设的对策 [J]. 内蒙古科技与经济，2018（20）：43-44，62.

[101] 申波，陈榕，王保卫. 基于服务模型的移动设备系统软件架构研究 [J]. 电脑知识与技术，2010，6（28）：8021-8023，8037.

[102] 沈玖玖，吴成，赵一璠. 医疗档案信息资源建设与共享研究：以南昌市为例 [J]. 浙江档案，2016（5）：16-19.

[103] 沈滢，张倩. 大数据关键技术专利态势研究 [J]. 电信网技术，2017（3）：43-49.

[104] 石兵. 重庆市农村档案信息资源共享平台通过验收 [J]. 中国档案，2012（5）：70.

[105] 宋刚，蒋孟奇，张云泉，等. 基于共享存储和Gzip的并行压缩算法研究 [J]. 计算机工程与设计，2009，30（4）：781-784.

[106] 宋雪雁，张岩琛，朱立香，等. 公共档案馆微信公众平台服务质量评价实证研究 [J]. 档案学研究，2018（1）：49-58.

[107] 孙光明，王硕. 基于JSON的Ajax数据通信快速算法 [J]. 计算机应用与软件，2015，32（1）：263-266.

[108] 孙中化，王冕. 同态加密技术及其在云计算安全中的应用 [J]. 电子技术，2014，43（12）：17-19.

[109] 谭美琴，郑川. 档案数据挖掘文献统计分析 [J]. 资源信息与工程，2019，34（4）：166-168.

[110] 唐世伟，许璟龙，刘万伟，等. 基于分区表的RAC优化技术应用 [J]. 计算机系统应用，2012，21（3）：190-192.

[111] 陶水龙. 大数据视野下档案信息化建设的新思考 [J]. 档案学研究，2017（3）：93-99.

[112] 陶水龙. 智慧档案馆建设思路研究 [J]. 中国档案，2014（6）：67-69.

[113] 田伟，韩海涛. 基于TRIP数据库系统的大数据档案资源处理 [J]. 浙江档案，2015（7）：16-18.

[114] 汪朝晖，陈建华，涂航，等. 素域上椭圆曲线密码的高效实现 [J]. 武汉大学学报（理学版），2004，50（3）：335-338.

[115] 王彩虹. 企业档案信息资源整合共享研究：以广州地铁集团公司为例 [J]. 档案

学研究，2015（5）：98-101.

[116] 王成良，李韧，王主丁. 面向服务架构的电力分布式计算系统模型［J］. 重庆大学学报，2011，34（2）：69-73.

[117] 王兰成. 大数据环境下档案与图书情报信息集成服务机制的构建［J］. 档案与建设，2014（12）：4-7.

[118] 王宁，王延章，叶鑫，等. 一种基于数据中心的政府信息资源整合系统架构设计［J］. 计算机应用研究，2005，22（9）：67-68，71.

[119] 王鹏，吴晓东，杨华民. 基于不同数据传输格式对Ajax实时性响应影响的研究［J］. 长春理工大学学报（自然科学版），2011，34（2）：146-149.

[120] 王平，安亚翔. 大数据时代的档案信息平台建设［J］. 档案与建设，2015（10）：8-13.

[121] 王平，李沐妍. 基于TOGAF架构的智慧档案馆信息服务研究［J］. 图书与情报，2018（2）：24-32.

[122] 王萍，王毅，赵红颖. 图书档案数字化融合服务评价模型研究［J］. 图书情报工作，2013，57（12）：34-40.

[123] 王萍，牟冬梅，石琳，等. 领域知识融合驱动下的数据挖掘模型构建与优化［J］. 情报理论与实践，2018，41（9）：114-117，153.

[124] 王琦. 大数据环境下开放信息资源共享平台构建研究［J］. 信息与电脑（理论版），2018（10）：12-13.

[125] 王世伟. 论大数据时代信息安全的新特点与新要求［J］. 图书情报工作，2016，60（6）：5-14.

[126] 王烁. 大数据时代档案信息资源共享平台建设研究［J］. 图书情报导刊，2016，1（12）：117-121.

[127] 王素芳，胡必波. 基于多层架构的ASP.NET 4 MVC框架研究［J］. 电脑与电信，2015，1（10）：64-66.

[128] 王文海. 基于WCF数据服务的大学教务管理系统开放平台的构建［J］. 电脑知识与技术，2012，8（30）：7164-7166.

[129] 王先平，张永芬. 基于SOA架构的分布式聚类算法的Web服务模型研究［J］. 数字技术与应用，2014（4）：136-137.

[130] 王小健，刘延平. 面向智慧城市的智慧档案馆建设［J］. 档案与建设，2015（5）：16-20.

[131] 王永康. Azure云平台对Twitter推文关键字实时大数据分析［J］. 电脑编程技巧与维护，2015（12）：68-72.

[132] 王云锦，赵志宏. 基于WebService的Android客户端与Web服务端数据交互实现［J］. 信息系统工程，2016（8）：120-121.

[133] 王运彬，王小云，陈燕. 档案信息资源配置的目标定位研究［J］. 档案学研究，

2012 (6): 36-38.

[134] 邰家鹏. 智慧城市下的档案信息化建设探析 [J]. 云南档案, 2016 (1): 46-48.

[135] 吴加琪, 陈晓玲. 智慧城市背景下区域档案信息资源共建共享模式研究 [J]. 档案管理, 2015 (1): 33-35.

[136] 吴加琪. 构建区域档案信息资源共建共享平台的思考 [J]. 北京档案, 2014 (8): 24-27.

[137] 吴加琪. 区域档案信息资源共建共享的协同机制研究 [J]. 档案管理, 2016 (3): 32-34.

[138] 武云. 利用大数据创新档案管理模式和提升服务能力 [J]. 档案与建设, 2015 (1): 34-36.

[139] 向立文, 欧阳华. 档案应急管理体系构建研究 [J]. 档案学通讯, 2015 (6): 64-68.

[140] 向阳, 果越. 院士档案资源共享平台构建研究 [J]. 中国档案, 2019 (8): 42-43.

[141] 谢光. 基于 Map Reduce 的云数据挖掘模型的设计与实现 [J]. 网络安全技术与应用, 2017 (6): 62-63, 71.

[142] 谢小红. 民生档案工作中个人信息权利保护问题 [J]. 档案学研究, 2020 (4): 81-86.

[143] 徐洁. "互联网＋"背景下的智慧档案服务建设 [J]. 山西档案, 2018 (4): 58-60.

[144] 徐拥军, 张臻, 任琼辉. 国家大数据战略背景下档案部门与数据管理部门的职能关系 [J]. 图书情报工作, 2019, 63 (18): 5-13.

[145] 薛辰. 档案馆移动服务方式与模式研究 [J]. 档案学研究, 2016 (5): 94-98.

[146] 闫中威, 孙大嵬. B/S 模式在线考试系统性能优化及实现 [J]. 计算机系统应用, 2016, 25 (10): 81-85.

[147] 颜丙通. 基于跨平台信息资源融合共享的档案实体分类探析 [J]. 档案与建设, 2019 (3): 33-36.

[148] 杨超, 丛云峰. 浅析教育决策支持系统 [J]. 网络安全技术与应用, 2014 (10): 164, 166.

[149] 杨迪, 陈雪萍, 冯宇, 等. 基于企业海量电子文件的数据采集模型 [J]. 电子技术与软件工程, 2018 (22): 175.

[150] 杨桂明. 从数字、智能和智慧的视角论档案馆建设的三个阶段 [J]. 档案学通讯, 2018 (2): 110-112.

[151] 杨静, 方路. 国内外档案信息资源共享平台研究综述 [J]. 盐城师范学院学报 (人文社会科学版), 2020, 40 (4): 77-86.

[152] 杨静, 裴佳勇, 管清漾. 新世纪以来国内档案资源共享研究综述 [J]. 档案与建

设,2020(9):25-31,16.

[153] 杨来青,徐明君,邹杰.档案馆未来发展的新前景:智慧档案馆[J].中国档案,2013(2):68-70.

[154] 杨来青.智慧档案馆是信息化发展的必然产物[J].中国档案,2014(6):64-66.

[155] 杨艳,薛四新,徐华,等.智慧档案馆技术系统特征分析[J].档案学通讯,2014(4):66-69.

[156] 杨智勇,周枫.试析智慧档案馆的兴起与未来发展[J].档案学通讯,2015(4):45-50.

[157] 于英香.从数据与信息关系演化看档案数据概念的发展[J].情报杂志,2018,37(11):150-155.

[158] 余应刚.巧用Base64编码和GUID实现数据加密[J].电脑编程技巧与维护,2009(12):56-58.

[159] 袁栋梁,孙忠林,田刚,等.基于JSON格式的信息资源共享技术的应用研究[J].计算机与现代化,2010(9):175-178.

[160] 张东华,姚红叶.基于信息生态系统的档案信息资源共建共享[J].档案,2011(1):7-9.

[161] 张尔喜,先晓兵,王雪锋.基于Web API的移动端学生综合服务平台设计与实现[J].软件工程,2017,20(10):40-42.

[162] 张帆.档案信息资源共享平台问题[J].档案管理,2013(3):85.

[163] 张沪寅,屈乾松,胡瑞芸.基于JSON的数据交换模型[J].计算机工程与设计,2015(12):3380-3384.

[164] 张凯,潘建宏,徐峰,等.数据资产管理与监测技术的处理及分析[J].科技经济导刊,2018,26(7):39-40.

[165] 张林华,冯厚娟.信息共享空间对档案信息资源共享的启示[J].档案学通讯,2010(6):30-33.

[166] 张倩."大数据"技术在高校档案信息服务中的应用探索[J].档案与建设,2014(3):27-31.

[167] 张倩.高校档案大数据业务流程重组研究[J].档案与建设,2016(11):30-33.

[168] 张素霞.民生档案资源整合共享研析[J].中国档案,2019(1):58-59.

[169] 张文元.社交媒体档案资源共享平台服务研究[J].档案天地,2017(11):36-39.

[170] 张照余.构建档案共享网络的效益与利益机制研究[J].档案学研究,2011(3):54-58.

[171] 张照余.基于共享网络的档案用户研究:用户分类、特点与管理原则[J].浙江档案,2008(10):26-28,37.

[172] 张照余. 网络共享中档案信息的内容划控与权限控制研究 [J]. 档案学通讯, 2009 (2): 62-65.

[173] 赵彦昌, 陈海霞. "互联网+" 环境下档案 APP 发展的三大趋势探析 [J]. 北京档案, 2018 (2): 9-12.

[174] 赵跃. 大数据时代档案数据化的前景展望: 意义与困境 [J]. 档案学研究, 2019 (5): 52-60.

[175] 郑斐, 郭彦宏, 郝俊勤, 等. 数据挖掘技术如何在图书馆建设中体现价值 [J]. 图书情报工作, 2013 (S1): 263-264, 212.

[176] 郑金月. 关于档案与大数据关系问题的思辨 [J]. 档案学研究, 2016 (6): 37-40.

[177] 郑志新. 大数据时代电子商务产业数据管理与共享机制 [J]. 信息技术与信息化, 2016 (6): 98-103.

[178] 中共中央办公厅、国务院办公厅印发《关于加强和改进新形势下档案工作的意见》[J]. 中国档案, 2014 (5): 12-14.

[179] 周颖, 陈敏莲, 胡外光, 等. 基于微信企业号的医院舆情监测响应系统设计及应用 [J]. 中国数字医学, 2017, 12 (2): 56-58.

[180] 诸云强, 徐敏, 朱琦, 等. 环保档案信息资源共享框架研究 [J]. 档案学通讯, 2011 (2): 65-68.

[181] 诸云强, 徐敏, 朱琦, 等. 分布式环保档案信息资源共享系统研究 [J]. 档案学通讯, 2011 (4): 88-90.

[182] 邹光盛. 推进海峡两岸大数据产业合作的思考 [J]. 海峡科学, 2020 (1): 54-56.

学位论文

[1] 曹东玉. 面向智慧城市的智慧档案馆信息服务研究 [D]. 太原: 山西大学, 2017.

[2] 段雪茹. 大数据环境下档案信息资源整合分析及提升策略 [D]. 沈阳: 辽宁大学, 2017: 30.

[3] 傅广智. 基于交通一卡通大数据平台的公交线路选乘预测研究 [D]. 广州: 广东工业大学, 2019.

[4] 韩名豪. 基于 Hadoop 的新闻事件数据查询与分析 [D]. 北京: 北京邮电大学, 2018.

[5] 李志永. 移动互联网数据传输安全机制研究与设计 [D]. 南京: 南京航空航天大学, 2010: 8-9.

[6] 刘迁. 智慧城市视域下智慧档案馆建设研究 [D]. 苏州: 苏州大学, 2016.

[7] 刘雯雯. 区域性档案信息资源共享平台建设研究 [D]. 昆明: 云南大学, 2012: 24, 33.

[8] 刘洋. 黑龙江省档案信息资源云共享平台建设研究 [D]. 哈尔滨：哈尔滨工业大学，2016：35，43.

[9] 刘泽超. 云环境下密文策略属性基加密技术研究 [D]. 哈尔滨：哈尔滨工业大学，2019.

[10] 宋婷. 基于 ABP 框架的汽车融资租赁系统设计及实现 [D]. 重庆：重庆大学，2018.

[11] 孙如凤. 区域民生档案资源共享机制研究 [D]. 南京：南京大学，2017.

[12] 唐诗倩. 媒体素材管理系统的设计与实现 [D]. 西安：西安电子科技大学，2017.

[13] 王竞秋. 数字·数据·知识：档案资源开发利用形式的拓展与整合 [D]. 南昌：南昌大学，2019.

[14] 邢华洁. 档案信息资源共享机制研究 [D]. 昆明：云南大学，2011.

[15] 徐栋. 水利建设项目影响后评价指标体系及模型研究 [D]. 郑州：郑州大学，2011.

[16] 杨璇. 海量旅游统计数据可视化的研究与应用 [D]. 武汉：武汉邮电科学研究院，2018.

[17] 衣连明. 云计算在证券行业应用的关键驱动因素研究：基于 A 证券公司的案例分析 [D]. 北京：北京邮电大学，2012.

[18] 郑春梅. 城市管网空间信息共享与服务平台关键技术研究 [D]. 北京：中国地质大学，2014：25-27.

[19] 郑国宾. Web Service 性能测试关键技术研究 [D]. 秦皇岛：燕山大学，2018：8-11.

报纸

[1] 杨川. 注重高端人才培养引领加强档案干部队伍建设 [N]. 中国档案报，2018-4-12（3）.

报告

[1] 大数据标准化白皮书（2016 年）[R]. 北京：中国信息通信研究院，2016.

电子公告

[1] "档案话百年"主题宣传活动圆满完成 [EB/OL]. (2021-01-18) [2021-08-26]. https：//www.saac.gov.cn/daj/yaow/202108/7d1826846f784260ad66fc2bef503531.shtml.

[2] 国家档案局办公室关于印发《档案信息系统安全等级保护定级工作指南》的通知 [EB/OL]. (2013-08-20) [2021-08-10]. https：//www.saac.gov.cn/daj/tzgg/201308/6123a256811743d386f8c9be4aa5d3b7.shtml.

［3］中办国办印发《"十四五"全国档案事业发展规划》［EB/OL］.（2021 - 06 - 08）［2021 - 08 - 21］. https：//www. saac. gov. cn/daj/yaow/202106/899650c1b1ec4c0e9ad3c2ca7310eca4. shtml.

［4］中华人民共和国档案法［EB/OL］.（2020 - 06 - 20）［2021 - 09 - 20］. http：//www. npc. gov. cn/npc/c2/c30834/202006/t20200620_306637. html.

二、外文文献

普通图书

［1］COHEN H, MIYAJI A, ONO T. Efficient elliptic curve exponentiation using mixed coordinates［M］//Lecture Notes in Computer Science. Berlin, Heidelberg：Springer, 1998.

［2］BLUMZON C G I, PĂNESCU A T. Data storage［M］//BESPALOV A, MICHEL M C, STECKLER T. Good Research Practice in Non-Clinical Pharmacology and Biomedicine. Belin Heidelberg：Springer, 2019, 257.

［3］FERGUSON L. Aerial archives for archaeological heritage management：The Aerial Reconnaissance Archives-a shared European resource［M］//COWLEY D C. EAC Occasional Papers. Brussel：Europae Archaeologia Consilium-Eac, 2011.

［4］MARCIANO R, LEMIEUX V, HEDGES M, et al. Chapter 9：Archival records and training in the age of big data［M］//Re-Envisioning the MLS：Perspectives on the Future of Library and Information Science Education. Leeds：Emerald Publishing Limited, 2018.

会议文集

［1］AGOSTI M, FERRO N, SILVELLO G. An architecture for sharing metadata among geographically distributed archives［C］//THANOS C, BORRI F, CANDELA L. International DELOS Conference. Berlin, Heidelberg：Springer, 2007：56 - 65.

［2］BARAT A, ABDULLAYEV A. Analysis of the main trends and directions of automation in the formation of the "smart archives" system［C］//ALIEV R A, YUSUPBEKOV N R, KACPRZYK J, et al. World Conference Intelligent System for Industrial Automation. Cham：Springer, 2021：402 - 408.

［3］GUÉRET C. Digital archives as versatile platforms for sharing and interlinking research artefacts［C］//Proceedings of the 1st International Workshop on Digital Preservation of Research Methods and Artefacts. July 25 2013, Indianapolis, Indiana, USA. ACM, 2013：1 - 7.

［4］HASSAN A, ABBASI A, ZENG D. Twitter sentiment analysis：A bootstrap ensemble framework [C] //2013 International Conference on Social Computing. September 8-14, 2013. Alexandria, VA, USA. IEEE, 2013: 357-364.

[5] KATHIRAVELU P, SHARMA A. MEDIator: A data sharing synchronization platform for heterogeneous medical image archives [C] //Workshop on Connected Health at Big Data Era (BigCHat'15), co-located with 21 st ACM SIGKDD Conference on Knowledge Discovery and Data Mining (KDD 2015). ACM, 2015.

[6] LERESCHE F. Libraries and archives: Sharing standards to facilitate access to cultural heritage [C] //World Library and Information Congress: 74th IFLA General Conference and Council. August 10-14, 2008, Quebec, Canada. 2008: 10-14.

[7] LIN J, GHOLAMI M, RAO J F. Infrastructure for supporting exploration and discovery in web archives [C] //Proceedings of the 23rd International Conference on World Wide Web. April 7-11, 2014, Seoul, Korea. ACM, 2014: 851-856.

[8] NOZIK A. DataForge: Modular platform for data storage and analysis [J]. EPJ Web of Conferences, 2018, 177: 05003.

[9] SCIACCA E, PISTAGNA C, BECCIANI U, et al. Towards a big data exploration framework for astronomical archives [C] //2014 International Conference on High Performance Computing & Simulation (HPCS). July 21-25, 2014. Bologna, Italy. IEEE, 2014: 351-357.

[10] VOIDA S, EDWARDS W K, NEWMAN M W, et al. Share and share alike: Exploring the user interface affordances of file sharing [C] //Proceedings of the SIGCHI Conference on Human Factors in Computing Systems. Montréal Québec Canada. ACM, 2006: 221-230.

[11] WOLF M, ABBASI H, COLLINS B, et al. Service augmentation for high end interactive data services [C] //2005 IEEE International Conference on Cluster Computing. Burlington, MA, USA. IEEE, 2005: 1-11.

[12] 이용주, 정은미, 이수형.링크드 데이터를 위한 대용량 RDF 데이터 저장 및 응용 플랫폼 개발[C]//2018년 한국컴퓨터종합학술대회 논문집.서울: 한국정보과학회. 2018, 6: 253—255.

期刊

[1] ALZOUBI H A, LEE S, RABINOVICH M, et al. A practical architecture for an anycast CDN [J]. ACM Transactions on the Web, 5 (4): 17.

[2] ARSLAN S S, PENG J, GOKER T. A data-assisted reliability model for carrier-assisted cold data storage systems [J]. Reliability Engineering & System Safety, 2020, 196: 106708.

[3] BELLINI P, BARTHELEMY J, BRUNO I, et al. Multimedia music sharing among

mediateques: Archives and distribution to their attendees [J]. Applied Artificial Intelligence, 2003, 17 (8/9): 773-795.

[4] BHAGAVATH V K. Open technical issues in provisioning high-speed interactive data services over residential access networks [J]. IEEE Network, 1997, 11 (1): 10-12.

[5] BIAN X J, LU X. Research on data storage of archives information resource sharing platform [J]. Academic Journal of Computing & Information Science, 2018 (1): 114-120.

[6] BLAIS G, ENNS D. From paper archives to people archives: Public programming in the management of archives [J]. Archivaria, 1990, 31: 101-113.

[7] CHANG C H, JIANG F C, YANG C T, et al. On construction of a big data warehouse accessing platform for campus power usages [J]. Journal of Parallel and Distributed Computing, 2019, 133: 40-50.

[8] CHEN Y A, TRIPATHI L P, MIZUGUCHI K. An integrative data analysis platform for gene set analysis and knowledge discovery in a data warehouse framework [J]. Database, 2016, 2016: baw009.

[9] CLIFTON-SPRIGG J, JAMES J, VUJIĆ S. Freedom of Information (FOI) as a data collection tool for social scientists [J]. PLoS One, 2020, 15 (2): e0228392.

[10] DUWAIRI R, AMMARI H. An enhanced CBAR algorithm for improving recommendation systems accuracy [J]. Simulation Modelling Practice and Theory, 2016, 60: 54-68.

[11] ELINGS M W, WAIBEL G. Metadata for all: Descriptive standards and metadata sharing across libraries, archives and museums [J/OL]. First Monday, 2007, 12 (3) [2024-02-01]. https://doi.org/10.5210/fm.v12i3.1628.

[12] ERGüZEN A, ERDAL E. An efficient middle layer platform for medical imaging archives [J]. Journal of Healthcare Engineering, 2018, 2018: 3984061.

[13] ESCRIVA R, WONG B, SIRER E G. HyperDex [J]. ACM SIGCOMM Computer Communication Review, 2012, 42 (4): 25-36.

[14] FAKIR M, EZZIKOURI H, DAOUI C, et al. Extracting knowledge from web data [J]. Journal of Information Technology Research, 2014, 7 (4): 27-41.

[15] FARRELL B, BENGTSON J. Scientist and data architect collaborate to curate and archive an inner ear electrophysiology data collection [J]. PLoS One, 2019, 14 (10): e0223984.

[16] HOURS H, BIERSACK E, LOISEAU P, et al. A study of the impact of DNS resolvers on CDN performance using a causal approach [J]. Computer Networks, 2016, 109: 200-210.

[17] ISAKEIT D, SABBATINI M, CAREY W. Sharing ESA's knowledge and experience: The erasmus experiment archive [J]. Esa Bulletin, 2004, 120 (120): 34 – 39.

[18] JONES P. Strategies and technologies of sharing in contributor-Run archives [J]. Library Trends, 2005, 53 (4): 651 – 662.

[19] KETELAAR E. Sharing, collected memories in communities of records [J]. Tijdschrift Voor Nederlandse Taal-en Letterkunde, 2005, 33: 44 – 61.

[20] KIM S W, HAE-YOUNG R. A study on the accumulation and use of corporate records: Corporate records management as a big data platform [J]. Journal of Korean Society of Archives and Records Management, 2020, 20: 99 – 118.

[21] KIPF A, BRUNETTE W, KELLERSTRASS J, et al. A proposed integrated data collection, analysis and sharing platform for impact evaluation [J]. Development Engineering, 2016, 1: 36 – 44.

[22] KRÄMER M. GeoRocket: A scalable and cloud-based data store for big geospatial files [J]. SoftwareX, 2020, 11: 100409.

[23] LARSON E. Big questions: Digital preservation of big data in government [J]. The American Archivist, 2020, 83 (1): 5 – 20.

[24] LAWRENCE R. The space efficiency of XML [J]. Information and Software Technology, 2004, 46 (11): 753 – 759.

[25] LEE G, YANG K, KIM K Y, et al. Design of middleware for interactive data services in the terrestrial DMB [J]. ETRI Journal, 2006, 28 (5): 652 – 655.

[26] MARSHALL C C, BLY S, BRUN-COTTAN F. The long term fate of our digital belongings: Toward a service model for personal archives [J]. Archiving Conference, 2006, 3 (1): 25 – 30.

[27] MASON M K. Outreach 2. 0: Promoting archives and special collections through social media [J]. Public Services Quarterly, 2014, 10 (2): 157 – 168.

[28] MORDELL D. Critical questions for archives as (big) data [J]. Archivaria, 2019, 87: 140 – 161.

[29] MUHARLISIANI L T, SUKRISNO H, WAHYUNINGTYAS E, et al. Arrangement of archives of cloud computing based and utilization of microsoft access [J]. Proceeding of Community Development, 2018, 1: 198.

[30] NGOEPE, MPHO, AND PATRICK NGULUBE. Assessing the extent to which the National Archives and Records Service of South Africa has fulfilled its mandate of taking the archives to the people [J]. Innovation Journal of Appropriate Librarianship and Information Work in Southern Africa, 2011, 42 (2011): 3 – 22.

[31] PALLIS G, VAKALI A. Insight and perspectives for content delivery networks [J]. Communications of the ACM, 2006, 49 (1): 101 – 106.

[32] PATEL A A, GUPTA D, SELIGSON D, et al. Availability and quality of paraffin blocks identified in pathology archives: A multi-institutional study by the Shared Pathology Informatics Network (SPIN) [J]. BMC Cancer, 2007, 7: 37.

[33] POWELL T B. Digital knowledge sharing: Forging partnerships between scholars, archives, and indigenous communities [J]. Museum Anthropology Review, 2016, 10 (2): 66-90.

[34] RAI P, LAL A. Google PageRank algorithm: Markov chain model and hidden Markov model [J]. International Journal of Computer Applications, 2016, 138 (9): 9-13.

[35] SINGH H K, SINGH B. A classification algorithm to improve the design of websites [J]. Journal of Software Engineering and Applications, 2012, 5 (7): 492-499.

[36] TELLA A. Electronic and paper based data collection methods in library and information science research [J]. New Library World, 2015, 116 (9/10): 588-609.

[37] THARUN K S. Advantages of WCF over web services [J]. International Journal of Computer Science and Mobile Computing. 2013 (4): 340-345.

[38] VALBUENA S, CARDONA S, FERNÁNDEZ A. Minería de datos sobre streams de redes sociales, una herramienta al servicio de la Bibliotecología [J]. Información, cultura y Sociedad, 2015, 33: 63-74.

[39] VARDAKOSTA I, KAPIDAKIS S. Geospatial data collection policies, technology and open source in websites of academic libraries worldwide [J]. The Journal of Academic Librarianship, 2016, 42 (4): 319-328.

[40] WEIR C. Many happy returns: Advocacy and the development of archives [J]. Journal of the Society of Archivists, 2012, 33 (1): 124-126.

[41] WEI Q, GUAN J, ZHOU S, et al. A new and effective approach to GML documents compression [J]. The Computer Journal, 2014, 57 (11): 1723-1740.

[42] XUE Y, DETERS R. Resource sharing in mobile cloud-computing with coap [J]. Procedia Computer Science, 2015, 63: 96-103.

[43] XU L H. Research on the value-passing method between pages under ASP. NET MVC mode [J]. Applied Mechanics and Materials, 2015, 713/714/715: 2398-2404.

[44] YU C Y, SHAN J. The application of web data mining technology in E-commerce [J]. Advanced Materials Research, 2014, 1044/1045: 1503-1506.

[45] ZHENG W, WANG Y X, ZHANG M, et al. A full stack data acquisition, archive and access solution for J-TEXT based on web technologies [J]. Fusion Engineering and Design, 2020, 155: 111450.

电子公告

[1] MORSE H S, ISAAC D, LYNNES C. Optimizing performance in intelligent archives [R]. White Paper Prepared for the Intelligent Data Understanding Program, 2003.
[2] NELSON M L, MALY K, CROOM D R, et al. Metadata and buckets in the smart object, dumb archive (SODA) Model [R/OL]. (2013-11-07) [2024-02-01]. https://www.cs.odu.edu/~mln/ltrs-pdfs/NASA-99-3ieeemc-mln.pdf.

后 记

本书系 20017 年国家社会科学基金一般项目《大数据时代智慧档案信息服务平台构建与创新研究》（17BTQ074）的研究成果。本书从大数据背景和智能管理视角探讨智慧档案信息服务平台构建问题，对智慧档案信息服务平台做了较为细致的概念解析，尤其是对智慧档案信息服务平台之特征与功能进行了提炼，为智慧档案服务平台的构建提供方向目标和技术框架；梳理了信息生态理论、信息共享理论、服务能力理论、系统论、协同论等理论对智慧档案信息服务平台构建的指引或影响，为平台建设奠定了学理遵循和方法论；同时，从宏观、中观和微观三个层面分析智能服务和档案信息服务平台建设的政策导向；对智慧档案信息服务平台的总体架构、前端平台、数据结构与工作流程等进行了十分细致的需求、功能和路径分析，提出并设计可行的技术解决方案；梳理国内部分智慧档案信息服务平台建设实例，展开了实证分析，据此提出的智慧档案信息服务平台指标体系，对平台建设实践提供参考。

尽管我们根据项目鉴定专家的意见，已尽全力对全书进行了修改、完善，但由于能力有限，仍感到有许多瑕疵和遗憾之处。如对大数据背景下智慧档案信息服务平台的建设，未做详细的应用场景拆分；对一些技术手段（方案）及实施工具的选择没有做清晰的比较说明；实证研究介绍的案例介绍不深入，和前文分析结合度不够，等等。恳请各位专家、学者不吝赐教。

感谢课组题成员盐城师范学院的周昌平副馆长、杨静副教授、程风刚副研究馆员、陆小妹科长、周莹莹副研究馆员、孙苏奎副研究员、薛洪明副研究馆员和盐城工学院的金秀风副研究馆员前期所做的工作。

卞咸杰　史华梅
2024 年 2 月 28 日